Marco Waage

Koordination von Supply Chains
durch Mengenbindungsvereinbarungen

GABLER RESEARCH

Marco Waage

Koordination von Supply Chains durch Mengenbindungsvereinbarungen

Ein Instrument zur Senkung des Bullwhip-Effekts

Mit einem Geleitwort von Prof. Dr. Joachim Reese

GABLER

RESEARCH

Bibliografische Information der Deutschen Nationalbibliothek
Die Deutsche Nationalbibliothek verzeichnet diese Publikation in der
Deutschen Nationalbibliografie; detaillierte bibliografische Daten sind im Internet über
<http://dnb.d-nb.de> abrufbar.

Dissertation Leuphana Universität Lüneburg, 2011

1. Auflage 2012

Alle Rechte vorbehalten
© Gabler Verlag | Springer Fachmedien Wiesbaden GmbH 2012

Lektorat: Ute Wrasmann | Anita Wilke

Gabler Verlag ist eine Marke von Springer Fachmedien.
Springer Fachmedien ist Teil der Fachverlagsgruppe Springer Science+Business Media.
www.gabler.de

Umschlaggestaltung: KünkelLopka Medienentwicklung, Heidelberg
Gedruckt auf säurefreiem und chlorfrei gebleichtem Papier
Printed in the Netherlands

ISBN 978-3-8349-3128-3

Geleitwort

Marco Waage beschäftigt sich in diesem Buch mit dem Problem, wie vertragliche Vereinbarungen zwischen den in einer Supply Chain organisierten Unternehmen gestaltet werden sollten, damit insgesamt ein möglichst großer Nutzen für alle Partner entsteht. Ausgangspunkt seiner Arbeit ist die Beobachtung, dass Unternehmenskooperationen in Form von Supply Chains die Realität zunehmend besser abbilden. Konzepte des Business Developments, die etwa auf Outsourcing-Strategien oder der effizienten Nutzung von Kernkompetenzen basieren, haben in jüngster Zeit dazu geführt, dass die Anzahl solcher Kooperationen weltweit erheblich zugenommen hat. Allerdings zeigen die Erfahrungen auch, dass Supply Chains Risiken bergen, die vor allem darin liegen, dass einzelne Unternehmen irrational oder egoistisch reagieren und damit die Material- und Informationsflüsse zwischen den Partnern nachhaltig beeinträchtigen. Das prominenteste Beispiel für ein solches Risiko stellt der Bullwhip-Effekt dar. Er sorgt dafür, dass sich bereits kleinste Verhaltensabweichungen bei einem Glied der Supply Chain von Stufe zu Stufe potenzieren, so dass es auf entfernten Stufen zu gravierenden Problemen bis hin zu Produktions- und Lieferausfällen kommen kann.

In der vorliegenden Arbeit werden deshalb Absprachen zwischen den Beteiligten analysiert, mit denen es gelingen soll, den Bullwhip-Effekt bzw. die damit einhergehenden Kosten weitestgehend zu reduzieren. Insbesondere werden Mengenbindungsvereinbarungen, etwa in Form von Mindestbestellmengen, betrachtet. Bisher sind lediglich vereinzelt Überprüfungen zur Wirksamkeit solcher Vereinbarungen vorgenommen worden, ohne dass jedoch eine systematische Untersuchung in Bezug auf Supply Chains und die Auswirkungen auf den Bullwhip-Effekt stattgefunden hat. Die vorliegende Arbeit trägt nun dazu bei, diese wissenschaftliche Lücke zu schließen, indem gezeigt wird, wann bzw. unter welchen Umständen bestimmte Vertragsformen herangezogen werden sollten, um ein Supply Chain Management adäquat zu unterstützen.

Aufgrund der Komplexität der Aufgabe werden für die entwickelten Modelle von Supply Chains aufwändige Simulationsexperimente durchgeführt, mit denen aussagefähige Ergebnisse abgeleitet werden. Herr Waage hat hierzu eine Reihe von relevanten Forschungsfragen formuliert, die er im Rahmen dieser Studie systematisch beantwortet. Dabei kommt er zu sehr viel differenzierteren Erkenntnissen, als der Leser dies vielfach aufgrund seines Studiums der bisher vorliegenden Quellen erwartet hätte. Die Ausführungen liefern sowohl der Wissenschaft als auch dem strategischen Management hervorragende Anknüpfungspunkte für weitere theoretische und empirische Untersuchungen sowie betriebliche Umsetzungen, um das Konzept der Supply Chain ständig weiterzuentwickeln. In diesem Sinne wünsche ich dem Buch eine engagierte Leserschaft aus Wissenschaft und Praxis.

Prof. Dr. Joachim Reese

Vorwort

Die vorliegende Arbeit entstand während meiner Zeit als wissenschaftlicher Mitarbeiter am Lehrstuhl für Produktion und Wirtschaftsinformatik an der Leuphana Universität Lüneburg. In verschiedenen Projekten in Lehre und Forschung stand der Bullwhip-Effekt im Zentrum des Interesses. Obwohl sich zahlreiche Untersuchungen mit der Frage beschäftigen, wie dieses kostspielige Phänomen vermieden werden kann, klaffen in diesem Gebiet noch große Forschungslücken. So entstand die Idee, Mindestmengenvereinbarungen, die bisher nur in anderen Zusammenhängen untersucht wurden, zur Senkung des Bullwhip-Effekts zu nutzen.

Vor allen anderen möchte ich meinem Doktorvater Prof. Dr. Joachim Reese danken, der immer als kritischer Diskussionspartner zur Verfügung stand. Weiterhin danke ich Prof. Dr. Egbert Kahle und Prof. Dr. Ursula Weisenfeld für das Zweitgutachten der Arbeit bzw. den Beisitz in der Disputation.

Meinen langjährigen Kollegen, Brigitte Stoevesandt, Maike Hugendick, Dr. Björn Saggau und allen voran Lars Tiedemann danke ich für die großartige Zusammenarbeit. Sie haben mir stets den Rücken freigehalten und mir viel Mut zugesprochen, wenn die Arbeit mal nicht so voranging, wie es sich ein Autor wünscht. Weiterhin danke ich meinem jetzigen Arbeitgeber, der Stute VerkehrsGmbH, für die Unterstützung in der Abschlussphase der Dissertation.

Abschließend möchte ich meinem gesamten privaten Umfeld danken. Meine Freunde waren stets für mich da und jeder einzelne hat sicher seinen Teil dazu beigetragen, dass diese Arbeit überhaupt entstehen konnte. Meine Familie hat stets an mich geglaubt und immer vollstes Verständnis gezeigt, wenn ich aufgrund der Dissertation nur wenig Zeit hatte. Meine Eltern haben mir immer bedingungsloses Vertrauen in meine Fähigkeiten entgegengebracht, auch wenn der Weg oft noch so steinig war. Besonders danke ich Ronald Radtke für die geduldigen Diskussionen über den Entwurf dieser Arbeit.

Dr. Marco Waage

Inhaltsverzeichnis

Abkürzungsverzeichnis

AR .... autoregressiv

bspw. .... beispielsweise

bzw. .... beziehungsweise

EH .... Einzelhändler

ggf. .... gegebenenfalls

GE .... Geldeinheiten

GH .... Großhändler

HE .... Hersteller

i. d. R. .... in der Regel

i. e. S. .... im eigentlichen Sinne

i. H. v. .... in Höhe vorn

i. w. S. .... im weiteren Sinne

ME .... Mengeneinheit

Mio. .... Millionen

o. Ä. .... oder Ähnliches

o. ä. .... oder ähnlich

SCM .... Supply Chain Management

u. U. .... unter Umständen

Abbildungsverzeichnis

Variablenverzeichnis

BA	Bestellausgang
BD	Bindungsdauer
BE	Bestelleingang
c	Produktionskostensatz bzw. Einkaufspreis
c_{MM}	Reduzierter Einkaufspreis bei Abschluss einer Mindestmengenvereinbarung
c_o	Verlust pro Stück bei zu hoher Bestellmenge im Newsvendor-Modell
c_u	Verlust pro Stück bei zu niedriger Bestellmenge im Newsvendor-Modell
D	Nachfrage
d	deterministischer Summand einer autoregressiven Zeitreihe
DB	Deckungsbeitrag
E	Erlös
ε	Zufallssummand der Nachfrage (standardnormalverteilt mit Mittelwert 0 und Standardabweichung σ)
E(x)	Erwartungswert der Variable x
F	Fehlmenge
h	Lagerkostensatz
K^B	Bestellkosten
K^L	Lagerkosten
K^F	Fehlmengenkosten
K^{GES}	Gesamtkosten
k	Unternehmensindex (Hersteller 0, Großhändler 1, Einzelhändler 2, Endkunde K)

L	Lagerbestand
LA	Lagerausgang
LE	Lagereingang
μ	Mittelwert
ME	Mengeneinheit
MF	Mengenflexibilität
MIP	Material in Produktion beim Hersteller (analog zu UB)
MM	Mindestmenge
n	prozentualer Preisnachlass bei Abschluss einer Mindestmengenvereinbarung
ν	Wiederbeschaffungszeit
p	Fehlmengenkostensatz
PA	Produktionsauftrag (beim Hersteller)
Φ	Verteilungsfunktion einer standardnormalverteilten Variablen
q	Dichtefunktion einer Variablen
Q	Verteilungsfunktion einer Variablen
ρ	Autokorrelationskoeffizient im AR-Prozess
S^*	wirtschaftlicher Lagerbestand
σ	Standardabweichung
t	Zeitindex
t_B	Bestellzeit
t_L	Lieferzeit
t_P	Produktionszeit
UB	Unterwegsbestand

1 Einleitung

1.1 Motivation

Supply Chains spielen international in der heutigen Wirtschaft aus verschiedenen Gründen eine entscheidende Rolle. Einige Produkte durchlaufen aufgrund günstiger Produktionsstandorte z. B. im Ausland und globaler Handelsstrukturen oft eine Vielzahl von Distributionsstufen. Andere Produkte sind wiederum so komplex, dass der Produktionsprozess auf zahlreiche Unternehmen verteilt wird. Aktuelle Untersuchungen zeigen bspw. für die Automobilproduktion, dass hier die Wertschöpfungstiefe stetig abnimmt.[1] Die Automobilkonzerne führen nur noch einen geringen Teil der Produktion (wie etwa die Endmontage) sowie Querschnittsfunktionen wie Marketing und Vertrieb selbst durch, während Baugruppen von teils entfernt ansässigen Zuliefererbetrieben gefertigt werden.

In vielen Supply Chains stimmen die beteiligten Unternehmen ihr Handeln dabei nicht aufeinander ab. Jedes Unternehmen plant zunächst einmal für sich und ist bestrebt, den eigenen Deckungsbeitrag zu maximieren, ohne die Auswirkungen auf die anderen Unternehmen der Supply Chain zu berücksichtigen. Untersuchungen belegen, dass das Fehlen einer unternehmensübergreifenden Koordination Supply Chains negativ beeinflusst.[2]

Die wohl bekannteste Auswirkung fehlender unternehmensübergreifender Koordination ist der sogenannte Bullwhip-Effekt, also das Ansteigen der Varianz der Bestellmengen mit zunehmender Entfernung vom Endkunden.[3] Dieser Effekt entsteht bei der Zusammenarbeit von rational

---

[1] Vgl. Garcia Sanz et al. (2007), S. 92.
[2] Im weiteren Verlauf der Arbeit werden einige dieser Untersuchungen genauer betrachtet. (Vgl. Abschnitt 2.3.3)
[3] Vgl. Lee et al. (1997); Sterman (1989b); Forrester (1958).

handelnden Unternehmen in erster Linie bei einer autokorrelierten Endkundennachfrage in Kombination mit einer Lieferverpflichtung des Zulieferers.[4] Die Literatur zeigt, dass in diesem Fall bereits kleine Veränderungen in der Endkundennachfrage große Schwankungen in der Produktion weit vom Endkunden entfernter Unternehmen der Supply Chain auslösen können. Diese Schwankungen haben ungleichmäßige Kapazitätsauslastungen und somit längere Lieferzeiten mit evtl. einhergehenden Imageverlusten zur Folge. Daneben entstehen Kosten bspw. durch evtl. anfallende Strafzahlungen bei zu später Lieferung (im Falle einer hohen Auslastung) oder Leerkosten (im Falle einer niedrigen Auslastung). Während der Bullwhip-Effekt früher als ein nicht beeinflussbares Phänomen galt[5], untersuchen aktuelle Forschungsarbeiten die verschiedenen ihm zugrunde liegenden Ursachen und Möglichkeiten seiner Vermeidung.[6]

Unternehmensübergreifende Koordination als Aufgabe des Supply Chain Managements (SCM) lässt sich zentral oder dezentral organisieren. Aufgrund sich häufig überlagernder und oft nur unscharf voneinander abgegrenzter Supply Chains sowie einer hohen Komplexität in vielen Produktionsprozessen ist eine zentrale Planung, die alle Unternehmen der Supply Chain einschließt, jedoch in vielen Fällen schwer oder sogar unmöglich zu erreichen. Hinzu kommt, dass eine zentrale Planung den Verlust der Eigenständigkeit der einzelnen Unternehmen mit sich bringen könnte. Unternehmen werden sich also nur auf eine zentrale Koordination einlassen, wenn innerhalb der Supply Chain großes Vertrauen herrscht und somit hier keine hohen Risiken (bspw. durch Opportunismus) zu befürchten sind. Dieses Vertrauen ist nur selten gegeben, da (bspw. im Falle der Automobilindustrie) zwischen den Teilnehmern meist ein großes Machtgefälle besteht oder weil aufgrund großer räumlicher und kulturspezifischer Distanzen (bspw. im Falle

---

[4]   Vgl. Lee et al. (1997).
[5]   Vgl. Forrester (1961), S. 22.
[6]   Vgl. Lee et al. (1997).

globaler Handelsstrukturen) ein Vertrauensaufbau schwer zu realisieren ist.

Unter diesen Voraussetzungen ergibt sich die Notwendigkeit einer dezentralen Koordination, die in der Lage ist, ohne Einbeziehung aller Teilnehmer die Effektivität einer gesamten Supply Chain oder zumindest Teile dieser zu vergrößern und die Vorteile an alle oder einzelne Unternehmen weiterzugeben. Im Falle einer dezentralen Koordination handeln mindestens zwei (i. d. R. aufeinander folgende) Handels- oder Produktionsstufen einer Supply Chain so, dass sich insgesamt Vorteile ergeben. Bspw. werden die Entscheidungen so aufeinander abgestimmt, dass dabei die Autonomie der einzelnen Unternehmen eingeschränkt wird. Hieraus resultierende Nachteile werden i. d. R. etwa durch Seiten-zahlungen ausgeglichen. Die Wirkung auf die weiteren (nicht direkt beteiligten) Unternehmen innerhalb der Supply Chain wird in diesem Verfahren meist nicht berücksichtigt.

1.2   Ziel der Arbeit

Das Anliegen dieser Arbeit ist, zunächst die Gründe für den Bullwhip-Effekt genau zu hinterfragen und davon ausgehend eine Strategie unternehmensübergreifender Koordination zu entwickeln, um diesen Effekt zu verringern. Sowohl die wissenschaftliche als auch die praxis-nahe Literatur halten zahlreiche Konzepte zur dezentralen Planung wie bspw. das Information Sharing[7] bereit, die in der Lage sind, den Bull-whip-Effekt und die Kosten in Supply Chains zu mindern. Der Möglich-keit der Nutzung von Mengenbindungsvereinbarungen wurde im Supply Chain Management dagegen bisher keine Beachtung geschenkt. Vielmehr werden Mengenbindungsvereinbarungen nur zur Koordination zweistufiger Zulieferer-Abnehmer-Beziehungen genannt bzw. in der Praxis genutzt. Die Lektüre der einschlägigen Literatur lässt allerdings

---

[7]   Vgl. auch Abschnitt 2.3.6.3.

vermuten, dass einige dieser Vereinbarungen durchaus geeignet sein
können, eine Supply Chain dezentral zu koordinieren, indem die Flexibilität einiger Unternehmen gezielt eingeschränkt wird, um so der zunehmenden Varianz entlang der Supply Chain zu begegnen. Es gilt also,
durch geeignete Instrumente eine optimale Balance zwischen Stabilität
auf der einen und Flexibilität auf der anderen Seite zu erreichen.[8]

Betrachtet man die Literatur zu Mengenbindungsvereinbarungen, zeigt
sich eine Fülle verschiedenartiger Verträge.[9] Die Literatur hält bis dato
keine Antworten auf die Frage bereit, in welchem Umfang die Varianz
der Bestellungen und damit der Bullwhip-Effekt durch eine gezielte
Mengenbindungsvereinbarung beeinflusst werden kann. Es gibt weiterhin keine Aussagen über die optimale Bestellpolitik des Zulieferers einer
solchen Vereinbarung, die zur Analyse der vom Endkunden weiter
entfernten Unternehmen herangezogen werden könnte.[10] Aussagen
über den Einfluss auf die Kosten werden nur aus der Perspektive des
Abnehmers getroffen, nicht jedoch für den Zulieferer oder dessen
Zulieferer. Dementsprechend lassen sich aus der Literatur nicht ohne
Weiteres Aussagen über die Verteilung der potenziellen Kosteneinsparungen zwischen den Unternehmen ableiten. Auch die Auswirkungen
einer autokorrelierten Endkundennachfrage, die den Bullwhip-Effekt erst
auslöst, wurden bisher nicht thematisiert. Insgesamt ist eine Untersuchung mehrstufiger Supply Chains bisher ausgeblieben, obwohl aufgrund der Wechselwirkungen zwischen Unternehmen Grund zu der
Annahme besteht, dass sich die bisherigen Erkenntnisse nur bedingt auf
mehrstufige Supply Chains übertragen lassen.

Aus dieser Forschungslücke ergibt sich unmittelbar die zentrale Forschungsfrage der vorliegenden Arbeit. Es wird untersucht, inwieweit
Mengenbindungsvereinbarungen herangezogen werden können, um
eine Supply Chain mit mehr als zwei Unternehmen dezentral zu koordi-

---

[8]   Picot, Wolff (2005), S. 395.
[9]   Vgl. bspw. Bassok, Anupindi (1997); Tsay et al. (1999), S. 304; Chen, Krass (2001), S.
      309; Bassok, Anupindi (2008), S. 461.
[10] Vgl. Anupindi, Bassok (1999).

nieren. Da sich diese Hypothese im Verlauf der Arbeit hinreichend bestätigt, wird weiterhin untersucht, wie eine Mengenbindungsvereinbarung ausgestaltet sein sollte, um in einer mehr als zweistufigen Supply Chain unter Annahme verschiedener Umweltbedingungen – bspw. hinsichtlich der Struktur der Endkundennachfrage – möglichst große Vorteile für alle beteiligten Unternehmen zu erzielen. Kennzahlen zum Vergleich der Modelle bilden dabei in erster Linie der Bullwhip-Effekt und die Kosten entlang der gesamten Supply Chain. Des Weiteren wird untersucht, wie sich die erzielten Vorteile auf die verschiedenen Unternehmen verteilen. Diese Forschungsfrage wird in Abschnitt 3.4 weiter detailliert und strukturiert.

1.3 Prämissen

In dieser Arbeit wird ein Grundmodell entwickelt, das sich an dem Modell von Lee/Padmanabhan/Whang orientiert.[11] Dabei wird eine dreistufige Supply Chain abgebildet, die mit einem Produkt konstanter Qualität handelt. Die erste Stufe stellt das Produkt her, ohne dass es limitierter Rohstoffe oder Einzelteile bedarf. Diese Stufe verfügt außerdem über unbegrenzte Produktionskapazitäten. Wie in dem genannten Modell wird angenommen, dass die Produktnachfrage autokorreliert ist. Weiterhin wird angenommen, dass das Produkt (bspw. aufgrund seiner hohen Spezifität) nicht anderweitig auf dem Markt bezogen werden kann. Alle Unternehmen der betrachteten Supply Chain sind rechtlich selbständig und verfolgen das Ziel der eigenen Kostenminimierung.

Aus der Spezifität des Produktes kann abgeleitet werden, warum die Teilnehmer sich zu einer langfristigen Kooperation entschließen und eine Lieferverpflichtung für den Abnehmer zur Erhöhung der Versorgungssicherheit besteht. Vor allem deshalb wird unterstellt, dass nicht sofort bediente Bestellungen zu einem späteren Zeitpunkt bedient werden statt

---

[11]   Vgl. Lee et al. (1997).

zu verfallen.[12] Ein Unternehmen der Supply Chain hat somit nicht die Möglichkeit, Bestellungen zurückzuweisen, sondern muss sie möglichst umgehend bedienen. Im Fall einer Lieferverzögerung muss der Zulieferer Strafkosten zahlen. Des Weiteren entstehen Lagerkosten sowie mengenproportionale Einkaufskosten. Sonstige Kosten wie Transportkosten oder Rüstkosten bzw. bestellfixe Kosten fallen bei den Unternehmen nicht an.

Außer den Bestellmengen werden keine Informationen ausgetauscht. Daher sind die Unternehmen gezwungen, eigene Prognosen für die Nachfrage durchzuführen. Der Informations- und Materialfluss zwischen den Unternehmen ist durch deterministische Bestell- und Lieferverzögerungen gekennzeichnet. Der Hersteller benötigt entsprechend eine feste Zeitspanne, um Produkte zu fertigen. Diese Wiederbeschaffungszeiten sind den Unternehmen jeweils bekannt.

1.4   Aufbau der Arbeit

Zunächst werden die Vorteile langfristig in Supply Chains zusammenarbeitender Unternehmen gegenüber einzeln agierenden dargestellt.[13] Hier zeigt sich die Relevanz der Untersuchung mehrstufiger Supply Chains. Danach werden die in Supply Chains auftretenden Probleme aufgezeigt,[14] die sich größtenteils auf den Bullwhip-Effekt zurückführen lassen. Es wird ferner analysiert, unter welchen Voraussetzungen dieser Effekt überhaupt entsteht. Aus den gewonnenen Erkenntnissen lassen sich im Anschluss mögliche Strategien ableiten, die den Bullwhip-Effekt reduzieren und bestenfalls sogar verhindern. Die in der Literatur bereits expli-

---

[12] Diese Annahme wird bei einem Großteil der Untersuchungen zum Supply Chain Management (vgl. z. B. Lee et al. (1997)) getroffen.
[13] Vgl. Abschnitt 2.1 und 2.2.
[14] Vgl. Abschnitt 2.3.

zierten Möglichkeiten werden anschließend strukturiert, um das Instrument der vorliegenden Arbeit in diese Struktur einzuordnen.[15]

Wie sich bereits zu einem frühen Zeitpunkt in der Beschäftigung mit der Forschungsfrage zeigt, haben Mengenbindungsvereinbarungen nach der bis dato vorliegenden fachwissenschaftlichen Literatur ein Potenzial zur Senkung des Bullwhip-Effekts. Zunächst wird die Literatur zu vertraglichen Regelungen aufgearbeitet, in die sich die Mengenbindungsvereinbarungen einordnen lassen.[16] Die verschiedenen Vereinbarungen werden insbesondere unter dem Aspekt betrachtet, inwieweit sie die Flexibilität der beteiligten Unternehmen beeinflussen, da die Flexibilität einen entscheidenden Einfluss auf die Ausbreitung des Bullwhip-Effekts hat.

Im Anschluss an diese Grundlagen wird die Modellbildung vorgenommen.[17] Unter den getroffenen Annahmen wird neben einem Grundmodell einer zweistufigen[18] und einer dreistufigen Supply Chain[19] ein dreistufiges Modell mit einer Mindestmengenvereinbarung[20] zwischen zwei Unternehmen entwickelt. Die Modelle aus der Literatur werden dazu kombiniert und an den notwendigen Stellen um ausgewählte Aspekte erweitert. Nach der quantitativen Formulierung der Modelle wird die oben formulierte Fragestellung der vorliegenden Arbeit weiter konkretisiert.[21]

Im Anschluss an die Modellierung wird untersucht, mit welcher Methode die Modelle zielführend hinterfragt werden können. Es wird gezeigt, dass sie sich einer streng theoretischen analytischen Betrachtung entziehen und daher eine Simulation für eine Untersuchung mehr Erkenntnisse verspricht. Anschließend wird diskutiert, welche Möglichkeit zur Durch-

---

[15] Die Grobgliederung dieses Teils der Arbeit orientiert sich an Carranza Torres et al. 2006.
[16] Vgl. Abschnitt 2.4.
[17] Vgl. Kapitel 3.
[18] Vgl. Abschnitt 3.1.
[19] Vgl. Abschnitt 3.2.
[20] Vgl. Abschnitt 3.3.
[21] Vgl. Abschnitt 3.4.

führung von Simulationen hier zielführend ist und wie die Simulation ausgestaltet sein muss.[22]

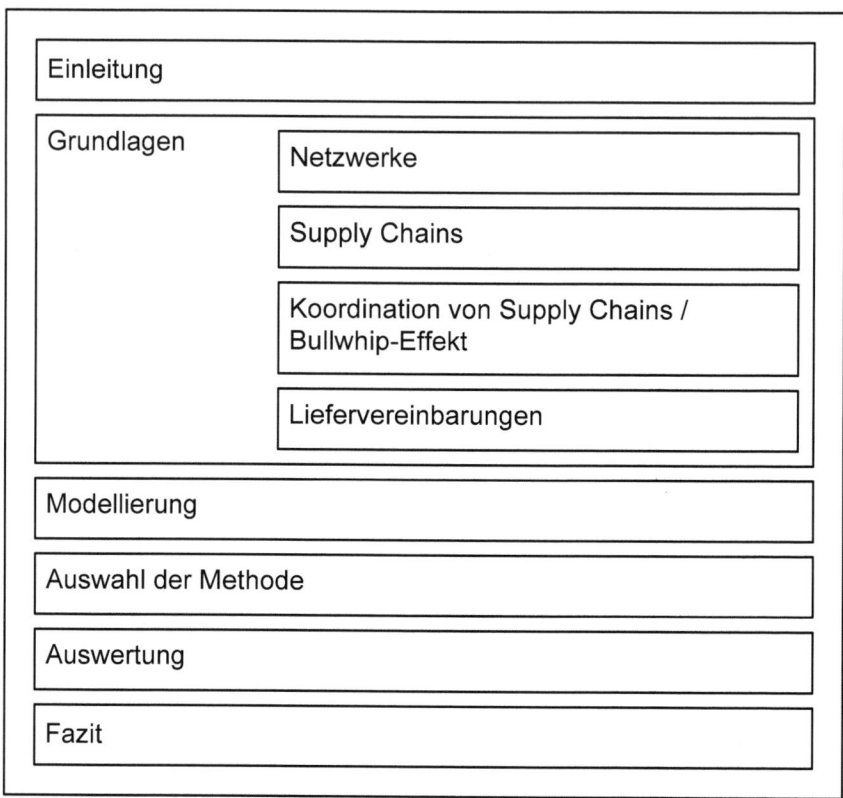

Abbildung 1.1: Aufbau der Arbeit

Nach der Festlegung der Methode wird die eigentliche Simulation der Modelle durchgeführt und eine Auswertung der Ergebnisse vorgenommen. Dazu werden nach einer kurzen anschaulichen Einzelfallbetrachtung[23] die vorher konkretisierten Fragestellungen beantwortet.[24]

---

[22] Vgl. Kapitel 4.
[23] Vgl. Abschnitt 5.1.
[24] Vgl. Abschnitt 5.2.

Die Arbeit schließt mit einer Zusammenfassung und einem Fazit.[25] Abbildung 1.1 veranschaulicht diesen Aufbau noch einmal grafisch.

---

[25]   Vgl. Kapitel 6.

2 Grundlagen

2.1 Unternehmensnetzwerke

2.1.1 Definition

Gegenstand der Betriebswirtschaftslehre nach traditioneller Auffassung sind Einzelunternehmen. Doch so wie sich in den letzten Jahrzehnten zunehmend eine Entwicklung zur Zusammenarbeit von Unternehmen abzeichnet, hat sich dieser Aspekt der Kooperation auch in der Fachwissenschaft zunehmend etabliert.[26] Picot/Reichwald/Wigand erklären diese Tendenz mit neuen Wettbewerbsanforderungen, die durch einzelne spezialisierte Unternehmen nur schwer erfüllt werden können.[27] Für die theoriewissenschaftlich fundierte Analyse solcher Kooperationsformen bedient sich die Betriebswirtschaftslehre der Netzwerkforschung, die ihren Ursprung in den Sozialwissenschaften hat und sich mit dem Geflecht sozialer Beziehungen beschäftigt.[28] In der betriebswirtschaftlichen Netzwerkforschung sind nun Unternehmen die Bezugsobjekte[29] und die Verflechtungen zwischen verschiedenen Unternehmen bilden den Untersuchungsgegenstand.

Unternehmen sollen in dieser Arbeit als autonome Institutionen aufgefasst werden, die als solche keiner Fremdbestimmung unterliegen. Dieser Status wird als rechtliche Selbstständigkeit bezeichnet.[30] Intern wird jedes Unternehmen durch Hierarchie organisiert. Das heißt, alle

---

[26] Vgl. Nassimbeni (2004), S. 43.
[27] Vgl. Picot et al. (2003), S. 257.
[28] Vgl. Sydow (1992), S. 75.
[29] Vgl. Sydow (1992), S. 78.
[30] Vgl. Sydow (1992), S. 79; Nassimbeni (2004), S. 49.

Tätigkeiten unterhalb der obersten Leitungsebene werden auf Anweisung von Befugten ausgeführt.[31] Ein Unternehmen wird in dieser Arbeit daher als Einheit gesehen, deren innere Struktur für die in dieser Arbeit thematisierten Untersuchungsaspekte nicht relevant ist. Diese Struktur wird daher nicht weiter berücksichtigt.

Sydow diskutiert bereits Anfang der 1990er Jahre ausführlich den Begriff des strategischen Netzwerks.[32] Nach einer umfangreichen Darlegung des (damaligen) Forschungsstandes definiert er Unternehmensnetzwerke wie folgt: „Ein Unternehmensnetzwerk stellt eine auf die Realisierung von Wettbewerbsvorteilen zielende Organisationsform ökonomischer Aktivitäten dar, die sich durch komplex reziproke, eher kooperative als kompetitive und relativ stabile Beziehungen zwischen rechtlich selbständigen, wirtschaftlich jedoch zumeist abhängigen Unternehmungen auszeichnet."[33] Dieses Begriffsverständnis hat sich bis heute in zahlreichen Modifikationen erhalten[34] und wird hier zunächst als Arbeitsdefinition übernommen. Einen wichtigen Aspekt der Definition bildet die Wahrung rechtlicher Unabhängigkeit, denn hierdurch ist die Teilnahme einzelner Unternehmen an mehreren Netzwerken nicht ausgeschlossen. Da so jedoch Konkurrenzsituationen entstehen können, beschränkt sich dieser Fall i. d. R. darauf, dass verschiedene Geschäftsfelder eines Unternehmens an unterschiedlichen Netzwerken teilnehmen, sodass der direkte Wettbewerb durch das Auftreten auf verschiedenen Märkten vermieden wird.[35] Meist wird davon ausgegangen, dass Unternehmen aufgrund der langfristigen Bindung in einem Netzwerk gegenüber den Partnern nicht opportunistisch handeln, da bei wiederholten Transaktionen sonst mit negativen Konsequenzen zu rechnen wäre.[36]

---

[31] Vgl. Sydow (1992), S. 78; Nassimbeni (2004), S. 49.
[32] Vgl. Sydow (1992), S. 74ff.
[33] Sydow (1992), S. 79.
[34] Vgl. Nassimbeni (2004), S. 47; Aderhold, Wetzel (2005); Corsten (2001).
[35] Hahn (2000), S. 13 sieht durchaus „Probleme", wenn Unternehmen mehreren Netzwerken angehören, erläutert seine Bedenken jedoch nicht weiter.
[36] Vgl. Corsten, Gössinger (2001), S. 36; Hahn (2000), S. 13.

Abstrakt betrachtet ist ein Unternehmensnetzwerk somit ein Netzwerk aus verschiedenen Knoten, in dem jeder Knoten für einen Entscheidungsträger steht. Die Entscheidungen der Knoten beeinflussen sich gegenseitig, woraus eine Vielzahl von Wechselwirkungen resultiert.

2.1.2 Die Bedeutung von Netzwerken als Kooperationsform

Die Überlegenheit von Netzwerken gegenüber marktbasierten Handelsbeziehungen zwischen Einzelunternehmen wird in der Wissenschaft mithilfe zahlreicher Ansätze erklärt.[37] Aufgrund der Vielfalt dieser Ansätze fordern Burgess/Singh/Koroglu, dass sich eine Meta-Theorie etablieren müsse.[38] Auf diese Forderung wurde bisher in der Literatur nicht weiter eingegangen. Auch im Kontext der in dieser Arbeit diskutierten Fragestellung soll es genügen, lediglich die vorhandenen Ansätze vorzustellen, zumal hier auch keine Weiterentwicklung der Netzwerktheorie beabsichtigt ist.

Zahn fasst empirische Arbeiten zusammen, die die Überlegenheit von Netzwerken belegen sollen.[39] Theoretische Ansätze sehen generelle Vorteile, andere machen die Überlegenheit von bestimmten Rahmenbedingungen abhängig. Laut Picot/Reichwald/Wigand lassen sich drei Effizienzziele voneinander abgrenzen, anhand derer die Überlegenheit von Netzwerken erklärt werden kann:

- Ressourceneffizienz
- Markteffizienz
- Prozesseffizienz[40]

Auch die Neue Institutionenökonomik argumentiert, dass unter bestimmten Voraussetzungen Kooperationen gegenüber Markt oder Hierarchie

---

37 Vgl. Sydow (1992), S. 127.
38 Vgl. Burgess et al. (2006), S. 719.
39 Vgl. Zahn (2001), S. 11.
40 Vgl. Picot et al. (2003), S. 257f. Ähnlich: Zentes (2005), S. 19ff.

überlegen sind, da ihre Markteffizienz größer ist. Diese Argumentation
soll jedoch keine weitere Beachtung finden, da im weiteren Verlauf der
Untersuchung Transaktionskosten und andere marktspezifische Aspekte
keine Rolle mehr spielen werden.[41]

Wirtschaftliche Vorteile von Netzwerken werden nach dem ressourcen-
orientierten Ansatz in erster Linie dadurch generiert, dass die beteiligten
Unternehmen ihre unterschiedlichen Ressourcen wie bspw. Kernkompetenzen[42] in das Netzwerk einbringen.[43] Durch diese Konzentration auf
die eigenen Kernkompetenzen kann jedes Unternehmen effizient
arbeiten.[44] Dieser Ansicht folgt z. B. auch Payer. Neben dem Effizienz-
vorteil sieht er jedoch ein Problem darin, dass Netzwerke aufgrund
fehlender zentraler Koordination „mit Unsicherheit behaftet"[45] sind.

Keller beschreibt in ihrer Arbeit weitere Vorteile, die sowohl die Ressour-
cen- als auch die Prozesseffizienz betreffen.[46] Sie bezieht sich dabei auf
Supply Chains[47], deren Vorteile aber ausnahmslos auf beliebige Netz-
werke übertragen werden können. Aus Kellers Sicht beeinflusst der
Netzwerkcharakter vor allem die vier Aspekte Zeit, Qualität, Kosten und
Flexibilität, die im sogenannten „magischen Viereck" die konfliktären
Ziele von Unternehmen darstellen. Durch die engere Kooperation der
Unternehmen lassen sich Zeitvorteile realisieren, da Verzögerungen
vermieden werden. Die Entstehung von Qualitätsvorteilen begründet
Keller mit dem drohenden Ausschluss aus dem Netzwerk, wenn Quali-
tätsvereinbarungen verletzt werden. Kostenvorteile werden laut Keller
durch geringere Suchkosten realisiert, da die Einzelunternehmen im

---

[41] Stewens erläutert die Vorteilhaftigkeit von Netzwerken bzw. Supply Chains (vgl.
      Abschnitt 2.1.2) detailliert (Stewens (2005), S. 31ff).
[42] Möller unterscheidet in physische, finanzielle und intangible Ressourcen (Möller
      (2003), S. 56).
[43] Vgl. Hahn (2000), S. 15; Jung et al. (2008), S. 148; Picot, Wolff (2005), S. 390.
[44] Vgl. Stewens (2005), S. 2; Alard (1999); Sydow (1992), S. 79; Zimmer (2001), S. 8.
[45] Vgl. Payer (2002), S. 13.
[46] Vgl. Keller (2004), S. 13f.
[47] Vgl. Abschnitt 2.2.

Netzwerk über feste Bezugsquellen verfügen.[48] Weiterhin können durch die besseren langfristigen Planungsmöglichkeiten, z. B. in Bezug auf die Transportkosten, Vorteile generiert werden. Letztendlich sieht Keller sogar einen Flexibilitätsgewinn gegenüber einzeln agierenden Unternehmen, indem Informationen wie z. B. Endkundendaten ad hoc allen Unternehmen des Netzwerks vorliegen. Dadurch können die beteiligten Akteure früher handeln, das Netzwerk reagiert also insgesamt flexibler auf Änderungen.

Andere Autoren stellen einen weiteren Aspekt in den Vordergrund: In langfristigen Zulieferer-Abnehmer-Beziehungen können Unternehmen ihre Prozesse besser aufeinander abstimmen und so insbesondere bei der Umsetzung komplexer Managementmethoden wie bspw. durch das Organisationsprinzip Just in Time Effizienzvorteile erreichen.[49] Ansätze, die das Vertrauen in Supply Chains bzw. deren beteiligte Akteure in den Vordergrund stellen und daraus Vorteile ableiten,[50] sollen hier nicht weiter betrachtet werden.

Begünstigt wird die Bildung von Unternehmensnetzwerken nach Auffassung zahlreicher Autoren nicht zuletzt durch die rasche Entwicklung von Informations- und Kommunikationssystemen. Kosten, die bei der Koordination von großen Systemen entstehen, können mit ihrer Hilfe gering gehalten werden.[51] Dieser Aspekt stellt jedoch keinen eigenständigen Erklärungsansatz dar, sondern wird nur als begünstigender Faktor (oft englisch als „enabler" bezeichnet) gesehen. Er schafft aufgrund technischer Neuerungen Kostenvorteile und beschleunigt so die Entwicklung.

Daneben wird in der Literatur der „Ansatz interorganisationaler Beziehungen" vertreten.[52] Dieser Ansatz betrachtet Netzwerke auf einer

---

[48] Obwohl dieser Gedanke eher in der Transaktionskostentheorie zu verorten ist, wird er hier kurz aufgegriffen.
[49] Vgl. bspw. Nassimbeni (2004), S. 53; Hewitt (1994).
[50] Vgl. Zahn (2001), S. 14.
[51] Vgl. Alard (1999), S. 64; Hahn (2000), S. 17; Cooper, Tracey (2005).
[52] Vgl. Payer (2002), S. 20.

Makroebene und interpretiert die einzelnen Unternehmen dabei als Objekte dieser Netzwerke. Da die Unternehmen in der vorliegenden Arbeit jedoch zunächst als unabhängig voneinander handelnde Einheiten und somit als Subjekte zu betrachten sind, wird diesem Ansatz nicht gefolgt.

2.1.3 Systematisierung von Netzwerken

2.1.3.1 Umfang eines Netzwerks

Die Beziehungen zwischen den Unternehmen eines Netzwerks können sehr vielfältig sein. Die Zusammenarbeit kann auf langfristige, vertraglich geregelte Handelsbeziehungen gründen, mit denen häufig auch eine Zusammenarbeit im Bereich Forschung und Entwicklung einhergeht, da die gehandelten Produkte aus Effizienzgründen aufeinander abgestimmt sind. Des Weiteren sind personelle Verflechtungen oder Kapitalbeziehungen zwischen den Unternehmen denkbar. Verflechtungen im Bereich der Informations- und Kommunikationstechnologie, die oftmals als eine spezifische Ausprägung der Zusammenarbeit gesehen werden, sollen hier im Sinne des Ebenenansatzes von Wollnik[53] nur als Unterstützung in der Organisation und Durchführung der Zusammenarbeit auf den anderen Ebenen betrachtet werden.[54]

2.1.3.2 Richtung der Kooperation in einem Netzwerk

Im weiteren Verlauf der Arbeit wird zwischen horizontalen und vertikalen Kooperationen in Netzwerken unterschieden.[55] Horizontale Kooperationen bezeichnen dabei Kooperationen von Unternehmen auf gleichen Wertschöpfungsstufen, die verschiedene Funktionen ausführen (Unter-

---

[53] Wollnik (1988).
[54] Vgl. Alard (1999), S. 64.
[55] Vgl. Payer (2002), S. 39; Lambert, Cooper (2000), S. 71.

nehmen 1 und 2 in Abbildung 2.1). Demgegenüber befinden sich jedoch auch Unternehmen unterschiedlicher (meist benachbarter) Stufen in vertikalen Kooperationen in einer Wertschöpfungskette (Unternehmen 3 und 4 in Abbildung 2.1).[56]

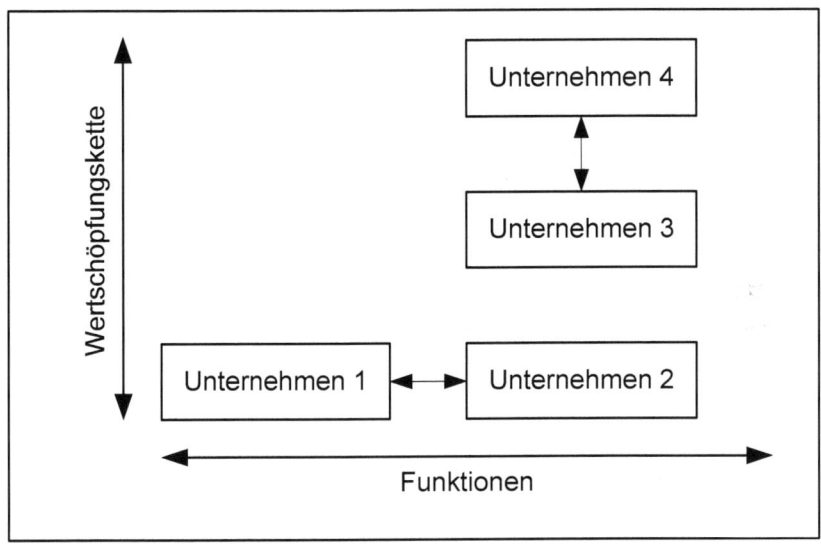

Abbildung 2.1: Horizontale und vertikale Kooperationen

2.1.3.3 Machtverteilung in einem Netzwerk

Unternehmen bringen verschiedene Kernkompetenzen in ein Netzwerk ein, die jeweils eine bestimmte Bedeutung für den gesamten Wertschöpfungsprozess des Netzwerks haben. Außerdem kann der relative Anteil eines Unternehmens am gesamten Wertschöpfungsprozess zwischen den Unternehmen differieren. Einzelne Unternehmen können zudem über Informationen verfügen, die für andere beteiligte Unternehmen nützlich sind (Informationsasymmetrie).

---

[56] Vgl. Nassimbeni (2004), S. 52.

Aufgrund dieser unterschiedlichen Bedeutung der einzelnen Unternehmen im Netzwerk kann die Macht asymmetrisch verteilt sein. Ein
Unternehmen kann relative Vorteile gegenüber anderen haben und
somit Entscheidungen zu seinen Gunsten beeinflussen. Diese Art von
Netzwerken wird oft als hierarchisches oder zentriertes Netzwerk
bezeichnet.[57] Es ist jedoch gleichermaßen denkbar, dass sich die Macht
zwischen den Unternehmen in einem sogenannten polyzentrischen
Netzwerk relativ gleich verteilt. Verfügt ein Unternehmen über signifikant
mehr Macht als andere, ist zu erwarten, dass dieses Unternehmen einen
großen Einfluss über die Verteilung der Rollen im Netzwerk ausübt.[58]

2.1.3.4 Räumliche Ausdehnung

Die räumliche Ausdehnung der Unternehmen kann sich in Netzwerken
stark unterscheiden.[59] Regionale Netzwerke werden häufig zwischen
kleinen und mittelständischen Unternehmen geschlossen. Diese
Netzwerke sind vielfach wiederum in internationale Netzwerke eingebunden. Vorteile der räumlichen Nähe bestehen insbesondere in der
identischen Sprache, der identischen kulturellen Basis sowie in den
bekannten und identischen Gesetzen.

2.1.3.5 Zeitliche Ausdehnung

Netzwerke sind i. d. R. als eine längerfristige Kooperation angelegt, in
der evtl. ein genauer zeitlicher Rahmen festgelegt ist.[60] In jedem Fall
kann zumindest von einer gewissen Dauerhaftigkeit ausgegangen
werden. Daraus kann abgeleitet werden, dass die Unternehmen eines
Netzwerks sich i. d. R. ein relativ großes gegenseitiges Vertrauen
entgegenbringen. Weiterhin folgt aus der Dauerhaftigkeit, dass Unternehmen in der Lage sind, anhand von Erfahrungen das Verhalten der

---

[57] Vgl. Payer (2002), S. 36.
[58] Vgl. Nassimbeni (2004), S. 51.
[59] Vgl. Payer (2002), S. 36.
[60] Vgl. Nassimbeni (2004), S. 44.

Partner zu antizipieren. Letztendlich ist davon auszugehen, dass die beteiligten Unternehmen kein gegenseitig schädigendes Verhalten wie bspw. Opportunismus o. Ä. zeigen, da sie sich Vorteile von einer Fortsetzung der Kooperation versprechen, die es nicht zu gefährden gilt.

2.2   Supply Chains

Supply Chains stellen eine spezielle Form von Netzwerken dar und lassen sich u. a. durch die nachfolgend erläuterten Dimensionen von anderen Formen abgrenzen. Zunächst ist die Kooperationsrichtung in Supply Chains vertikal.[61] Merkmale wie die Dauer der Kooperation sind hingegen nicht von entscheidender Bedeutung für die Abgrenzung von Supply Chains von anderen Netzwerken, da alle Netzwerke in der Regel längerfristig angelegt sind. Vielmehr wird oft der Zweck der Kooperation, der hier in der Produktion von Gütern gesehen wird, als weiteres Abgrenzungsmerkmal angeführt.[62]

In der Literatur wurden bisher viele Definitionen des Supply Chain-Begriffs vorgelegt, die sich nur geringfügig unterscheiden.[63] Ein wesentlicher Unterschied zwischen den Definitionen ist darin zu sehen, dass einige Autoren eine Supply Chain auch als unternehmensinterne Wertschöpfungskette verstehen, die Mehrzahl allerdings definiert sie generell als unternehmensübergreifend.[64] Aus diesen beiden Sichtweisen resultieren in erster Linie unterschiedliche Prozesse der Entscheidungsfindung, die naturgemäß von grundlegender Bedeutung sind. Während es in der unternehmensinternen Wertschöpfungskette meist eine zentrale Planungsinstanz gibt, agieren in unternehmensübergreifenden Supply Chains verschiedene Entscheidungsträger. Hier soll der Auffassung von Jung et al. gefolgt werden, wonach eine zentrale

---

[61]   Vgl. Hahn (2000), S. 12.
[62]   Vgl. Nassimbeni (2004), S. 51.
[63]   Bspw. Towill (1991), S. 198; Möller (2003), S. 53; Cooper et al. (1997); Zimmer (2001), S. 8.
[64]   Vgl. Lambert, Cooper (2000), S. 70.

Entscheidungskompetenz in einer unternehmensübergreifenden Supply Chain als unrealistisch gilt.[65]

Über den genauen Umfang der Supply Chain lassen sich keine allgemein verbindlichen Aussagen treffen. Während einige Darstellungen mit einer Supply Chain den gesamten Produktionsprozess eines Produktes vom Rohstoff bis hin zum Endprodukt abbilden,[66] verstehen andere schon eine mehrstufige Beschaffung als Supply Chain.[67] Lambert/Cooper vertreten wiederum die Ansicht, dass alle „kritischen" Unternehmen des Wertschöpfungsprozesses in die Supply Chain aufgenommen werden sollten.[68] Der Verfasser dieser Arbeit vertritt die Auffassung, dass der Umfang einer Supply Chain nicht in Abhängigkeit von der Wertschöpfungstiefe zu messen ist, sondern es ist vielmehr entscheidend, welche Unternehmen eines Produktionsprozesses sich zur Zusammenarbeit bzw. Integration[69] entschlossen haben. Diese eng zusammenarbeitenden Unternehmen begrenzen dann die Supply Chain, wohingegen eventuelle Zulieferer, die sich jedoch gegen eine enge Zusammenarbeit entschieden haben, nicht in die Supply Chain integriert sind. Um den Untersuchungsgegenstand von einer einfachen Zulieferer-Abnehmer-Beziehung abzugrenzen, ist eine Supply Chain typischerweise jedoch mindestens dreistufig.

Eine Supply Chain, wie sie in vielen Untersuchungen zugrunde gelegt wird[70], zeigt Abbildung 2.2 Die Supply Chain besteht aus einem Abnehmer und seinen Zulieferern. Ein Informationsaustausch vollzieht sich in beide Richtungen, wobei der fachwissenschaftliche Diskurs unterscheidet zwischen zwei nebeneinander liegenden Unternehmen, die Informationen austauschen, und einer einseitigen, dem Materialfluss entgegengesetzten Informationsweitergabe. Im zweiten Fall gibt der Endkunde lediglich seine Bestellung an das letzte Unternehmen der Supply Chain.

---

[65] Vgl. Jung et al. (2008), S. 148.
[66] Vgl. Houlihan (1987), S. 55.
[67] Vgl. Cooper et al. (1997), S. 2; Beamon (1998); Hwarng et al. (2005), S. 2830.
[68] Vgl. Lambert, Cooper (2000), S. 69.
[69] Vgl. Beamon (1998), S. 282.
[70] Vgl. Forrester (1958); Sterman (1989b).

Sein Handeln wird nicht durch Informationen aus der Supply Chain heraus beeinflusst, daher kommt der Informationsfluss in diese Richtung nicht in der Abbildung zum Ausdruck. Der Endkunde, der in dieser Abbildung dargestellt ist, soll folglich nicht als Teil der Supply Chain verstanden werden.

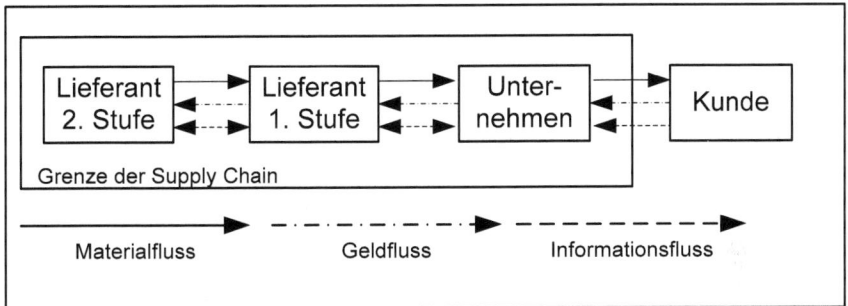

Abbildung 2.2: Aufbau einer Supply Chain

Einige Autoren führen weiterhin das Vorhandensein eines fokalen Unternehmens als mögliches Merkmal von Supply Chains an, das in seiner zentralen Rolle in der Supply Chain Aufgaben verteilt und von dem aus die Beziehungen zwischen sämtlichen beteiligten Unternehmen organisiert werden.[71] Da ein solches Unternehmen für die Zielerreichung einer Supply Chain nicht zwingend erforderlich ist, wird diese Organisationsform nicht weiter verfolgt. Vielmehr soll davon ausgegangen werden, dass direkt miteinander in Verbindung stehende Unternehmen ihre bilaterale Beziehung organisieren können, ohne alle Mitglieder der Supply Chain an der Planung zu beteiligen. Auf Mechanismen der Abstimmung von Supply Chains wird im weiteren Verlauf dieser Arbeit detailliert eingegangen.[72]

In dieser Arbeit wird eine Supply Chain abschließend wie folgt verstanden: Eine Supply Chain stellt eine spezielle Form eines Netzwerks dar,

---

[71] Vgl. Hahn (2000), S. 15f.
[72] Vgl. Abschnitt 2.4.

in der mehrere – i. d. R. mehr als zwei[73] – Unternehmen auf vertikaler Ebene zusammenarbeiten.[74] Zwischen den Unternehmen wird ein Austausch von Material, Informationen und Zahlungen vorgenommen,[75] um gemeinsam Produkte für den Absatzmarkt herzustellen.[76] Die Unternehmen einer Supply Chain sind wie in jedem Netzwerk[77] rechtlich selbstständig.[78] Das allgemeine monetäre Ziel „[...] ist die Steigerung des Wertes der gesamten Supply Chain, hilfsweise ihrer Periodenergebnisse unter Beachtung der Liquiditätssicherung."[79] Zu bedenken ist, dass es sich hierbei um ein sogenanntes Pull-System handelt, in dem die Aufträge durch einen konkreten Endkundenauftrag ausgelöst werden.

2.3 Der Bullwhip-Effekt

2.3.1 Empirische Beobachtungen in Supply Chains

Die theoriewissenschaftliche wie auch die praxisorientierte Literatur untersucht in zahlreichen Studien, welche Probleme in Supply Chains auftreten können. An dieser Stelle sollen nur die wichtigsten Ergebnisse dieser Studien umrissen werden, soweit sie im Kontext der hier bearbei-

---

[73] Vgl. Möller (2003), S. 56.
[74] Vgl. Nassimbeni (2004), S. 52; Cooper, Ellram (1993), S. 13; Cooper et al. (1997), S. 2.
[75] In Anlehnung an Zimmer (2001), S. 9. Laut Nassimbeni (2004) handelt es sich dabei vornehmlich um industrielle Güter. Andere Beiträge konzentrieren sich auf den Austausch von Gütern (vgl. z. B. Akkermans et al. (1999)). Diese Definitionen sind für die Fragestellung der vorliegenden Arbeit zu eng.
[76] Vgl. Möller (2003), S. 56. Dem koordinierten Informationsfluss kommt nach Meinung vieler Autoren eine besondere Bedeutung zu, da ein unkoordinierter bzw. ausbleibender Informationsfluss die Ursache vieler Probleme in der Supply Chain (auf die im weiteren Verlauf dieses Abschnitts näher eingegangen wird) darstellt (Vgl. Wikner 1994, S. 4).
[77] Vgl. Abschnitt 2.1.1.
[78] Vgl. Chan, Chan (2006), S. 148.
[79] Hahn (2000), S. 13.

teten Forschungsfrage relevant erscheinen. Für Metastudien vgl. Lee/Whang[80] sowie Lee/Padmanabhan/Whang[81].

Sterman[82] zeigt bspw. anhand makroökonomischer Untersuchungen der US-Industrie, dass Wertschöpfungsketten in vielen Fällen zur Instabilität neigen. Er belegt dabei, dass die Konjunkturzyklen von Zulieferbranchen eine größere Amplitude aufweisen als die Zyklen der Produktion von Konsumprodukten. Dies wird als Indiz dafür gewertet, dass die Amplitude von Produktionsmengen mit zunehmender Entfernung vom Endkunden wächst. Die Untersuchung dieser Problematik in verschiedenen Industriezweigen stützt diese These weiter.[83] In der Automobilbranche z. B. ist zwischen der Produktionsrate von Automobilen und der Beschaffung von Maschinen zu deren Produktion – neben der Erhöhung der Amplitude – auch eine zeitliche Verschiebung der Schwankungen bei zunehmender Entfernung vom Endkunden zu beobachten.[84] Eine weitere, häufig zitierte Untersuchung fokussiert Produktion und Nachfrage von Einwegwindeln.[85] Obwohl der Verbrauch langfristig stabil ist, zeigt sich, dass minimale Schwankungen in der Endkundennachfrage in weitaus größeren Schwankungen in den Bestellmengen der Supermarktketten resultieren. In der Folge vergrößern sich abermals die Schwankungen in den Bestellmengen der Zulieferer bzw. die Produktionsmengen.

2.3.2   Begriff des Bullwhip-Effekts

Die oben beschriebenen empirisch zu beobachtenden Störungen werden in den Wirtschaftswissenschaften unter dem Begriff „Bullwhip-

---

[80]   Vgl. Lee, Whang (2006).
[81]   Vgl. Lee et al. (2006).
[82]   Vgl. Sterman (2006).
[83]   Vgl. Lee, Whang (2006), S. 2.
[84]   Vgl. Blanchard (1983); Geary et al. (2006), S. 6.
[85]   Vgl. Lee et al. (1997); Wang et al. (2005).

Effekt"[86] (dt. Peitschenschlageffekt) diskutiert. Bestimmte Rahmenbedingungen führen demnach zu einer wachsenden Schwankungsamplitude der Nachfrage mit zunehmender Entfernung vom Endkunden.[87] Als Maß des Bullwhip-Effekts wird meist der Quotient der Varianzen aus eingehenden und ausgehenden Bestellungen einer Stufe der Supply Chain herangezogen.[88] Der Bullwhip-Effekt kann auch über Unternehmensgrenzen hinweg gemessen werden, wo er dann als Quotient aus eingehenden Bestellungen der letzten und ausgehenden Bestellungen der ersten Stufe errechnet wird.

2.3.3 Auswirkungen des Bullwhip-Effekts

Aus dem Bullwhip-Effekt ergeben sich verschiedene negative Auswirkungen auf die gesamte Supply Chain. Da die Schwankungsamplitude und damit der Bullwhip-Effekt mit zunehmender Entfernung vom Endkunden steigen, sind die negativen Auswirkungen für vom Endkunden weiter entfernte Unternehmen deutlicher spürbar.

Im Falle begrenzter Kapazitäten vergrößern sich durch die Schwankungen die Durchlaufzeiten, da die Produktionsanlagen ungleichmäßig ausgelastet sind.[89] Somit kommt es in Zeiten großer Nachfrage zu Produktionsengpässen und damit zu Wartezeiten, die insgesamt zu einer längeren Durchlaufzeit führen. In Zeiten geringerer Nachfrage hingegen sind Maschinen nicht oder nur teilweise in Funktion, vorausgesetzt es müssen nicht noch Aufträge nachgefertigt werden, die aufgrund der begrenzten Kapazität vorher nicht produziert werden konnten.

---

[86] Disney, Towill (2003a), S. 157.
[87] Vgl. Lee, Whang (2006), S. 1 und Abschnitt 2.3.4.
[88] Vgl. Naim et al. (2004), S. 120; Dejonckheere et al. (2003), S. 575; Kahn (1987), S. 667; Disney, Towill (2003a), S. 158. Sterman (2006), S. 19; Disney, Towill (2003a) formulieren weitere Merkmale und Definitionen des Bullwhip-Effekts, die sich jedoch in der Literatur nicht durchgesetzt haben.
[89] Vgl. Geary et al. (2006), S. 2.

Sterman geht sogar so weit, dass er diese Schwankungen dahingehend berücksichtigt, dass sie das Verhältnis zwischen Arbeitgeber und Arbeitnehmern beeinträchtigen können.[90] Die ungleichmäßige Auslastung kann seines Erachtens zu einer so großen Stresssituation führen, dass es zu Konflikten und somit zu einem ungünstigen Betriebsklima kommt.

Unzweifelhaft führen stark schwankende Bestellmengen zu hohen Beständen, denn jedes Unternehmen legt Sicherheitsbestände an, die mit zunehmender Varianz der Bestelleingänge steigen.[91] Einige Autoren heben darauf ab, dass aufgrund der steigenden Schwankungsamplitude neben den Lagerkosten auch andere Logistikkosten wie bspw. Transportkosten steigen.[92]

Insgesamt ist festzustellen, dass alle Auswirkungen des Bullwhip-Effekts die Kosten erhöhen bzw. die Erlöse der Supply Chain senken.[93] Zu hohe Lagerbestände führen bspw. zu einer übermäßigen Kapitalbindung und den damit verbundenen Zinskosten. Zusätzlich sind Abschreibungen für die Investition in zusätzlichen Lagerraum bzw. Mietkosten für ein angemietetes Lager zu kalkulieren. Lange Durchlaufzeiten in Verbindung mit begrenzten Produktionskapazitäten führen zu längeren Wartezeiten für den Endkunden. Endkundenunzufriedenheit in diesem Leistungsaspekt kann zu Abwanderungen zur Konkurrenz oder zu einer geringeren Bereitschaft führen, einen hohen Preis für das Produkt zu zahlen. Die unternehmensinterne Gegenmaßnahme – eine Ausweitung der Lagerkapazität – verursacht kostspielige Investitionen in nicht dauerhaft ausgelastete Anlagen.

Neben diesen konkret beobachtbaren monetären Auswirkungen führt der Bullwhip-Effekt zu einer erschwerten Steuerung der Materialströme entlang der Supply Chain, wiederum aufgrund der beschriebenen

---

[90]   Vgl. Sterman (2006), S. 17.
[91]   Vgl. Chen, Samroengraja (2004), S. 707; Thiel, Hoa (2008), S. 48; Sterman (2006), S. 17.
[92]   Vgl. Disney, Towill (2003a), S. 158; Thiel, Hoa (2008), S. 48.
[93]   Vgl. Sterman (2006), S. 17.

großen Schwankungsamplituden sowie nachfolgender, komplexer Wirkungszusammenhänge.[94] Um diese Kosten zu vermeiden, ist es zielführend, den Ursachen des Bullwhip-Effekts genau nachzugehen, um daraus Möglichkeiten zur Reduktion bzw. Vermeidung abzuleiten.

2.3.4 Ursachen des Bullwhip-Effekts

In der Literatur hat sich die Klassifizierung der Ursachen des Bullwhip-Effekts nach Chatfield[95] durchgesetzt. Er differenziert dabei drei Bereiche:

- strukturelle Ursachen
- begrenzte Rationalität
- dezentrale vollkommen rationale Entscheidungsträger

Andere Klassifikationsschemata[96], die in der Literatur zu finden sind, werden hingegen selten zitiert, da sie sich an die von Chatfield anlehnen und nur geringfügige Weiterentwicklungen darstellen. Klassifikationen anderer Autoren beziehen sich oft nicht explizit auf den Bullwhip-Effekt, sondern auf allgemeine Probleme in Netzwerken[97] und werden daher hier nicht weiter berücksichtigt.

2.3.4.1 Strukturelle Ursachen

Schon 1958 beschreibt Forrester, wie es aufgrund von strukturellen Annahmen einer Supply Chain wie z. B. Kapazitätsengpässen oder auslastungsbedingten Bearbeitungszeiten zum Bullwhip-Effekt kommt.[98] Diese Ursachen werden oft auch als systemisch bezeichnet, da der

---

[94] Vgl. Thiel, Hoa (2008), S. 48.
[95] Vgl. Chatfield et al. (2004).
[96] Eine Ausnahme bildet z. B. Geary et al. (2006), S. 7ff.
[97] Vgl. Aderhold, Wetzel (2005).
[98] Vgl. Forrester (1961); Towill (1991); Wikner, Towill (1991).

Bullwhip-Effekt im Sinne der Systemtheorie durch die Wechselwirkungen zwischen den Unternehmen aus der Supply Chain selbst heraus entsteht.[99] Auslöser für den Bullwhip-Effekt ist nach Forrester ein einmaliger Nachfrageschock, der das sich zuvor im Gleichgewicht befindliche System stört.[100] Als Folge ergeben sich zahlreiche Anpassungsprozesse, die das System nachhaltig beeinflussen. Erst nach langer Zeit pendelt es sich in seinem neuen Gleichgewicht ein.

Forresters Überlegungen zeigen erstmals, dass der Bullwhip-Effekt kein durch äußere Faktoren verursachtes Phänomen ist, wie bis dahin angenommen wurde, sondern sich aus dem Handeln der Unternehmen in einer Supply Chain begründen lässt.[101] Obwohl auf das von ihm entwickelte Modell in heutigen Ansätzen nur noch selten Bezug genommen wird, können die Ausführungen von Forrester als Ausgangspunkt aller Überlegungen zum Bullwhip-Effekt gesehen werden. Lediglich wenige Arbeiten wie die von Morán/Barrar[102], Saeed[103], Zwicker[104] oder Lyneis[105] greifen seinen Ansatz auf, gewinnen jedoch kaum neue Erkenntnisse, vielmehr werden die Ergebnisse von Forrester konzentriert zusammengefasst und in Anbetracht aktueller Entwicklungen bewertet. Gleichzeitig gilt Forrester als der Begründer der systemdynamischen Simulation in der Betriebswirtschaft.[106]

2.3.4.2 Begrenzte Rationalität

Die Ursachen des Bullwhip-Effekts bei begrenzter Rationalität[107] wurden von Sterman anhand des sogenannten Beer Games untersucht.[108]

---

[99]   Vgl. Lee et al. (2006), S. 1.
[100] Vgl. Forrester (1989), S. 7.
[101] Vgl. Forrester (1961), S. 22.
[102] Móran, Barrar (2006).
[103] Saeed (2009).
[104] Zwicker (1980).
[105] Lyneis (1980).
[106] Vgl. Abschnitt 4.5.1.2.
[107] Diese Ursache wird in der angelsächsischen Literatur meist unter „Behavioral Causes" subsumiert.
[108] Vgl. Sterman (1989b); Sterman (2006).

Dabei wird eine mehrstufige Supply Chain, in der mehrere Unternehmen miteinander handeln, von einer Gruppe von Personen nachgebildet. Jedes beteiligte Unternehmen wird dabei von jeweils einem Probanden vertreten. Die Supply Chain bedient nun eine zunächst konstante Endkundennachfrage, die im weiteren Spielverlauf sprunghaft ansteigt und dann auf dem neuen Niveau wieder konstant ist (identisch mit dem Auslöser des Bullwhip-Effekts im Modell von Forrester). Nur auf die eigenen Informationen zugreifend entscheiden alle Teilnehmer, welche Mengen sie in einer Periode bestellen, um ihre Nachfrage zu bedienen.

Obwohl die Endkundennachfrage mit Ausnahme dieser einen, sprunghaften Erhöhung konstant ist, schwanken die Bestellmengen aller Unternehmen nach der Erhöhung unkontrolliert und finden erst nach einem relativ langen Zeitraum wieder zu einem Gleichgewicht. Anhand einer Regressionsanalyse schließt Sterman aus den Ergebnissen, dass die Probanden die physischen Lagerbestände wie auch die Mengen, die bereits bestellt, aber noch nicht ausgeliefert wurden (Unterwegsbestände), bei ihrer Entscheidung nur unzureichend berücksichtigen.[109] Des Weiteren nehmen die Probanden eine Prognose des Bedarfs mittels der exponentiellen Glättung erster Ordnung vor, die jedoch die Störungen verstärkt, da sie die Bestellmenge direkt nach der sprunghaften Erhöhung zu gering kalkulieren und folglich Nachbestellungen getätigt werden müssen. Es handelt sich somit um eine verzögerte Reaktion auf den Nachfrageanstieg, der im weiteren Verlauf einen übertriebenen Anpassungsprozess auslöst. Diese Verkettung von verzögerter Reaktion und Anpassung folgt aus der impliziten Annahme der Probanden, dass es sich bei der Nachfrage um eine normalverteilte Zeitreihe handelt.[110] Der tatsächlich jedoch dauerhafte Nachfrageanstieg wird daher zunächst als Zufallsschwankung interpretiert. Abbildung 2.3 zeigt beispielhaft den Bullwhip-Effekt nach Sterman, hier entsprechend der auf dem Beer

---

[109] Vgl. Sterman (2006), S. 46f; Faißt (2003), S. 25.
[110] Diese Annahme wird in der Nutzung der exponentiellen Glättung erster Ordnung zur Nachfrageprognose deutlich.

Game basierenden, eigenen Simulationsergebnisse der vorliegenden Untersuchung.

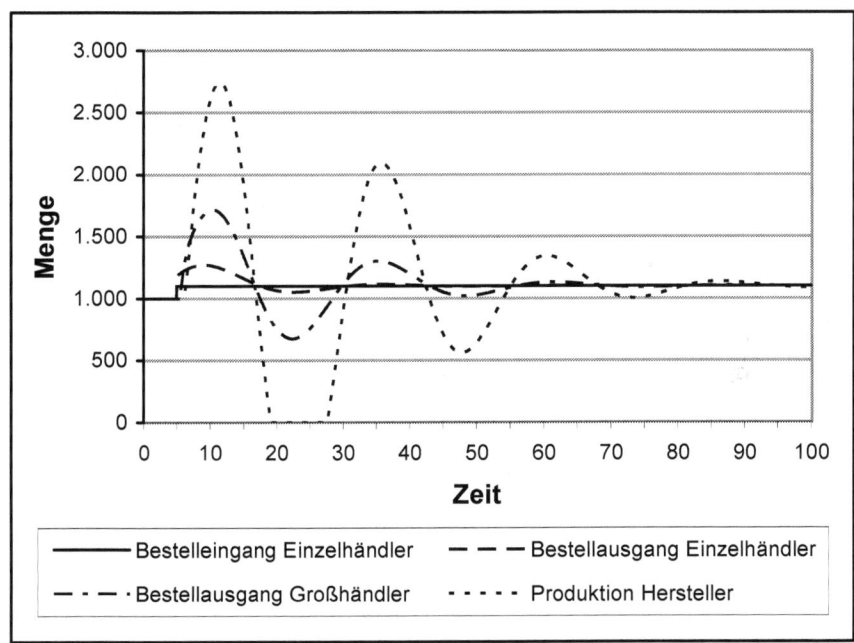

Abbildung 2.3: Bullwhip-Effekt nach Sterman

Weitere Untersuchungen zu dieser Ursache wiederholen das Beer Game unter modifizierten Annahmen: So weisen Chen/Samroengraja bspw. einen Bullwhip-Effekt bei normalverteilter Nachfrage ohne einen externen Schock nach.[111] Mosekilde/Laugesen untersuchen anhand von Simulationen, wie sich verschiedene Parameter auf die dynamischen Zusammenhänge im Beer Game auswirken.[112] Croson/Donohue prüfen weitere Gründe für den Bullwhip-Effekt unter der Annahme begrenzter Rationalität.[113]

---

[111] Vgl. Chen, Samroengraja (2000).
[112] Vgl. Mosekilde, Laugesen (2007).
[113] Vgl. Croson, Donohue (2006).

Nach Ansicht Stermans und anderer Autoren lassen sich diese Phäno-
mene auf die begrenzte Rationalität der Teilnehmer zurückführen, da
diese ohne die Hilfe von heutigen ERP-Systemen die Komplexität[114] der
Supply Chain nicht überblicken können.[115] Auf diese beiden Ursachen-
gefüge – strukturelle Ursachen und begrenzte Rationalität – soll an
dieser Stelle lediglich knapp hingewiesen werden, denn es ist davon
auszugehen, dass Bestellentscheidungen in der heutigen Wirtschaft mit
Hilfe aufwendiger Informationssysteme getroffen werden, die alle
verfügbaren Informationen rational verarbeiten können.

2.3.4.3   Dezentrale rationale Entscheidungsträger

Die aktuelle wissenschaftliche Literatur fokussiert die Gründe für den
Bullwhip-Effekt, die mit der dezentralen Entscheidungsfindung ohne
Abstimmung oder Informationsaustausch in Supply Chains in Zusammenhang stehen. In diesem Forschungsfeld besteht weitgehend
Konsens in der Annahme, dass sich der Bullwhip-Effekt dann zeigt,
wenn die Unternehmen versuchen, ihre eigenen Kosten zu minimieren
und die Folgen für die anderen Supply Chain-Partner dabei außer Acht
lassen.[116] Wie auch in den oben erläuterten Modellen von Forrester und
Sterman[117] trifft der Bullwhip-Effekt weit vom Endkunden entfernte
Unternehmen besonders stark, da sich der Effekt von Stufe zu Stufe
kontinuierlich verstärkt.

Die Forschung verweist auf viele unterschiedliche Facetten lokal
rationalen Verhaltens, die unter verschiedenen Annahmen bzw. Rahmenbedingungen zum Bullwhip-Effekt führen. Eine besondere Rolle
kommt dabei der individuellen Prognose der Nachfrage zu, die häufig als
primäre Ursache für den Bullwhip-Effekt angesehen wird. Der tiefere
Grund liegt hier in einer Informationsasymmetrie: Prognostiziert jedes

---

[114]   Naim et al. (2004) und Sivadasan et al. (2004) gehen auf die in Supply Chains
        entstehende Komplexität detaillierter ein.
[115]   Vgl. Towill (1991).
[116]   Vgl. Lee et al. (1997).
[117]   Vgl. Abschnitte 2.3.4.1 und 2.3.4.2.

Unternehmen einer Supply Chain seinen Bedarf nur auf der Grundlage eigener Informationen, werden nicht zufällige Schwankungen der Endkundennachfrage verstärkt an die Zulieferer weitergegeben. So summieren sich bei vom Endkunden weit entfernten Unternehmen Schwankungen. Weiterhin wird in diesem Zusammenhang untersucht, inwieweit

- Bündelungen von Bestellungen,
- Mehrfachbestellungen bei unterschiedlichen Lieferanten aufgrund erwarteter Lieferengpässe oder
- kurzfristige Kundenrabattaktionen[118]

den Bullwhip-Effekt hervorrufen.[119]

Das wohl bekannteste und häufig zitierte Modell zum Nachweis des Bullwhip-Effekts bei dezentraler Entscheidungsfindung ist das in Abschnitt 3.1 dieser Arbeit ausführlich diskutierte Modell von Lee/Padmanabhan/Whang.[120] Dieses Modell zeigt analytisch, dass bei einer autokorrelierten und zufällig schwankenden Endkundennachfrage die Varianz der Bestellungen eines rational handelnden Unternehmens größer ist als die Varianz der eingehenden Nachfrage. Der Bullwhip-Effekt wird folglich nicht durch eine einmalige Störung der Nachfrage – so die Grundannahme in den Modellen von Forrester oder Sterman – hervorgerufen, sondern ergibt sich allein aus der statistischen Verteilung der Nachfrage, die letztendlich kontinuierlich kleine Schocks verursacht.

In diesem Modell entsteht der Bullwhip-Effekt, da das Lager nicht als Puffer genutzt wird, um die eigene Produktions- bzw. Bestellmenge möglichst konstant zu halten. Vielmehr wird der Lagerbestand ständig den schwankenden wirtschaftlichen Erfordernissen angepasst, um die Lagerkosten zu optimieren. Diese Anpassung der führt jedoch unvermeidlich zu einer zusätzlichen Nervosität, da jede nicht-zufällige Veränderung in der Endkundennachfrage zu Veränderungen in der Prognose

---

[118] Vgl. Reiner, Fichtinger (2009).
[119] Vgl. Keller (2004); Lee et al. (1997); Lee et al. (2006), S. 8ff.
[120] Vgl. Lee et al. (1997), S. 550.

der Nachfrage in der Wiederbeschaffungszeit führt und diese wiederum eine Lageranpassung bedingen.

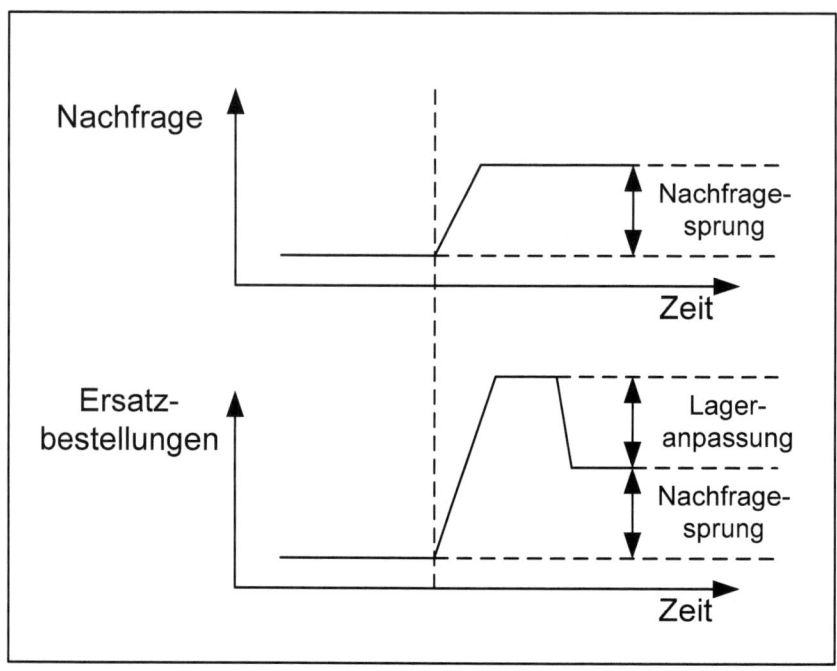

Abbildung 2.4: Auswirkung von Lageranpassungen

Im Falle einer positiven Autokorrelation hat dieser ständige Anpassungsprozess direkte Folgen. So muss bei Eingang einer im Vergleich zur Vorperiode größeren Bestellmenge die Prognose der Endkundennachfrage nach oben korrigiert werden. Der Abnehmer bestellt dann die Summe aus eingehender Bestellung und Lagerkorrektur und die ausgehende Bestellung ist somit höher als die zuvor eingegangene Bestellung.[121] Im Falle einer im Vergleich zur Vorperiode niedrigeren Endkundenbestellung verhält sich die Prognose naturgemäß genau

---

[121] Ouyang et al. (2006), S. 134 beschreiben diesen Mechanismus, allerdings ohne dabei zu erläutern, dass es sich um eine nicht-zufällige Schwankung der Nachfrage handeln muss.

entgegengesetzt, und es folgt eine noch niedrigere Bestellung an den Zulieferer.

Diesen signifikanten Mechanismus der Verzerrung der Bestellmenge veranschaulicht Abbildung 2.4 schematisch anhand einer isoliert betrachteten Nachfrageschwankung. In der Abbildung wird deutlich, wie eine nicht-zufällige Veränderung der Nachfrage eine zusätzliche Bestellung auslöst, um den Lagerbestand dem neuen wirtschaftlichen Lagerbestand anzupassen. Das Szenario zeigt: Nach der Anpassung entsprechen die Lagerbestände wieder der Nachfragemenge. Die Varianz der Bestellungen liegt jedoch über der der Nachfrage.

Abbildung 2.5 stellt die zugrunde liegenden Wirkungszusammenhänge abstrahiert dar. Sie zeigt, dass das Anliegen der eigenen Kostenoptimierung in Verbindung mit einer autokorrelierten Nachfrage aufgrund der ständigen Anpassung des Lagers zu einem (letztlich nachteiligen) Bullwhip-Effekt führt.

Abbildung 2.6 illustriert das Phänomen anhand einer beispielhaften autokorrelierten Nachfrage. Da hier laufend nicht-zufällige Veränderungen auftreten, erfolgt eine kontinuierliche Anpassung des wirtschaftlichen Lagerbestandes. Aus diesem Grund schwanken die ausgehenden Bestelllungen weitaus mehr als die eingehenden.

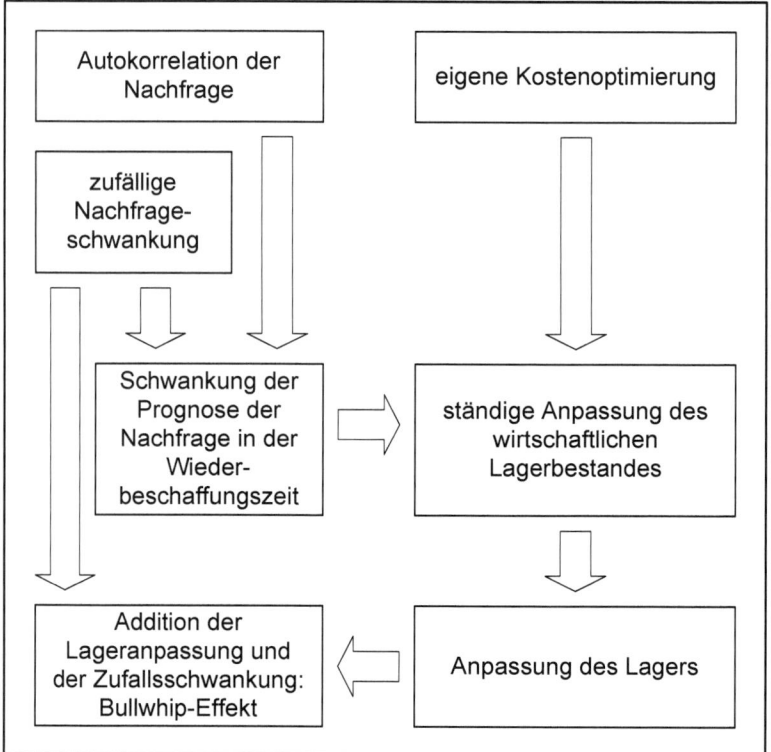

Abbildung 2.5: Schematische Entstehung des Bullwhip-Effekts bei rationalen Entscheidungsträgern

Das Modell von Lee/Padmanabhan/Whang stellt ein Grundmodell zum Bullwhip-Effekt unter der Annahme rationaler Entscheidungen dar. Ausgehend von diesem Modell wurden zahlreiche Konzepte entwickelt, um den Bullwhip-Effekt zu mindern.[122] In diesen Konzeptionen dient das erläuterte Modell immer wieder als Vergleichsmaßstab, weshalb es auch in der vorliegenden Arbeit Grundlage der Modellierung bilden.

---

[122] Vgl. bspw. Chen, Samroengraja (2004).

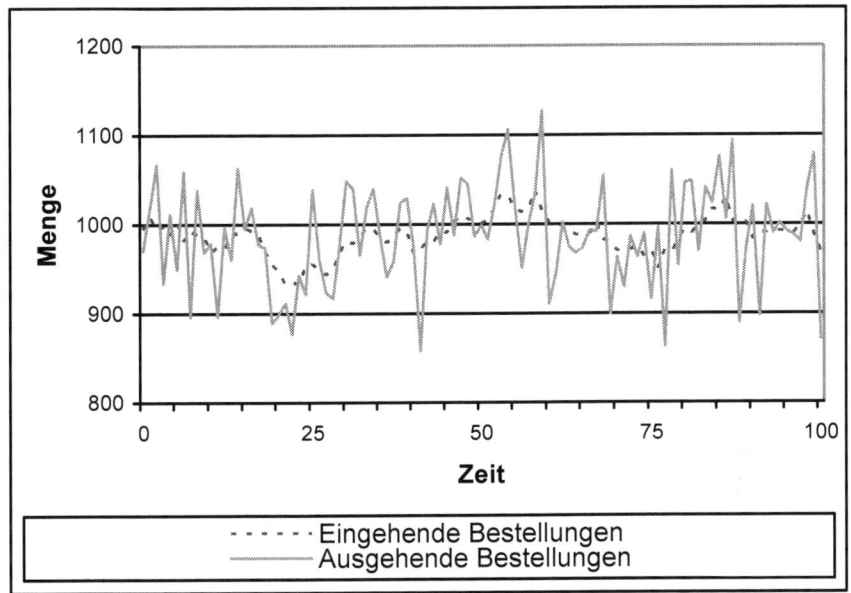

Abbildung 2.6: Vergleich von Kundennachfrage und Ersatzbestellungen[123]

2.3.5   Irrelevanz des Bullwhip-Effekts

Auch wenn wie zuvor expliziert die signifikante Bedeutung des Bullwhip-Effekts in vielen Untersuchungen herausgestellt wird, gibt es kritische Bewertungen in der diesbezüglichen Literatur. Es wird einschränkend argumentiert, dass sich im Modell von Lee/Padmanabhan/Whang der Bullwhip-Effekt nur bei einer autokorrelierten Nachfrage nachweisen lässt.[124] Liegt jedoch bspw. eine normalverteilte Nachfrage vor, tritt kein Bullwhip-Effekt auf, da die Prognose der Nachfrage in der Wiederbe-

---

[123] Unabhängig von den späteren Parametern der Simulation wurden hier Parameter gewählt, die den Sachverhalt möglichst anschaulich erläutern.

[124] Bei $\rho=0$ lässt sich zeigen, dass die Varianzen der eingehenden und ausgehenden Bestellungen identisch sind.

schaffungszeit in diesem Fall konstant ist und somit keine ständige Lageranpassung erforderlich wird.

Interessant ist die Argumentation von Sucky gegen die Überlegungen von Lee/Padmanabhan/Whang mit der Kritik, dass die analytischen Modelle zum Nachweis des Bullwhip-Effekts meist nur Supply Chains mit einem Abnehmer und einem Zulieferer betrachten. Im Falle komplexerer Netzwerkstrukturen überlagerten sich jedoch die Nachfragen der verschiedenen Abnehmer.[125] Korrelieren diese Nachfragen nicht miteinander (wovon Sucky grundsätzlich ausgeht), ist die Autokorrelation der kumulierten Nachfrage weitaus geringer als die der Einzelnachfragen. Unter dieser Argumentation kann es im Extremfall sogar dazu kommen, dass die kumulierte Nachfrage normalverteilt ist. In jedem Fall verliert der Bullwhip-Effekt bei mehreren nicht-korrelierten Nachfragen bei Sucky seine Bedeutung.

Abschließend anzumerken sind auch die kritischen Überlegungen bei Chen/Samroengraja durch den Nachweis, dass mit dem Bullwhip-Effekt nicht unbedingt eine Kostensteigerung einhergeht[126].

2.3.6   Reduktion des Bullwhip-Effekts durch Koordination

2.3.6.1   Ziele der Koordination

Trotz der kritischen Beiträge zum Bullwhip-Effekt ist nach herrschender Meinung eine Koordination der Unternehmen innerhalb einer Supply Chain durch ein Supply Chain Management notwendig. Sie führt zu Vorteilen gegenüber einer Supply Chain, deren Entscheidungen nicht aufeinander abgestimmt sind. Die Realisierung dieser Vorteile ist also das Ziel des SCM: „A driving force behind SCM is the recognition that suboptimality occurs, if each organization in the supply chain attempts to

---

[125]   Vgl. Sucky (2009).
[126]   Vgl. Chen, Samroengraja (2004).

optimize its own results rather than to integrate its goals and activities with other organizations to optimize the results of the chain."[127]

Das Ziel des Supply Chain Managements ist somit die langfristige Minimierung der gesamten Kosten summiert über alle Unternehmen.[128] Die Forderung nach Langfristigkeit ist dabei unabdingbar, da es sich bei einer Supply Chain um ein langfristig kooperierendes Netzwerk von Unternehmen handelt.[129] Eine kurzfristige Kostenminimierung unter Missachtung der langfristigen Konsequenzen würde diesem Ziel widersprechen.

2.3.6.2 Nebenbedingungen

Eine langfristige Kostenminimierung ist nicht nur im Supply Chain Management das Ziel, sondern gilt bspw. auch im Zeichen aller Überlegungen zur Frage von Nachhaltigkeit. Auch hierarchisch aufgebaute Einzelunternehmen verfolgen dieses Ziel summiert über alle ihre wiederum hierarchisch aufgebauten Abteilungen. Für eine vollständige Definition des Supply Chain Managements ist es daher erforderlich und zielführend, weitere Merkmale der spezifischen Organisationsform einer Supply Chain zu berücksichtigen.. Hierbei handelt es sich um Nebenbedingungen, die auf Einzelunternehmen oder andere Organisationsformen nicht zutreffen.

Die zentrale Nebenbedingung ist die Unmöglichkeit einer zentralen Koordination. Entsprechend der Grundannahme der vorliegenden Arbeit ist eine Supply Chain als Netzwerk aus verschiedenen rechtlich unabhängigen Unternehmen definiert.[130] Auf dieser Basis ist es nicht möglich, eine Supply Chain durch eine zentrale Planungsinstanz zu koordinieren, da dies der rechtlichen Unabhängigkeit der Unternehmen entgegenstehen würde.

---

[127] Cooper et al. (1997), S. 3.
[128] Vgl. u. a. Hahn (2000), S. 12.
[129] Vgl. Abschnitt 2.2.
[130] Vgl. Abschnitt 2.2.

Hinzu kommt, dass aufgrund der relativ großen Anzahl von Prozessen (vor allem hinsichtlich Informationsaustausch und Materialfluss) und ihrer Wechselwirkungen eine Supply Chain ein äußerst komplexes Gebilde darstellt. Diese Komplexität[131] kann als ein weiteres Argument gesehen werden, das gegen eine zentrale Planung von Supply Chains spricht. Sie spricht gegen die Möglichkeit, eine gut funktionierende zentrale Planung zu implementieren.

2.3.6.3   *Supply Chain Management*

In der internationalen Literatur existieren zahlreiche Definitionen von SCM, die sich insgesamt nur geringfügig unterscheiden. Eine Zusammenstellung der verschiedenen Definitionen findet sich bspw. bei Giannakis et al. sowie bei Mentzer et al.[132] Milling/Größler kritisieren in diesem Zusammenhang, dass der Begriff des Supply Chain Managements undifferenziert verwendet wird.[133] Sie führen weiterhin aus, dass zu viele Definitionen parallel verwendet werden und es keine einheitliche Begriffsabgrenzung in der Literatur gibt. Als Ursache für die fehlende Differenzierung wird vielfach festgestellt, dass dieser Begriff ursprünglich aus der Praxis stammt und erst langsam in die wissenschaftliche Literatur übernommen wird.[134] Daher soll in dieser Arbeit eine eigene Definition, die sich auf die oben erläuterten Ziele und Nebenbedingungen stützt, verwendet werden: Supply Chain Management ist die dezentrale Koordination der Zusammenarbeit zwischen unabhängigen Unternehmen zur Minimierung der gesamten Kosten in der Supply Chain.

Im Folgenden sollen Klassifikationsschemata zur Systematisierung der Instrumente des Supply Chain Managements entwickelt werden. Da sich keines der in der Literatur diskutierten Schemata (auch: Konstrukte) als

---

[131]   Vgl. Naim et al. (2004); Sivadasan et al. (2004).
[132]   Vgl. Giannakis et al. (2004); Mentzer et al. (2001).
[133]   Vgl. Milling, Größler (2001), S. 56.
[134]   Vgl. Milling, Größler (2001), S. 56.

Standard etabliert hat[135] und etwa häufiger als andere als Referenzen genannt wird, sollen die wichtigsten Schemata dargestellt werden.[136] Abschließend wird ein eigenes Klassifikationsschema aus den aktuellen Ansätzen der Literatur abgeleitet, das eine ausreichend tiefe Differenzierung erlaubt.

Zunächst kann das Supply Chain Management „klassisch"[137] anhand der Planungshorizonte in strategisch, taktisch und operativ differenziert werden.[138] Zum strategischen Supply Chain Management werden dabei z. B. die Wahl der Supply Chain Partner oder Fragen zur Standortplanung[139] gerechnet. Das strategische Supply Chain Management wird nicht zur Senkung des Bullwhip-Effekts eingesetzt, denn an dieser Stelle wird der Materialfluss noch nicht betrachtet. Das taktische Supply Chain Management beschäftigt sich mit der Ausgestaltung der überbetrieblichen Zusammenarbeit in einer vorhandenen Supply Chain mit gegebenen langfristigen Parametern und mit den daraus resultierenden Fragen zum Informationsaustausch[140]. Hier stehen vertragliche Regelungen zwischen den Unternehmen im Vordergrund. Dieser Planungshorizont wird vornehmlich herangezogen, um den Bullwhip-Effekt zu reduzieren,

---

[135] Burgess et al. (2006), S. 709ff zeigen in ihrer Metastudie sehr deutlich, dass sich kein „Konstrukt" durchgesetzt hat.

[136] Klassifikationen, die sich mit der Untersuchungsmethode und nicht mit den ökonomischen Hintergründen des Supply Chain Managements befassen (bspw. Beamon (1998), S. 282ff; Burgess et al. (2006), S. 705ff) werden an dieser Stelle nicht aufgegriffen.

[137] Der Begriff „klassisch" wird hier gewählt, da diese Unterscheidung keine Supply Chain-spezifische Differenzierung darstellt, sondern für jede Form von unternehmerischem Handeln angewendet werden kann.

[138] Vgl. Zimmer (2001), S. 16; Stevens (1989).

[139] Zahlreiche Konzepte, die sich dieser Ebene zuordnen lassen, werden zwar unter dem Begriff Supply Chain Management in der Literatur aufgeführt, weisen jedoch kaum Supply Chain spezifische Merkmale auf. Sie werden auch in der Literatur verwendet, die schon vor der Entstehung des Supply Chain-Begriffs verfügbar war.

[140] Eine Vielzahl von Arbeiten beschäftigt sich mit diesem Aspekt, ohne ihn jedoch theoretisch in das Supply Chain Management einzubinden. Z. B. Wyner, Malone (1996); D'Amours et al. (1998); Mason-Jones, Towill (1999); Chen et al. (2000a); Cachon, Fisher (2000); Lee et al. (2000); Chen et al. (2000b); Lee, Whang (2000); Jayaram et al. (2000); Blakley et al. (2001); Zhao et al. (2002); Croson, Donohue (2003); Huang et al. (2003); Chatfield et al. (2004); Dejonckheere et al. (2004); Terwiesch et al. (2005); Kim et al. (2006); Guo et al. (2007); Agrawal et al. (2009). Huang et al. (2003) geben eine Übersicht über weitere Arbeiten in diesem Umfeld.

da die Planung des Materialflusses über die Unternehmensgrenzen hinweg im Vordergrund steht. Das operative Supply Chain Management umfasst insbesondere Prozessverbesserungen. Hier stehen Kostenaspekte im Vordergrund, jedoch kann auch dieser Bereich (nachrangig) eine Senkung des Bullwhip-Effekts bewirken.

Giannakis/Croom/Slack[141] identifizieren in ihrem sogenannten 3S-Modell die Aufgaben Synthesis, Synergy und Synchronisation für das Supply Chain Management. „Synthesis" umfasst dabei den strategischen Aufbau der Supply Chain. Dazu zählen u. a. die Auswahl der Partner sowie Standortentscheidungen. Der Bereich „Synergy" beschäftigt sich mit Fragen der Ausgestaltung der Beziehungen der Supply Chain Mitglieder untereinander und entspricht somit dem taktischen Planungshorizont. Ein Beispiel hierfür sind Methoden wie Vendor Managed Inventory.[142] „Synchronisation" umfasst die Koordination der Material- und Informationsflüsse und der Prozesse der verschiedenen Partner und somit die operativen Vorgänge. Insgesamt entspricht dieses Schema also der oben diskutierten Strukturierung in die drei Planungshorizonte.

Zimmer[143] geht bei ihrer Unterteilung des kurzfristigen Supply Chain Managements noch einen Schritt weiter. Ein wesentlicher Punkt zur Koordination von Supply Chains ist demnach das strategische Design einer Supply Chain, das sich vom Supply Chain Management „im engeren Sinne" abhebt. Das Supply Chain Management im engeren Sinne versteht sie eher als mittel- bzw. kurzfristig. Auch hier wird das Supply Chain Management also anhand der Planungshorizonte gegliedert, wobei das taktische und das operative Supply Chain Management lediglich unter dem Begriff Supply Chain Management im engeren Sinne subsumiert werden.

Verschiedene Autoren heben in den Definitionen zum Supply Chain Management besonders hervor, dass sowohl Material- als auch Informa-

---

[141] Vgl. Giannakis et al. (2004), S. 13ff.
[142] Vgl. Disney, Towill (2003b).
[143] Vgl. Zimmer (2001), S. 16.

tionsflüsse zu koordinieren sind.[144] Cooper bspw. definiert Supply Chain Management als „[t]he process of planning, implementing, and controlling the efficient, cost-effective flow and storage of raw materials, inprocess inventory, finished goods, and related information flow from the point-of-origin to point-of-consumption for the purpose of conforming to customer requirements."[145] Diese Differenzierung deckt in der obigen Klassifikation nach Planungshorizonten jedoch lediglich einen Teil des taktischen bzw. operativen Supply Chain Managements ab und vernachlässigt die strategischen Aufgaben. Coopers Verständnis des Supply Chain Managements entspricht somit dem, was Zimmer unter Supply Chain Management im engeren Sinne versteht.

Die Definition des Supply Chain Managements von Hahn setzt noch eine weiteren neuen Akzent: „Unter Supply Chain Management kann man die Planung, Steuerung und Kontrolle des gesamten Material- und Dienstleistungsflusses, einschließlich der damit verbundenen Informations- und Geldflüsse, innerhalb eines Netzwerkes von Unternehmen und deren Bereiche verstehen, die im Rahmen von aufeinander folgenden Stufen der Wertschöpfungskette an der Entwicklung, Erstellung und Verwertung von Sachgütern und/oder Dienstleistungen partnerschaftlich zusammenarbeiten, um Effektivitäts- und Effizienzsteigerungen zu erreichen."[146] Ihm zufolge lässt sich das Supply Chain Management also auch entlang der Prozesse Entwicklung, Erstellung und Verwertung eines Produkts unterteilen.

---

[144] Der Geldfluss wird bei den meisten Definitionen ausgeklammert. Eine Ausnahme stellt bspw. Hahn (2000), S. 12 dar.
[145] Cooper et al. (1997), S. 1.
[146] Hahn (2000), S. 12.

Milling	strategisch, taktisch, operativ
Giannakis/ Croom/Slack	Synthesis, Synergy, Synchronisation
Zimmer	SCM im weiteren Sinne, SCM im engeren Sinne
Cooper	Koordination von Material- und Informationsflüssen
Hahn	Entwicklung, Erstellung, Verwertung

Abbildung 2.7: Übersicht über die Definitionen des Supply Chain Managements

Abbildung 2.7 zeigt eine Übersicht über die bis hierhin erläuterten Ansätze zur Klassifikation des Supply Chain Managements, aus denen sich nun ein Gesamtmodell ableiten lässt. Allen Autoren ist gemein, dass sie das Supply Chain Management zunächst entlang der Fristigkeit der Planung untergliedern bzw. es auf einen Teil der Fristigkeiten reduzieren. Daher soll diese Unterscheidung auch in der vorliegenden Arbeit an oberster Stelle stehen. Da diese Ebene im Kontext dieser Untersuchung jedoch nicht relevant ist, wird sie nicht weiter unterteilt. Auf Grundlage der getroffenen strategischen Entscheidungen werden nun die taktischen und operativen Entscheidungen durchgeführt. Das Supply Chain Management im engeren Sinne (in der Definition von Zimmer[147]) kann hingegen sehr viel feiner untergliedert werden. Dabei bietet sich zunächst die Differenzierung in taktisch und operativ an, sodass auf einer detaillierteren Gliederungsebene zunächst auf der taktischen Ebene zwischen der Steuerung des Materialflusses und des Informationsflusses unterschieden werden kann.[148] Bei letzterem kommt der Weitergabe der

---

[147] Vgl. Zimmer (2001), S. 16.
[148] Vgl. Cooper et al. (1997), S. 1.

Verkaufszahlen an den Endkunden (Point of Sale-Daten) eine besondere Bedeutung zu. Diese Ebene umfasst im Wesentlichen die vertraglichen Regelungen zwischen den Unternehmen einer Supply Chain. Sie werden im nächsten Abschnitt im Vordergrund der Betrachtung stehen, da sich auch die später untersuchten Mengenbindungsvereinbarungen hier einordnen lassen.[149] Auf der operativen Ebene, auf der die effiziente Ausführung der Prozesse (in Abhängigkeit von den strategischen und taktischen Parametern) betrachtet wird, bietet sich eine andere Unterteilung an. Hier ist der Ansatz, der implizit aus der Definition von Hahn[150] hervorgeht, sinnvoll: Diese Ebene soll in Entwicklung, Erstellung und Verwertung spezifiziert werden. Abbildung 2.8 zeigt die drei Ebenen und ihre weitere Untergliederung.

2.4   Vertragliche Regelungen

Vertragliche Regelungen legen verschiedene Parameter in einer Zulieferer-Abnehmer-Beziehung fest. Diese Parameter stellen Anreize für die beteiligten Unternehmen dar, im Sinne eines Gesamtoptimums zu handeln, vorrangig indem sie die Flexibilität der beteiligten Partner einschränken.[151] Daher werden nach der Definition des Begriffs „Vertrag"[152] zunächst die möglichen Parameter vorgestellt, die in vertraglichen Regelungen festgelegt werden können.[153] Anschließend werden die sich hieraus ergebenden typischen Regelungen vorgestellt, soweit sie in der Literatur bisher untersucht wurden.[154] Um diskutieren zu können, inwieweit solche Verträge tatsächlich die Flexibilität der Unternehmen beeinflussen, wird zu Beginn des Abschnitts ein Flexibilitätsbegriff definiert, der hier zielführend ist. Aus diesen Überlegungen werden

---

[149] Vgl. Abschnitt 2.4.
[150] Vgl. Hahn (2000), S. 12.
[151] Vgl. Giannoccaro, Pontrandolfo (2004), S. 131; Corbett, Tang (1999), S. 271; Lariviere (1999), S. 235.
[152] Vgl. Abschnitt 2.4.1.
[153] Vgl. Abschnitt 2.4.2.
[154] Vgl. Abschnitt 2.4.3.

schließlich verschiedene Flexibilitätsmaße abgeleitet, mit denen vertragliche Regelungen unter diesem Aspekt bewertet werden können.

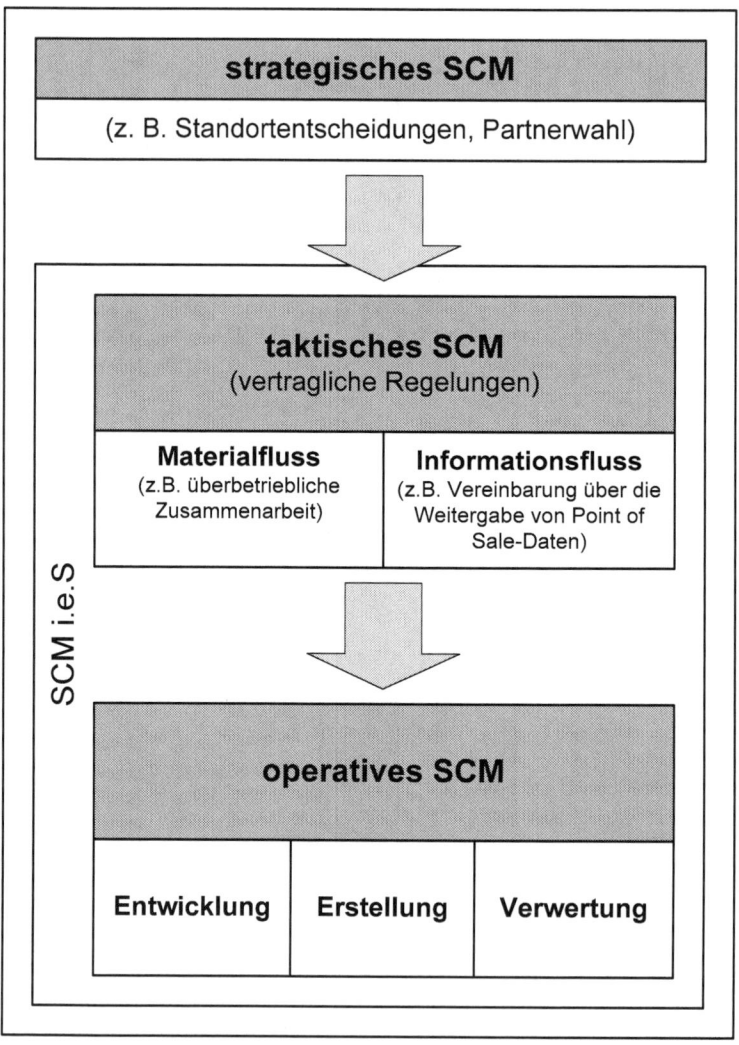

Abbildung 2.8: Klassifikation des Supply Chain Managements

2.4.1 Definition des Begriffs „Vertrag"

Ein Vertrag wird hier nach Richter wie folgt definiert: „Ein Vertrag ist eine Übereinkunft, in der sich zwei Parteien gegenseitig, oder eine der beiden Parteien, versprechen und der anderen gegenüber verpflichten, etwas zu geben oder zu tun oder zu unterlassen."[155]

In der Betriebswirtschaft werden die Vertragsformen klassisch, neoklassisch und relational unterschieden.[156] In klassischen Verträgen wird vorausgesetzt, dass sich alle Eventualitäten im Voraus beschreiben und im Vertrag regeln lassen. Sämtliche Vertragsinhalte in klassischen Verträgen sind rechtlich durchsetzbar. In der Regel handelt es sich hier um die Durchführung einer einzelnen Transaktion wie z. B. den einmaligen Kauf eines Produkts unter Marktvoraussetzungen.[157] In neoklassischen Verträgen hingegen wird angenommen, dass sich nicht alle Eventualitäten vollständig beschreiben lassen. Es wird argumentiert, dass daher die Einführung von Standards sinnvoll ist.[158] Im Streitfall müssen neoklassische Verträge durch Dritte schlichtbar sein.[159] Relationale Verträge sind schließlich nicht rechtsverbindlich. Es wird davon ausgegangen, dass beide Vertragsparteien an einer langfristigen Beziehung interessiert sind und daher kein Interesse an einem Vertragsbruch haben. Relationale Verträge beinhalten vielfach auch implizite Vereinbarungen, die nicht schriftlich fixiert sind, über die jedoch Einigkeit zwischen den Vertragsparteien herrscht.[160]

Unter der hier fokussierten Fragestellung werden stets relationale Verträge betrachtet, da die einzelnen Unternehmen in einer Supply Chain agieren und sich ihre Kooperation durch eine langfristige vertrau-

---

[155] Vgl. Richter (2000), S. 2.
[156] Vgl. MacNeil (1978).
[157] Vgl. Daniel (2007), S. 78.
[158] Vgl. Picot, Wolff (2005), S. 397; Daniel (2007), S. 78.
[159] Vgl. Picot, Wolff (2005), S. 397.
[160] Vgl. Daniel (2007), S. 78; Baker et al. (2002), S. 40.

ensvolle Zusammenarbeit auszeichnet.[161] Es wird folglich auch angenommen, dass es sich um „sich selbst durchsetzende"[162] Verträge
handelt, denn sollte es zu Vertragsverletzungen kommen, besteht die
Gefahr, dass die Kooperation, die beiden Vertragsparteien Vorteile
bringt, beendet wird. Der Vorteilsverlust kann hier zu einem deutlichen
wirtschaftlichen Schaden führen, z. B. auch aufgrund spezifischer
Investitionen im Kontext der Supply Chain.

2.4.2   Geregelte Parameter

Für diese Arbeit sind insbesondere solche vertraglichen Regelungen von
Bedeutung, in denen analog zur Definition einer Supply Chain Material-
und Informationsfluss geregelt werden.[163] Nur wenige andere Parameter,
die sich nicht in diese beiden Gruppen einordnen lassen, werden häufig
festgelegt. Bassok/Anupindi konkretisieren diese Parameter weiter.[164]

2.4.2.1   Materialfluss

Bestellzeitpunkt: In vertraglichen Regelungen kann geregelt werden,
wann der Abnehmer Bestellungen aufgeben darf. Bei der s,S-Politik und
der s,Q-Politik bspw kann zu jedem beliebigen Zeitpunkt bestellt werden.
Bei der t,S-Politik hingegen ist der Abnehmer an vorher definierte
Zeitpunkte gebunden.[165]

Bestellmenge: Die Bestellmenge kann entweder kumuliert über einen
bestimmten Zeitraum festgelegt werden, oder es kann eine Höhe jeder
einzelnen Bestellung festgelegt werden. Häufig werden auch Toleranz-
grenzen festgelegt, innerhalb derer die Bestellmenge schwanken darf.

---

[161] Vgl. Abschnitt 2.2.
[162] Vgl. Richter (2000), S. 8.
[163] Vgl. Abschnitt 2.3.6.3.
[164] Vgl. Bassok, Anupindi (1997), ähnlich: Tsay et al. (1999), S. 304.
[165] Vgl. Chen, Krass (2001), S. 309.

Auf diesen Parameter wird in den nächsten Abschnitten noch detaillierter eingegangen.

Lieferzeitpunkt und Liefermenge: Weiterhin wird in vertraglichen Regelungen festgelegt, zu welchem Zeitpunkt welche Menge zu liefern ist. Es kann bspw. vereinbart werden, dass der Zulieferer nur einen bestimmten Teil der Lieferung unmittelbar liefern muss, wobei der verbleibende Teil hingegen in einer wiederum vereinbarten längeren Frist geliefert werden kann. Die mögliche vertragliche Fixierung von Daten und Uhrzeiten einer Lieferung (bspw. im Rahmen des Just in Time-Konzeptes) spielen in dieser Arbeit nur eine untergeordnete Rolle, da sie nicht im Zusammenhang mit der Vermeidung des Bullwhip-Effekts stehen, sondern Konzepte zur Reduzierung von Lagerbeständen darstellen.

Qualität: Zusätzlich ist es möglich, die Qualität der Lieferungen vertraglich festzulegen. Die Qualität kann in Form von Fehlerraten etc. operationalisiert werden und stellt einen signifikanten Parameter dar, da er sicherstellt, dass eine Lieferung möglichst vollständig genutzt werden kann, um den Bedarf zu decken bzw. um weiterverarbeitet zu werden.

2.4.2.2 Informationsfluss

In vertraglichen Regelungen kann auch festgelegt werden, welche Informationen die Partner austauschen. Regelungen in diesem Sinne betreffen überwiegend Daten der Endkundennachfrage, die den vom Endkunden weiter entfernten Unternehmen u. a. frühzeitig eine genaue Planung der Beschaffung bzw. der Produktion ermöglichen.[166] Die Prognose der zukünftigen Nachfrage ist damit sehr viel verlässlicher und kann erfolgen, noch bevor die Bestellung des unmittelbaren Abnehmers eintrifft. Weiterhin führt die Übermittlung der Endkundenbedarfe zu einer Synchronisation der Bestellmengen der Unternehmen, da weit vom Endkunden entfernte Unternehmen ihre Prognosen nun auf Grundlage der Endkundennachfrage durchführen können und nicht mehr auf

---

[166] Vgl. bspw. Croson, Donohue (2003); Raghunathan, Raghunathan (1999).

Bestellungen des Abnehmers angewiesen sind, die – aufgrund der oben erläuterten Anpassungsmaßnahmen[167] – verzerrte Nachfragedaten enthalten.

Der Austausch weiterer Informationen ist denkbar, wird aber in der Literatur eher selten thematisiert. Dazu zählen insbesondere Kapazitäts-informationen oder detaillierte Produktinformationen. Der Informations-fluss wird maßgeblich durch den Grad der Informationsasymmetrie und den frei verfügbaren Informationen determiniert, denn sind Informationen ohnehin verfügbar, ist keine explizite Regelung zur Informationsweiter-gabe notwendig.[168] Der gesamte Aspekt der Informationsqualität wird in den meisten Untersuchungen zu dieser Thematik ausgeblendet. Eine Ausnahme stellen die Überlegungen von Subramanianam/Pekny/Re-klaitis dar. [169]

2.4.2.3   Weitere Parameter

Zeithorizont: Der Zeithorizont bezeichnet den Zeitraum, über den die Regelung geschlossen wird. Der Zeitraum ist ein entscheidender Parameter. Er determiniert, wie flexibel die Unternehmen auf Änderun-gen der Umweltbedingungen reagieren können, denn oft ist eine Anpassung erst nach Ablauf des Vertrags möglich.

Verkaufspreis: Der Verkaufspreis stellt einen weiteren möglichen Parameter in vertraglichen Regelungen dar. Durch die Regelung von konstanten bzw. mengen- oder zeitabhängigen Preisen lässt sich das Bestellverhalten des Abnehmers beeinflussen. Konstante Preise verringern das Risiko des Abnehmers, da vor allem keine eventuellen Preisänderungen des Zulieferers bei der Bestellmengenentscheidung berücksichtigt werden müssen. Mengen- oder zeitabhängige Preise

---

[167]   Vgl. Abschnitt 2.3.4.3.
[168]   Vgl. Chen et al. (2000a); Cachon, Fisher (2000); Lee et al. (2000); Chen et al. (2000b); Lee, Whang (2000).
[169]   Vgl. Subramanianam et al. (2006) und Abschnitt 2.3.4.3.

führen zu einer Losgrößenbildung, da entweder Mengenrabatte[170] realisiert werden sollen, oder Bestellungen (wenn möglich) verschoben werden, bis ein relativ niedriger Preis gefordert wird.

Abbildung 2.9 fasst die möglichen Parameter in einer tabellarischen Übersicht zusammen. Da in dieser Arbeit Mengenbindungsverträge untersucht werden, stehen im weiteren Verlauf die Parameter des Materialflusses und die übrigen Parameter (vgl. oben in diesem Abschnitt) im Vordergrund der Betrachtung.

---

[170] In Mengenrabattvereinbarungen bspw. wird eine Preisdegression bei steigender Abnahmemenge vereinbart. Hier wird zwischen stufenförmigen und stetigen Preisfunktionen unterschieden. Besonders in den 80er und 90er Jahren wurden in diesem Kontext zahlreiche Modelle veröffentlicht, die Mengenrabatte in vielen verschiedenen Szenarien untersuchen, so z. B. Monahan (1984); Jucker, Rosenblatt (1985); Banerjee (1986); Lee, Rosenblatt (1986); Goyal (1987); Munson, Rosenblatt (1998); Corbett, de Groote (2000); Altintas et al. (2008).

Art des Merkmals	Merkmal	Mögliche Ausprägungen			
Materialfluss	Bestell-zeitpunkt	beliebig		definiert	
	Bestell-menge	beliebig	Mindest-menge im Zeitraum	Mindest-menge pro Bestellung	Feste Menge pro Bestellung
	Liefer-zeitpunkt	beliebig	Zeitraum	Zeitpunkt	
	Liefer-menge	vollständig		Teillieferungen	
	Qualität	maximale Fehlerrate		andere Kennzahlen	
Informations-fluss	Austausch von Infor-mationen	keine	POS-Daten	sonstige	
Weitere Parameter	Zeit-horizont	fester Zeithorizont		Unendlicher Zeithorizont (Kündigungsmöglichkeit)	
	Preis	konstant	mengen-abhängig	zeitabhängig	

Abbildung 2.9: Mögliche Parameter in vertraglichen Regelungen

2.4.3 Verschiedene Verträge und deren Auswirkungen auf die Flexibilität

2.4.3.1 Begriff Flexibilität

Aus den zuvor diskutierten Parametern lässt sich eine Vielzahl von speziellen vertraglichen Regelungen konstruieren, die beiden Vertragsparteien verschiedene Flexibilitäten einräumen.[171] Flexibilität kann dabei verstanden werden als Maß der Reaktionsfähigkeit auf neue Entwicklungen der Umwelt.[172] In der Literatur wird Flexibilität meist nur unternehmensintern betrachtet, die zwischenbetriebliche Ebene wird vernachlässigt.[173] Eine Ausnahme bilden die Überlegungen zur Flexibilität bei Merschmann[174], der sein Begriffsverständnis an verschiedenen Dimensionen orientiert. Er unterscheidet dabei u. a. zwischen Produkt-, Volumen-, Produktionseinführungs-, Reichweiten- und Marktflexibilität.[175] Anhand dieser Einteilung lässt sich der Flexibilitätsbegriff, der für die vorliegende Arbeit relevant ist, auf die Volumenflexibilität eingrenzen. Die Volumenflexibilität kann weiterhin nach der Definition von Beamon noch konkreter als der Grad der Anpassungsfähigkeit der Supply Chain auf Änderungen der Endkundennachfrage verstanden werden.[176]

Eine Vertragspartei kann mit dem Grad ihrer Flexibilität Vorteile generieren,[177] da sie sich entsprechend auf verschiedene Umweltzustände aktuell und in der Zukunft einstellen kann.[178] Flexibilität verursacht grundsätzlich jedoch unmittelbar Kosten für die andere Vertragspartei, da für sie genau diese Anpassungsmöglichkeit verloren geht bzw. weil sie selbst auf die Anpassung der ersten Partei reagieren muss. Geht

---

[171] Picot/Wolff betonen bspw., dass es besonders in Kooperationen entscheidend ist, auf eine genügend große Flexibilität zu achten. Vgl. Picot, Wolff (2005), S. 393
[172] Vgl. Wadhwa et al. (2008), S. 1374.
[173] Vgl. z. B. Kaluza, Blecker (2005), S. 16ff.
[174] Vgl. Merschmann (2007), S. 11ff.
[175] Vgl. Merschmann (2007), S. 35.
[176] Vgl. Beamon (1998), S. 287; ähnlich: Tiger, Simpson (2003), S. 15; Chan et al. (2009), S. 965.
[177] Vgl. Kaluza, Blecker (2005), S. 16; Burmann (2005), S. 30.
[178] Vgl. Kellermanns, Floyd (2005), S. 58.

man bspw. davon aus, dass ein Abnehmer jede beliebige Menge bestellen kann und der Zulieferer stets zu einer unmittelbaren Lieferung der gesamten bestellten Menge verpflichtet ist, verfügt der Abnehmer über eine sehr große Flexibilität, die ihm zahlreiche Vorteile verschafft. Für den Zulieferer verursacht die Flexibilität des Abnehmers jedoch Kosten, da er aufgrund seiner Lieferverpflichtung ständig große Mengen des Produkts vorrätig halten muss, um die Flexibilität des Abnehmers bedienen zu können. Diese Lagerhaltung verursacht u. a. zusätzliche Kapitalbindungskosten, die anfangs nicht kalkuliert wurden.

Die vertraglichen Regelungen lassen sich je nachdem, ob sie den Zulieferer oder den Abnehmer binden, in Liefer- und Abnahmeverpflichtungen[179] unterscheiden (vgl. Abbildung 2.10). Betrachtet man eine Zulieferer-Abnehmer-Beziehung, können Liefer- und Abnahmeverpflichtungen parallel geschlossen werden. Diese beiden Teilverpflichtungen sind zunächst unabhängig voneinander, jedoch machen nur bestimmte Kombinationen von Liefer- und Abnahmeverpflichtungen Sinn.

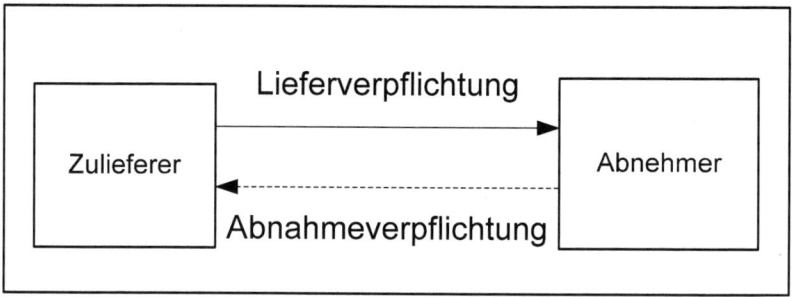

Abbildung 2.10: Abnahme- und Lieferverpflichtungen

2.4.3.2   *Vollständige Lieferverpflichtung*

Vertragliche Regelungen, die in der Literatur zum Thema Supply Chains untersucht werden, beruhen überwiegend darauf, dass der Zulieferer die

---

[179] Analog zu den Liefer- und Beschaffungsflexibilitäten in Merschmann (2007), S. 35f.

gesamte bestellte Menge unmittelbar liefern muss, da die Supply Chain ein stabiles Gebilde ist, in dem der Abnehmer bei nur einem oder wenigen Zulieferern seine Produkte beschafft. Eine ausbleibende Lieferung bzw. eine Lieferung zu einem nicht vorher festgelegten Zeitpunkt hätte in dieser Kooperation zur Folge, dass die Endkundennachfrage nicht bedient werden könnte. Hiermit wären große Reputationsverluste für die gesamte Supply Chain verbunden.

Der Zulieferer hat bei dieser Regelung nicht die Möglichkeit, eine Bestellung bspw. aufgrund von Lieferengpässen, lukrativeren Aufträgen anderer Abnehmer oder zu geringen Deckungsbeiträgen zurückzuweisen oder erst zu einem späteren Zeitpunkt zu bedienen. Er ist also weder in Bezug auf die Liefermenge noch hinsichtlich des Lieferzeitpunkts flexibel.[180] Kommt es zu Schwankungen der Endkundennachfrage, kann der Abnehmer diese Schwankungen in voller Höhe an den Zulieferer weitergeben. Der Abnehmer hat in dieser einfachen vertraglichen Regelung also die Möglichkeit, jede Menge zu jedem Zeitpunkt zu bestellen und ist damit sehr flexibel.

2.4.3.3 Abnahmeverpflichtungen

Zusätzlich oder alternativ zu der Lieferverpflichtung des Zulieferers können Abnahmeverpflichtungen des Abnehmers vertraglich geregelt werden. In Abnahmeverpflichtungen werden insbesondere die Höhe und der Zeitpunkt der zu bestellenden und abzunehmenden Menge geregelt.

---

[180] Lediglich Chan/Chan analysieren einen Vertrag, in dem die Lieferzeit in einem gewissen Umfang variabel gewählt werden kann. Vgl. Chan, Chan (2006).

2.4.3.3.1   Kumulierte Mindestabnahmemenge

Eine mögliche Regelung besteht darin, die Menge festzulegen, die in einem gewissen Zeitraum mindestens abgenommen werden muss.[181] Eine solche Regelung führt dazu, dass ein Teil des Risikos von Nachfrageschwankungen beim Abnehmer verbleibt, denn er ist nicht mehr so flexibel wie in dem Fall, in dem er jede beliebige Menge bestellen kann. Daher könnte der Abnehmer eine Preisreduktion als Gegenleistung fordern, die ihn für den Verlust der Flexibilität entschädigt. Der geringere Preis kann sich dabei entweder auf alle bestellten Produkte oder nur auf die Mindestabnahmemenge beziehen. In den meisten Modellen dieses Typs, die in der Literatur angesprochen werden, wird die mögliche Vertragsverletzung durch den Abnehmer vernachlässigt.[182] Es wird also implizit angenommen, dass dies die hohen Strafzahlungen bei Verletzung des Vertrags verhindern bzw. dass ein Aufkündigen der Partnerschaft in der Supply Chain sehr unvorteilhaft ist. Die Einhaltung des Vertrags ist in jedem Fall die kostengünstigere Option. Andere Autoren begründen die Vertragseinhaltung mit dem hohen Vertrauensverhältnis zwischen den beteiligten Unternehmen.[183]

Die in diesem Abschnitt diskutierte vertragliche Regelung verringert konkret die Flexibilität des Abnehmers bzgl. der Bestellmenge, denn am Ende des Vereinbarungszeitraums läuft der Abnehmer Gefahr, Produkte bestellen zu müssen, die er nicht zur Deckung der Nachfrage benötigt, sodass für ihn zusätzliche Lagerkosten entstehen. Dies geschieht insbesondere, wenn die Mindestmenge relativ hoch gewählt wird und die Nachfrage, die der Abnehmer bedient, unerwartet niedrig ausfällt. In diesem Fall bestellt der Abnehmer am Ende des Vertragszeitraums Produkte nur zu Vertragserfüllung mit dem Partnerunternehmen und

---

[181]   Vgl. Bassok, Anupindi (1997); Anupindi, Bassok (1999); Chen, Krass (2001); Taly et al. (2003); Subramanianam et al. (2006).
[182]   Vgl. bspw. Bassok, Anupindi (1997); Chen, Krass (2001); Taly et al. (2003), sowie Abschnitt 2.4.1.
[183]   Vgl. Tsay et al. (1999) und Abschnitt 2.4.1.

nicht zur Deckung der eigenen Nachfrage. Als Ausgleich hierfür kann der Abnehmer ggf. eine Preisreduktion vom Zulieferer fordern. Allerdings existieren bisher keine Untersuchungen zur Abhängigkeit der Preisreduktion von der Höhe der Mindestmenge.[184] Bei diesem Vertrag wird die Flexibilität also im Wesentlichen von der Höhe der kumulierten Mindestmenge und von der Vertragslaufzeit determiniert.

Untersuchungen zu dieser vertraglichen Regelung für eine zweistufige Zulieferer-Abnehmer-Beziehung zeigen, dass sich der über beide Unternehmen summierte Deckungsbeitrag gegenüber einer Bestellpolitik ohne Mindestmengenvereinbarung erhöhen lässt.[185] Untersuchungen für den Fall, dass drei Unternehmen miteinander kooperieren, liegen hingegen bisher nicht vor. Auch sei hier als wichtig angemerkt, dass in der Literatur keine Aussagen über die Auswirkung dieser Regelung auf die Schwankung der Bestellmenge und damit den Bullwhip-Effekt getroffen werden.

2.4.3.3.2   Mindestabnahmemenge pro Periode

Statt die Menge festzulegen, die im gesamten Vereinbarungszeitraum bestellt werden muss, ist auch eine vertragliche Regelung der Menge denkbar, die in jeder Periode bestellt werden muss. So lässt sich eine Mindestmenge pro Periode festlegen, die der Abnehmer unabhängig von seiner Nachfrage zu bestellen hat. Damit ist es im Gegensatz zur zuvor erläuterten Regelung nicht mehr möglich, Bestellungen (innerhalb der Vertragslaufzeit) von einer Periode in die nächste zu verschieben.

---

[184] Bassok, Anupindi (1997) untersuchen lediglich beispielhaft anhand exogen vorgegebener Preisreduktionen die Auswirkungen auf den Gewinn des Abnehmers.
[185] Vgl. Bassok, Anupindi (1997), S. 378.

Die Flexibilität des Abnehmers wird in dieser vertraglichen Regelung also weitaus mehr eingeschränkt als in der eben dargestellten,[186] denn mit zunehmender Mindestmenge reduziert sich die Flexibilität bis zu dem Punkt, an dem eine Mindestmenge in der Höhe der mittleren zu erwartenden Nachfrage vereinbart wird. Die Regelung einer noch höheren Mindestmenge wäre ökonomisch unsinnig und wird daher nicht in Betracht gezogen. Auch die Flexibilität dieser Vereinbarung wird also letztendlich durch die Höhe und die Bindungsdauer der Mindestmenge beschrieben.

2.4.3.3.3   Feste Abnahmemenge pro Periode mit Toleranz

Statt eine Mindestabnahmemenge pro Periode zu vereinbaren, ist es möglich, für einen vorher festgelegten Gesamtzeitraum eine feste Abnahmemenge pro Periode zu vereinbaren.[187] Da diese Regelung die Flexibilität des Abnehmers enorm reduziert, werden in der Literatur verschiedene Mechanismen dargestellt, die ein Mindestmaß an Flexibilität sicherstellen. Im Wesentlichen werden dabei folgende Mechanismen unterschieden:[188]

Rolling-Horizon-Flexibility-Vertrag

Ein Mindestmaß an Flexibilität kann auch sichergestellt werden, indem der Abnehmer die Möglichkeit erhält, die grundsätzlich vereinbarte Menge bspw. um einen bestimmten, ebenfalls vorher vereinbarten

---

[186]   Gemeint ist der Grad der Flexibilität bei identischen Parametern, also wenn im Falle der Kumulierten Mindestabnahmemenge die gesamte Mindestmenge dividiert durch die Anzahl der Perioden der Mindestmenge entspricht, die auch bei der Vereinbarung einer Mindestmenge pro Periode vereinbart würde.
[187]   Vgl. Urban (2000).
[188]   Vgl. Lariviere (1999), S. 255-260; Bassok, Anupindi (2008).

Prozentsatz pro Periode anzupassen.[189] Diese vertragliche Regelung wird als Rolling-Horizon-Flexibility-Vereinbarung bezeichnet.[190] Hier prognostiziert der Abnehmer seine Bestellmengen für alle Perioden im Vertragszeitraum, hat dann aber die Möglichkeit, diese Mengen vor Auslieferung der Produkte um einen bestimmten Prozentsatz zu korrigieren. Wichtig ist bei diesem Verfahren, dass sich mit der zeitlichen Annäherung an den Termin der Auslieferung die maximal erlaubte Korrektur verringert.

Untersuchungen zu Rolling-Horizon-Flexibility-Vereinbarungen befassen sich im Wesentlichen mit der Frage, inwieweit die ursprünglich geplanten Bestellmengen in Abhängigkeit von der aktualisierten Nachfrageprognose anzupassen sind, um u.a. Kostenziele zu erreichen.[191] Die Flexibilität hinsichtlich der Bestellmenge wird in diesem Vertrag von der Höhe des maximalen Korrekturprozentsatzes determiniert. Sind in jeder Periode noch große Korrekturen möglich, so wird sie kaum eingeschränkt. Ein Vergleich mit den oben erläuterten vertraglichen Regelungen bzgl. des jeweiligen exakten Ausmaßes an Flexibilität gestaltet sich schwierig, da die festgelegten, unterschiedlichen Parameter nicht direkt miteinander verglichen werden können. Insgesamt erscheint eine Rolling-Horizon-Flexibility-Vereinbarung jedoch flexibler als die Vereinbarung einer Mindestabnahmemenge, da die Handlungsoption zu beiden Seiten offen ist: Es kann (wenn auch erst nach mehreren Anpassungen in *eine* Richtung) jede beliebige Menge bestellt werden, während bspw. bei der Mindestabnahmemenge pro Periode während der gesamten Gültigkeitsdauer der Regelung keine Bestellmengen unterhalb der festen Mindestmenge zulässig sind. Insbesondere bei Nachfrageverläufen, die durch

---

[189] Vgl. z. B. Anupindi, Bassok (1999), S. 216-221; Moinzadeh, Nahmias (2000); Milner, Kouvelis (2005); Milner, Kouvelis (2003); Bassok, Anupindi (2008); Bassok et al. (1997).
[190] Ein deutschsprachiger Begriff hat sich hierfür bisher nicht etabliert.
[191] Vgl. Tsay, Lovejoy (1999), S. 90.

Trends oder Saisonschwankungen geprägt sind, erscheint diese vertragliche Regelung demnach als besonders sinnvolle Möglichkeit.[192]

Eine Modifikation dieser Regelung besteht darin, dass der Abnehmer Mengenanpassungen nur gegen Strafzahlungen vornehmen kann, sodass er stets zu entscheiden hat, ob und wenn ja welche Änderung der Abnahmemenge für ihn am kostengünstigsten ist.[193] In Bezug auf die Flexibilität kann wie eben argumentiert werden, denn diese Regelung ist i.d.R flexibler als eine Mindestabnahmemenge pro Periode. Interessant für die Praxis ist die Tatsache, dass die (wenn auch kostspielige) Möglichkeit, weniger Produkte als zuvor vereinbart zu bestellen, den Abnehmer kontinuierlich zur genauen Beobachtung der Nachfragesituation herausfordert, da nur durch sie die Kosten-Nutzen-Relation bestimmbar wird. Im Hinblick auf die strukturellen Grundlagen dieser Form der vertraglichen Regelung ist festzuhalten, dass auch hier ein direkter Vergleich der Flexibilitätsmaße jedoch nicht möglich ist.

Bandbreitenvertrag

Die Bandbreitenvereinbarung stellt eine weitere Möglichkeit einer vertraglichen Regelung dar. Hier wird im Vorfeld festgelegt, innerhalb welcher oberen und unteren Grenzen die Bestellmenge des Abnehmers schwanken darf. Im Gegensatz zu Regelungen mit einer Mindestabnahmemenge[194] ist die Bestellmenge also nicht nur nach unten, sondern auch nach oben begrenzt.

Die Flexibilität wird (bei einer identischen Mindestmenge) also weitaus mehr eingeschränkt als in der obigen Regelung. Auf diese Vertragsform soll im Kontext der hier vorgelegten Untersuchung lediglich aus Gründen der Vollständigkeit hingewiesen werden, denn es ist kritisch anzumer-

---

[192] Vgl. Subramanianam et al. (2006), S. 2154.
[193] Vgl. Urban (2000).
[194] Vgl. Abschnitt 2.4.3.3.1.

ken, dass es besonders im Supply Chain Management großer Partnerunternehmen kaum Sinn macht, die Bestellmenge nach oben zu
begrenzen, da bei einem drastischen Anstieg der Endkundennachfrage
diese nicht mehr bedient werden könnte. Sowohl dem Zulieferer als auch
dem Abnehmer entgingen damit u. U. signifikante Umsätze, als Nachteil
für beide bzw. alle beteiligten Unternehmen.

Optionskäufe

Des Weiteren beschreibt die Literatur vertragliche Regelungen, in denen
sich der Abnehmer zur Abnahme einer festen Menge pro Periode
verpflichtet. Darüber hinaus bezieht er eine bestimmte Anzahl von
Kaufoptionen oder kann eine unbegrenzte Menge an Optionen erwer-
ben, die zu einem beliebigen Zeitpunkt einsetzbar sind.[195] Diese Optionen ermöglichen ihm, die festgelegte Abnahmemenge bei einer (auch
temporär) steigenden Endkundennachfrage innerhalb eines bestimmten
Mengenvolumens zu erhöhen. Der Preis für die Optionen liegt dabei
über dem der festen Abnahmemenge. In einigen Modellen ist die Höhe
der Optionen unbegrenzt.[196] Der Abnehmer hat also die Möglichkeit,
eine beliebige Menge zu bestellen (solange die Menge über der festen
Abnahmemenge liegt), wenn er bereit und in der Lage ist, den daraus
resultierenden höheren Preis zu zahlen.[197]

Im Falle einer Regelung mit unbegrenzter Optionsmenge liegt demnach
eine geringere Flexibilität vor als bei einer vereinbarten Mindestmenge
pro Periode (bei gleicher Mindestmenge). Der Abnehmer kann in beiden
Fällen eine beliebige Menge oberhalb der Mindestmenge bestellen,

---

[195] Vgl. Barnes-Schuster et al. (2002); Eppen, Iver (1997) stellen eine Variante von
      Optionskäufen für die Modeindustrie vor.
[196] Vgl. Barnes-Schuster et al. (2002).
[197] Auf zusätzliche Regelungen, in denen für den Zulieferer bei der Optionsmenge andere
      Lieferkonditionen gelten als bei der festen Menge, wird hier nicht detailliert eingegan-
      gen.

jedoch muss er – anders als oben dargestellt – einen höheren Preis kalkulieren, der wiederum einen Anreiz bietet, lediglich die Mindestmenge zu bestellen.

Die Regelung mit begrenzter Optionsmenge ist damit am ehesten analog zum Bandbreitenvertrag zu sehen. Die Flexibilität ist hier geringer als bei einer Bandbreitenregelung, da der Abnehmer aufgrund des höheren Preises der Optionen einen Anreiz hat, lediglich eine Bestellung in Höhe der Mindestmenge vorzunehmen. Ähnlich wie im Falle der kumulierten Mindestmenge besteht hier jedoch im Zeitpunkt der Bestellung signifikant mehr Flexibilität, da die Optionen zu jedem beliebigen Zeitpunkt eingesetzt werden können und nicht in jeder Periode eine Höchstmenge gilt.

Fester Umsatz im Vereinbarungszeitraum

Analog zur eben beschriebenen Regelung wurden in der Literatur Modelle expliziert, in denen ein fester Umsatz im Vereinbarungszeitraum zu tätigen ist.[198] Die Unterscheidung zwischen Umsatz und Menge ist dabei nur dann relevant, wenn sich die Vereinbarung auf mehrere Produkte bezieht, oder wenn der Preis nicht konstant ist.[199] Im Rahmen von Regelungen, die nur die Konditionen in Bezug auf ein Produkt mit einem konstanten Preis festlegen, sind beide Alternativen identisch. Auch bzgl. der eingeräumten Flexibilität sind daher prinzipiell keine Unterschiede gegenüber den in den Abschnitten 2.4.3.3.1 und 2.4.3.3.2 diskutierten Regelungen erkennbar.

---

[198] Vgl. z. B. Anupindi, Bassok (1999), S. 211-215.
[199] Vgl. Bassok, Anupindi (1997), S. 378.

Auslastung von Kapazitätsanteilen

Weiterhin sind in der Literatur vertragliche Regelungen dokumentiert, in denen sich der Abnehmer verpflichtet, mindestens eine Menge in Höhe der anteiligen Kapazität des Zulieferers abzunehmen.[200] Im Falle fixer Kapazitäten ist diese Regelung identisch mit der Festlegung einer Mindestmenge. Im Falle unbegrenzter Kapazitäten kann diese Regelung naturgemäß nicht implementiert werden, da kein Anteil an einer Kapazität errechnet werden kann.

2.4.4 Ableitung relevanter Flexibilitätsmaße

Aus den erläuterten Verträgen lassen sich Flexibilitätsmaße zusammenfassen, die gemeinsam die Volumenflexibilität der beiden Partner einer Zulieferer-Abnehmer-Beziehung ausmachen.[201] In allen Vertragsformen wurde entweder die Menge, der Zeitpunkt der Bestellungen des Abnehmers oder von Lieferungen des Zulieferers flexibel festgelegt. Bei den Lieferverpflichtungen stehen dabei die Zeitpunkte und Mengen der Lieferung im Vordergrund, während in den Abnahmeverpflichtungen die Zeitpunkte und Mengen der Bestellungen geregelt werden.

Dem Zeithorizont, über den ein Vertrag geschlossen wird, kommt dabei eine Sonderrolle zu. Durch eine lange Bindungsdauer kann die Flexibilität eines oder beider Unternehmen eingeschränkt werden, da die Unternehmen während der Vertragslaufzeit nur im geringeren Maße auf Änderungen der Umweltbedingungen reagieren können. Daher gewinnt dieser Aspekt insbesondere bei einer sich schnell ändernden Umwelt (z.

---

[200] Vgl. Cachon (2003).
[201] Der Flexibilitätsbegriff von Beamon bezieht sich auf die gesamte Supply Chain (vgl. Abschnitt 2.4.3 und Beamon (1998), S. 287) und muss daher an dieser Stelle weiter konkretisiert werden.

B. einer stark schwankenden Nachfrage) an Relevanz.[202] Deutlich wird diese Einschränkung bspw. an der Wirtschaftskrise, die 2009 eintrat und in vielen Branchen international einen starken Nachfragerückgang bewirkte. Hatte sich ein Abnehmer vor Beginn der Krise verpflichtet, stets eine relativ große Menge zu bestellen, die er vor der Krise problemlos absetzen konnte, war es nun möglich, dass er in der Krise keine Käufer mehr für die Produkte fand und große finanzielle Verluste erlitt bzw. sogar zur Geschäftsaufgabe gezwungen wurde. Grundsätzlich erscheint eine Abnahmeverpflichtung über einen langen Zeitraum im Zeichen der sich sehr rasch ändernden globalen Märkte weniger geeignet. Hier können die negativen Folgen der geringen Flexibilität hart durchschlagen, denn der Abnehmer hat nicht die Möglichkeit, die Mindestmenge der gesunkenen Nachfrage anzupassen, um auch – etwa während einer Krise – langfristig alle gelieferten Produkte abzusetzen. Hier zeigt sich auch deutlich, dass eine lange Bindungsdauer den Verlust von Flexibilität durch andere Vertragsparameter weiter verstärkt. Ein grundsätzlich sehr flexibler Vertrag schränkt auch dann die Flexibilität kaum ein, wenn er über einen langen Zeitraum geschlossen wird. Betrachtet man als Gegenbeispiel einen unflexiblen Vertrag, den ein Unternehmen über eine kurze Bindungsdauer noch akzeptieren kann, birgt ein solcher Vertrag für das Unternehmen bei einer langen Bindungsdauer große Risiken.

Der Preis des gehandelten Produkts dient in der Mehrzahl der eben erläuterten Verträge lediglich als Instrument, um einen aus dem Flexibilitätsverlust entstandenen Nachteil auszugleichen, und stellt keine eigenständige Determinante der Flexibilität dar. Die Höhe der Flexibilität wird lediglich im Falle der Optionskäufe durch den Preis mitbestimmt, denn im Falle preisgünstiger Optionen ist es für einen Abnehmer weitaus kostengünstiger, seine Bestellmenge nach oben anzupassen.

Die Zeit- und Mengenflexibilitäten aus der Perspektive der beiden Unternehmen (Zulieferer und Abnehmer) und Bindungsdauer sowie

---

[202] Vgl. Merschmann (2007), S. 52.

Preis werden nachfolgend in einer Matrix abgebildet (vgl. Abbildung 2.11). Da der Preis nur in einem Teil der erläuterten Vereinbarungen als Flexibilitätsmaß gesehen wird, ist er in der Matrix grau hinterlegt und kursiv dargestellt.

	Lieferverpflichtung	Abnahmeverpflichtung
Menge	Mengenflexibilität des Zulieferers	Mengenflexibilität des Abnehmers
Zeit	Zeitflexibilität des Zulieferers	Zeitflexibilität des Abnehmers
Sonstige Parameter	Bindungsdauer	
	(Preis)	

Abbildung 2.11: Matrix der Flexibilitätsmaße

Die Mengenflexibilität des Abnehmers kann dabei als maximale relative Abweichung der Bestellmenge von der mittleren Nachfrage definiert werden. Die Kennzahl wird bewusst relativ zur mittleren Endkunden-nachfrage definiert, um Flexibilitäten mit unterschiedlichen mittleren Nachfragen vergleichbar zu machen.

$$(2.1) \qquad Mengenflexibilität\ Abnehmer = \frac{\left| \begin{array}{c} Max.bzw.min.Bestellmenge \\ -Mittelwert\ der\ Nachfrage \end{array} \right|}{Mittelwert\ der\ Nachfrage}$$

Im Falle des Rolling-Horizon-Flexibility-Vertrags lässt sich diese Berech-nung jedoch nicht anwenden, da nach entsprechend vielen Anpas-sungsprozessen jede Menge bestellt werden kann. Hier gilt vielmehr, dass die Mengenflexibilität der prozentualen Anpassung pro Periode entspricht.[203] Die Gründe, aus denen diese beiden Flexibilitätsmaße nicht vergleichbar sind, wurden oben detailliert erläutert.[204]

Die Zeitflexibilität des Abnehmers ist die relative Länge des Zeitfensters (gemessen an einer Periode), zu dem der Abnehmer Bestellungen tätigen kann. Wird bspw. vereinbart, dass während eines achtstündigen Arbeitstages nur innerhalb von vier Stunden Bestellungen angenommen werden können, liegt eine Zeitflexibilität des Abnehmers i. H. v. 50 % vor. Die Zeitflexibilität des Abnehmers wird in den oben erläuterten Verträgen allerdings nicht thematisiert.

$$(2.2) \quad Zeitflexibilität\ Abnehmer = \frac{Länge\ des\ Zeitfensters\ für\ Bestellungen}{Periodenlänge}$$

Für den Zulieferer lassen sich recht ähnliche Flexibilitätsmaße festlegen. Die Mengenflexibilität des Zulieferers kann als relativer Anteil der Menge dargestellt werden, die – bezogen auf die gesamte Bestellmenge – zurückgewiesen werden kann.

$$(2.3) \quad Mengenflexibilität\ Zulieferer = \frac{Maximal\ zurückweisbare\ Menge}{Bestellmenge}$$

Liegt bspw. eine besonders lockere Zulieferer-Abnehmer-Beziehung vor, in der der Zulieferer nicht zu einer Lieferung verpflichtet ist, so beträgt die Mengenflexibilität des Abnehmers unendlich. Betrachtet man jedoch eine Supply Chain mit der in Abschnitt 2.4.3.2 dargestellten Lieferverpflichtung, so ist die Mengenflexibilität des Abnehmers gleich null.

Analog dazu kann die Zeitflexibilität des Abnehmers festgelegt werden, die angibt, wann eine Bestellung geliefert werden muss. Um die Lieferzeit relativ zur eigentlich vereinbarten oder angekündigten Lieferzeit zu vereinbaren, bietet sich der folgende Quotient an:

---

[203] Vgl. ähnlich in Chan et al. (2009), S. 972.
[204] Vgl. Abschnitt 2.4.3.3.3.

(2.4)

$$Zeitflexibilität\ Zulieferer = \frac{Maximale\ Lieferzeit - Angekündigte\ Lieferzeit}{Angekündigte\ Lieferzeit}$$

Schlussendlich ist die Bindungsdauer zu definieren. Im Gegensatz zu den vier eben erläuterten Flexibilitätsmaßen kommt hier eine relative Darstellung nicht in Betracht, da es an einem sinnvollen Bezugspunkt fehlt. Vielmehr lässt sich ein wichtiges Argument für eine absolute Betrachtung anführen: Die Bindungsdauer ist ein Flexibilitätsmaß, da die Wahrscheinlichkeit, dass sich Umweltbedingungen ändern, mit dem Zeitverlauf linear ansteigt. Diese Wahrscheinlichkeit hängt von keinem weiteren Parameter ab, sodass eine absolute Betrachtung dieses Flexibilitätsmaßes sinnvoll erscheint.

3 Modellierung

In diesem Kapitel wird zunächst das Modell von Lee/Padmanabhan/Whang[205] erläutert. Aufbauend darauf wird das Modell einer dreistufigen Supply Chain ohne Mindestmengenvereinbarung diskutiert. Anschließend wird ein Modell entwickelt, in dem die Kooperation zwischen zwei der Unternehmen durch Mengenbindungsvereinbarungen geregelt ist. Dieses erweiterte Modell arbeitet die Überlegungen von Bassok/Anupindi[206] in das Modell von Lee/Padmanabhan/Whang ein.

3.1 Modell von Lee/Padmanabhan/Whang

3.1.1 Annahmen

3.1.1.1 Rationalität

Lee/Padmanabhan/Whang modellieren eine Zulieferer-Abnehmer-Beziehung, in der der Abnehmer eine exogen gegebene Endkundennachfrage bedient. Im Zentrum der Betrachtung steht dabei das Bestellverhalten dieses Abnehmers. Dabei wird angenommen, dass Zulieferer und Abnehmer rechtlich selbstständig sind. Aus diesem Grund wird keine zentrale Planungsinstanz modelliert, die bspw. die Summe der Kosten von Zulieferer und Abnehmer minimiert. Stattdessen handeln beide Unternehmen für sich kostenminimierend. Die aus dieser Optimie-

---

[205] Vgl. Lee et al. (1997), S. 549ff. Mit dem „Modell von Lee/Padmanabhan/Whang" ist im Folgenden stets der Teil des Modells gemeint, der sich mit der Ursache „Demand signal processing (vgl. Abschnitt 2.3.4.3) auseinandersetzt.
[206] Vgl. Bassok, Anupindi (1997).

rung resultierenden Folgen für den Zulieferer berücksichtigt der Abnehmer nicht. Es gilt: [207]

$$(3.1) \quad \min \sum_{t=0}^{\infty} K_{k;t}^{GES}$$

3.1.1.2   Nachfragestruktur

Die beim Abnehmer eingehende Nachfrage ist langfristig stabil,[208]
unterliegt jedoch zufälligen Schwankungen. Die Nachfrage in einer
Periode korreliert zudem mit der Nachfrage der Vorperiode. Diese
Eigenschaften werden durch einen sogenannten AR[1]-Prozess abgebildet. Die Endkundennachfrage zu einem bestimmten Zeitpunkt hängt bei
dieser Verteilung von drei Summanden ab. Ein Einflussfaktor der
aktuellen Endkundennachfrage ist die Endkundennachfrage der Vorperiode.[209] Die Konstante ρ (mit $-1 < \rho < 1$) beschreibt dabei den Grad der
Abhängigkeit von der Nachfrage der Vorperiode. Ist ρ negativ, so wird
die aktuelle Nachfrage negativ von der Nachfrage der Vorperiode
beeinflusst. Ein positives ρ zeigt eine positive Abhängigkeit der aktuellen
Nachfrage von der Nachfrage der Vorperiode. Im Folgenden soll der
Fall, dass ρ negativ oder null ist, vernachlässigt werden, da zur Untersuchung des Bullwhip-Effekts lediglich positive Autokorrelationen interessant sind.[210] Weiterhin fließt ein normalverteilter Zufallsterm ε in die
Nachfrage ein. Der Mittelwert des Zufallsterms $\mu(\varepsilon)$ ist null, und die
Standardabweichung soll mit $\sigma(\varepsilon)$ bezeichnet werden. Außerdem wird
ein konstanter Summand d addiert. Dieser ist mathematisch notwendig,
damit der AR[1]-Prozess einen positiven Erwartungswert hat.[211] Dazu
sollte ein Wert für d gewählt werden, der signifikant größer ist als $\sigma(\varepsilon)$.
Die gesamte Nachfrage D_t einer Periode t berechnet sich somit als:

---

[207]   Der Index k beschreibt in den folgenden Gleichungen das jeweilige Unternehmen. Es
        gilt Zulieferer 1, Abnehmer 2, Kunde K. Weiterhin stellt t den Zeitindex dar.
[208]   Vgl. Jung et al. (2008), S. 148.
[209]   Vgl. Schlittgen, Streitberg (2001), S. 121.
[210]   Vgl. Lee et al. (1997), S. 549ff.
[211]   Vgl. Schlittgen, Streitberg (2001), S. 129.

(3.2) $D_t = \rho D_{t-1} + d + \varepsilon_t$

Abbildung 3.1 zeigt einen beispielhaften AR[1]-Prozess mit ρ=0,7, σ(ε)=50 und d=300. Unabhängig von den späteren Ausprägungen der Parameter der Untersuchung wurden hier Werte gewählt, die den Sachverhalt möglichst anschaulich skizzieren.

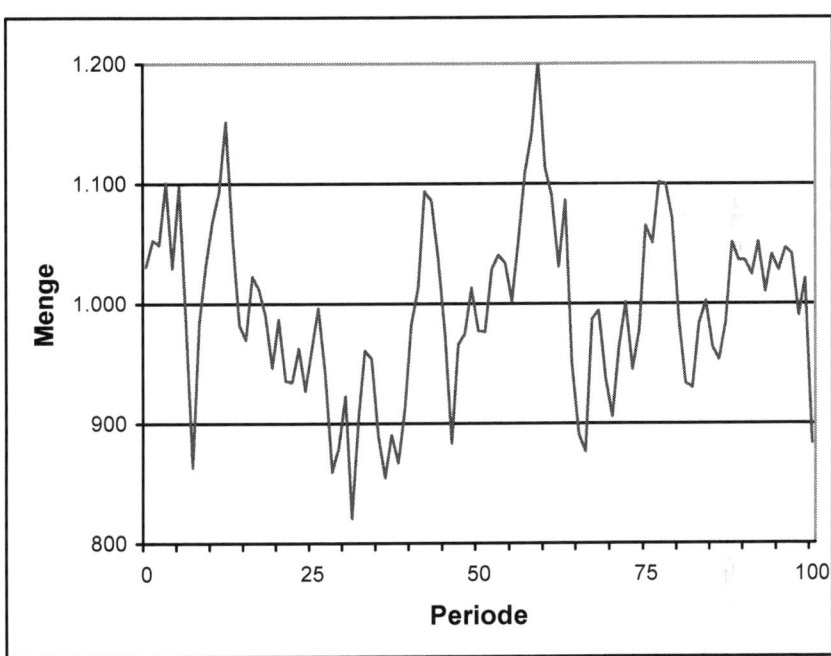

Abbildung 3.1: Beispielhafter AR[1]-Prozess

Der Mittelwert μ(D) der Nachfrage lässt sich berechnen, indem man ε=0 und
$D_t = D_{t-1} = \mu(D)$ setzt. Es ergibt sich:

$$D_t = \rho D_{t-1} + d + \varepsilon_t$$

$$\mu(D) = \rho\mu(D) + d + 0$$

(3.3) $$\mu(D) - \rho\mu(D) = d$$

$$(1-\rho)\mu(D) = d$$

$$\mu(D) = \frac{d}{1-\rho}$$

Es ist erkennbar, dass µ(D) weder von D_t noch von t abhängig ist. Daraus lässt sich ableiten, dass die Endkundennachfrage langfristig stabil ist und sich ihr Niveau nicht ändert.[212] Sie zeichnet sich lediglich durch kurzfristige (korrelierte) Schwankungen aus.

3.1.1.3   Informationsfluss

Lee/Padmanabhan/Whang unterstellen in ihrem Modell, dass dem Abnehmer die eben erläuterte Struktur der Endkundennachfrage mit den Ausprägungen ihrer zentralen Parameter bekannt ist. Er verfügt also entweder über externe Informationen (z. B. basierend auf Marktfor-schungen) oder eine genügend große Menge an Vergangenheitsdaten, um die Parameter verlässlich zu prognostizieren. Weiterhin kennt der Abnehmer die Wiederbeschaffungszeit, die notwendig ist, um das Produkt bei seinem Zulieferer zu beschaffen. Die einzige Information, die der Abnehmer vom Endkunden und der Zulieferer vom Abnehmer erhält, ist die Bestellmenge der jeweiligen Periode.

---

[212] Vgl. Schlittgen, Streitberg (2001), S. 131.

3.1.1.4 Unternehmensinterne Kosten

Bei der Lagerung des Produkts fallen Lagerkosten an. Es wird angenommen, dass sie aus der Kapitalbindung resultieren und somit zur
gelagerten Menge proportional sind. Es gilt:[213]

$$(3.4) \quad K_{k;t}^{L} = h_{k} \cdot L_{k;t}$$

Der physische Lagerbestand L errechnet sich ausgehend von den
Lagerein- und -ausgängen LE und LA. Dabei stellt $L_{k;0}$ den Lagerbestand
des Unternehmens k zu Beginn der Betrachtung dar.[214]

$$(3.5) \quad L_{k;t} = L_{k;0} + \sum_{i=0}^{t} \left(LE_{k;i} - LA_{k;i} \right)$$

Bestellfixe Kosten wie Prozesskosten für die Bearbeitung einer Bestellung fallen in diesem Modell nicht an.

3.1.1.5 Produkt

Bei dem betrachteten Produkt handelt es sich um ein spezifisches
Produkt. Als Beispiel kann ein bestimmtes Teil bei der Automobilherstel-
lung herangezogen werden. Qualitätsunterschiede oder Varianten des
Produkts werden hier nicht betrachtet.

3.1.1.6 Vertragliche Regelungen

Aufgrund seiner Spezifität kann das Produkt auf dem Markt nicht oder
nur zu unverhältnismäßig hohen Kosten beschafft werden. So ist bspw.
zu seiner Herstellung spezifisches Know-how erforderlich, oder es ist ein
überbetrieblicher Entwicklungsprozess notwendig. Deshalb ist es für
Zulieferer und Abnehmer sinnvoll, das Produkt im Rahmen einer

---

[213] Die Variable K meint hier stets die Kosten, die in einer Periode anfallen. Ist die Summe
der Kosten über einen bestimmten Zeitraum gemeint, wird dies durch die entsprechende Notation deutlich gemacht.
[214] Vgl. z. B. Zäpfel, Wasner (1999), S. 300.

langfristigen Kooperation zu handeln.[215] Alle Bestellungen des Abnehmers werden also von einem Zulieferer bedient, anders gesagt, der
Abnehmer verfügt über keine weiteren Bezugsquellen. Analog dazu
liefert der Zulieferer nur an diesen einen Abnehmer und bedient keine
weiteren Unternehmen. Ein typisches Beispiel hierfür ist die Automobilbranche. Die Details der Kooperation werden in den folgenden Abschnitten diskutiert.

3.1.1.6.1   Zeitlicher Ablauf von Bestellungen und Lieferungen

Zulieferer und Abnehmer legen die Ablauforganisation in der Weise fest,
dass zu Beginn jeder Periode die in einer früheren Periode vom Zulieferer gelieferten Produkte beim Abnehmer eintreffen und in das Lager
eingestellt werden. Außerdem müssen zu Beginn einer Periode die
Bestellungen an den Zulieferer abgegeben werden. Zum Zeitpunkt der
Bestellung liegt also noch keine Information über die aktuelle Nachfrage
vor. Erst nachdem die Bestellentscheidung getroffen wurde, gehen die
Bestellungen des Endkunden beim Abnehmer ein.

Abbildung 3.2 zeigt diese Chronologie der Bestellabwicklung als Dia-
gramm. Weiterhin gibt die Abbildung einen Überblick über die Verzögerungen aufgrund der Bestellabwicklung und der Lieferzeit. Die Abbildung
enthält eine beispielhafte Lieferzeit von zwei Zeiteinheiten und eine
Bestellzeit von einer Zeiteinheit.

---

[215]   Vgl. Abschnitt 2.2.

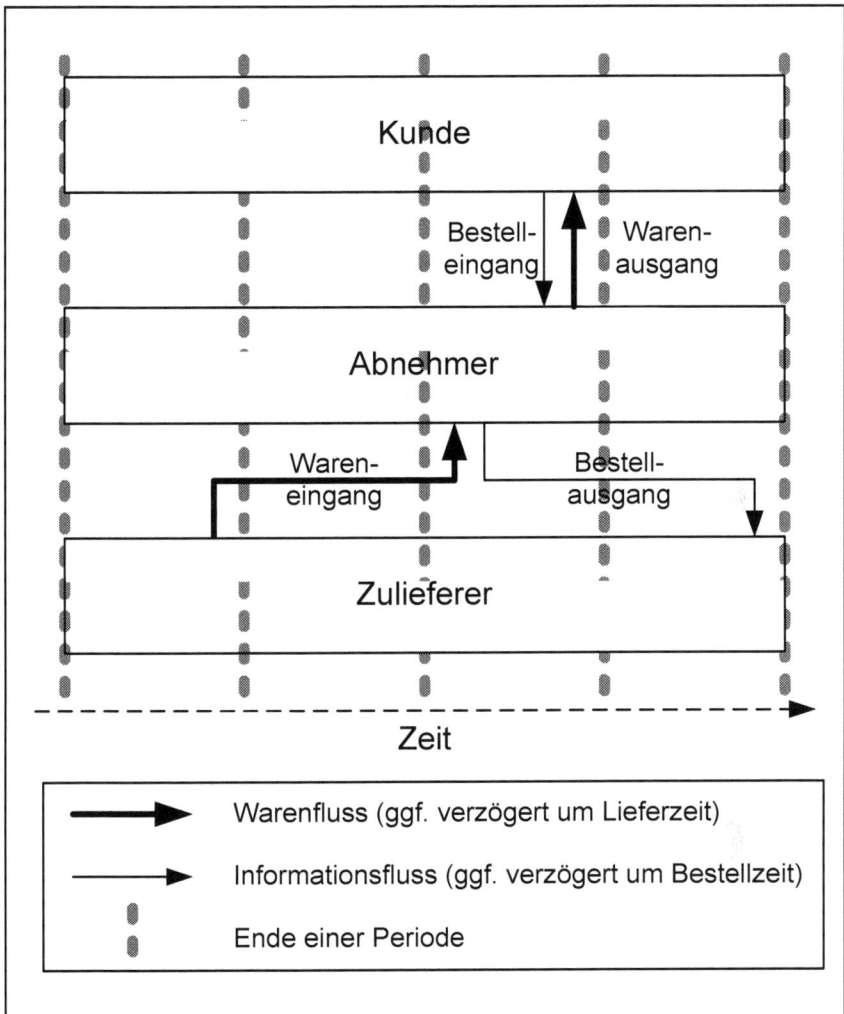

Abbildung 3.2: Ablauforganisation in der Kooperation

Der Lagereingang des Abnehmers entspricht also dem Lagerausgang des Zulieferers (Unternehmensindex k-1) vor der Lieferzeit t_L. Die Lieferzeit wird als reine Transportzeit verstanden. Zusätzliche Verzögerungen wie Staus o. Ä. werden nicht berücksichtigt. Es gilt:

(3.6) $LE_{2;t} = LA_{1;t-t_L}$

Der Bestelleingang BE lässt sich analog formulieren. Aufgrund der positiven Bestellzeit t_B, die durch die Bestellübermittlung und -bearbeitung entsteht, handelt es sich dabei um die Bestellungen BA, die vor t_B Perioden getätigt wurden.

(3.7) $BE_{1;t} = BA_{2;t-t_B}$

Analog dazu entsprechen die Bestelleingänge des Abnehmers der Endkundennachfrage. Hier wird auf die Modellierung einer Bestellzeit verzichtet, da sie für das Modell unerheblich ist.

(3.8) $BE_{2;t} = D_t$

Des Weiteren ist es notwendig, die Produktmenge festzuhalten, die sich zum Zeitpunkt t zwischen Zulieferer und Abnehmer befindet. Zwei Komponenten des sogenannten Unterwegsbestands lassen sich explizit formulieren: zum einen die Menge des Produkts, die bestellt wurde, deren Bestellung aber noch nicht beim Zulieferer angekommen ist (Verzögerung bei der Informationsübermittlung). Dieser Teil des Unterwegsbestands wird hier mit UB₁ bezeichnet. Es gilt:

(3.9) $UB1_{2;t} = UB1_{2;0} + \sum_{i=0}^{t} \left(BA_{2;i} - BE_{1;i} \right)$

Weiterhin ist der Bestand des Produkts, der momentan transportiert wird, darzustellen (Verzögerung im Warenfluss). Dieser Bestand wird als UB₂ bezeichnet. Es gilt:

(3.10) $UB2_{2;t} = UB2_{2;0} + \sum_{i=0}^{t} \left(LA_{1;i} - LE_{2;i} \right)$

Die gesamte Menge, die vom Abnehmer bereits bestellt wurde, aber noch nicht im Lager eingetroffen ist, entspricht der Summe aus den beiden erläuterten Teilbeständen zuzüglich der Fehlmenge F des

Zulieferers, die entsteht, wenn er eine Bestellung nicht unmittelbar bedient. Bestellungen, die sich momentan in der Bearbeitung beim Zulieferer befinden, gibt es in diesem Modell nicht, da eine Bestellung entweder noch in der gleichen Periode vom Lager bedient, oder als Fehlmenge verbucht wird. Alternativ kann der komplette Unterwegsbestand als Unterwegsbestand zum Zeitpunkt null zuzüglich aller Differenzen aus Bestellausgang und Lagereingang errechnet werden.[216]

$$
(3.11) \quad
\begin{aligned}
UB_{2;t} &= UB_{2;0} + \sum_{i=0}^{t} \left(BA_{2;i} - LE_{2;i} \right) \\
&= UB1_{2;t} + UB2_{2;t} + F_{1;t}
\end{aligned}
$$

3.1.1.6.2 Preis

Im Modell von Lee/Padmanabhan/Whang besteht die Kooperation weiterhin darin, dass Zulieferer und Abnehmer einen langfristig konstanten Stückpreis c aushandeln, den der Abnehmer dem Zulieferer zahlt.[217] Es soll weiterhin davon ausgegangen werden, dass mengenabhängige Einkaufskosten vereinbart werden, die den konstanten Einstandspreis beschreiben. Es gilt:

$$
(3.12) \quad K_{k;t}^{B} = c_k \cdot BA_{k;t}
$$

3.1.1.6.3 Keine Abnahmeverpflichtung

Der Abnehmer unterliegt keinen Beschränkungen bzgl. der Höhe der Bestellmenge.[218] Er kann zu Beginn jeder Periode jede beliebige Menge

---

[216] Vgl. Zäpfel, Wasner (1999), S. 300.
[217] Vgl. Lee et al. (1997), S. 549.
[218] Vgl. Abschnitt 2.4.3.3.

beim Zulieferer bestellen und ist nicht gezwungen, in jeder Periode zu bestellen. Seine Mengenflexibilität beträgt somit unendlich. Seine Zeitflexibilität geht gegen null, da er nur an jeweils einem Zeitpunkt pro Periode eine Bestellung abgeben darf.

3.1.1.6.4 Lieferverpflichtung

Außerdem verpflichtet sich der Zulieferer, dem Abnehmer stets die gesamte Menge des bestellten Produkts umgehend zu liefern.[219] Seine Mengenflexibilität beträgt somit null.[220] Der Zulieferer hat nicht die Möglichkeit, eine Bestellung zurückzuweisen, wenn er sie momentan nicht bedienen kann oder bspw. lukrativere Aufträge vorliegen.[221] Außerdem muss er die Ware stets umgehend liefern. Seine Zeitflexibilität beträgt ebenfalls null. Die Wiederbeschaffungszeit für den Abnehmer entspricht daher lediglich der Summe aus der fixen Bestellzeit und der fixen Lieferzeit.

$$(3.13) \quad v = t_B + t_L \quad \textit{für } k = 1, 2$$

Diese Verpflichtung besteht auch für den Abnehmer gegenüber dem Endkunden. Sollte eine Bestellung nicht oder nicht vollständig bedient werden können, muss die entstandene Fehlmenge zu einem späteren Zeitpunkt vollständig nachgeliefert werden (vollständiges Backorder).[222] Eine Fehlmenge entsteht, wenn nicht die gesamte bestellte Menge des Produkts ausgeliefert werden kann, da der Lagerbestand kleiner ist als der Bestelleingang. Wird jedoch eine bestehende Fehlmenge nachgeliefert, da der Lagerbestand in der Zwischenzeit wieder gestiegen ist und eine frühere Bestellung nachgeliefert werden kann, sinkt die Fehlmenge um die nachgelieferte Menge des Produkts. In diesem Fall liegt der

---

[219] Vgl. Lee et al. (1997), S. 549.
[220] Vgl. Abschnitt 2.4.4.
[221] Vgl. Abschnitt 2.4.3.2.
[222] Vgl. Lee et al. (1997), S. 549.

Lagerausgang über dem Bestelleingang. Geht man davon aus, dass zu Beginn des Prozesses gemäß diesem Modell keine Fehlmenge vorliegt, errechnet sich die Fehlmenge als Summe der Differenz aus Bestelleingängen und Lagerausgängen.

$$(3.14) \quad F_{k;t} = \sum_{i=0}^{t} \left(BE_{k;i} - LA_{k;i} \right)$$

3.1.1.6.5 Strafzahlung

Für den Fall einer verspäteten Lieferung vereinbaren Zulieferer und Abnehmer jeweils eine Strafzahlung, die proportional zur verspätet gelieferten Menge des Produkts ist. [223] Kann ein Produkt über mehrere Perioden nicht nachgeliefert werden, erhöhen sich die Kosten entsprechend, da die Strafzahlung in jeder Periode von Neuem entrichtet werden muss. Es gilt daher:

$$(3.15) \quad K_{k;t}^{F} = p_k \cdot F_{k;t} \quad mit\ p > h$$

Diese Kosten fallen in jeder Periode an, in der offene Lieferungen vorhanden sind.[224] Da es sich um eine Strafzahlung handelt, kann grundsätzlich davon ausgegangen werden, dass der Lagerkostensatz h (vgl. Gleichung (3.4)) deutlich niedriger ist als der Fehlmengenkostensatz p.[225]

---

[223] Vgl. Lee et al. (1997), S. 549.
[224] Vgl. Lee et al. (1997), S. 549.
[225] Die konkreten Parameter werden in Abschnitt 4.6.1 erläutert.

3.1.2   Resultierendes Verhalten

3.1.2.1   Lieferverhalten des Zulieferers

Aufgrund des vergleichsweise hohen Fehlmengenkostensatzes wird der Zulieferer stets bestrebt sein, die bestellte Menge des Produkts sofort zu liefern. Die zu liefernde Menge errechnet sich aus der vom Abnehmer aktuell bestellten Menge (vgl. Gleichung (3.7) bzw. (3.8)) zuzüglich der evtl. aus den Vorperioden bestehenden Fehlmenge (vgl. Gleichung (3.14)). Das Minimum aus dem Lagerbestand und der zu liefernden Menge ist dann die Liefermenge. Die Minimum-Funktion stellt dabei sicher, dass keine größere Produktmenge geliefert wird, als momentan im Lager verfügbar ist. Die zu liefernde Menge errechnet sich wiederum als Summe aus der zuletzt eingegangenen Bestellmenge und der evtl. noch aus den Vorperioden bestehenden Fehlmenge.[226]

$$(3.16) \quad LA_{k;t} = \min(BE_{k;t} + F_{k;t}; L_{k;t})$$

3.1.2.2   Bestellverhalten des Abnehmers

3.1.2.2.1   Vorüberlegung zu den Kosten

Der Abnehmer ist in diesem Modell bestrebt, seine Kosten zu minimieren. Die zu minimierenden Gesamtkosten (vgl. Gleichung (3.1)) errechnen sich als Summe aus den in den Gleichungen (3.4), (3.12) und (3.15) dargestellten Kostenarten.

$$(3.17) \quad K_{k;t}^{GES} = K_{k;t}^{B} + K_{k;t}^{F} + K_{k;t}^{L}$$

---

[226] Vgl. auch Zäpfel, Wasner (1999), S. 300.

Der Deckungsbeitrag errechnet sich als Differenz aus den Verkaufserlösen und den Gesamtkosten. Fixkosten werden in diesem Modell nicht betrachtet, da sie hier nicht entscheidungsrelevant sind.

$$(3.18) \quad DB_{k;t} = E_{k;t} - K_{k;t}^{GES}$$

Der Erlös E wird in diesem Modell ausschließlich durch die Verkäufe erzielt und entspricht somit den Bestellkosten des Abnehmers (vgl. Gleichung (3.12)):

$$(3.19) \quad E_{k;t} = K_{k+1;t}^{B}$$

3.1.2.2.2 Festlegung der Bestellpolitik

Um Endkundenbestellungen umgehend bedienen zu können und so der Lieferverpflichtung nachzukommen, hält der Einzelhändler stets eine bestimmte Menge des Produkts im Lager. Er handelt also nach dem sogenannten order to stock-Prinzip. Eingehende Bestellungen können daher i. d. R. aus dem physischen Lagerbestand bedient werden. Da es sich in der Modellannahme um ein Produkt mit immer gleicher Beschaffenheit handelt, ist es nicht notwendig, Prioritätsregeln o. Ä. festzulegen.

In der Literatur werden Bestellpolitiken[227] anhand der Dimensionen Bestellintervall und Bestellmenge differenziert.[228] Politiken mit fixem Bestellintervall werden dabei als Bestellzyklusverfahren bezeichnet, während Politiken mit variablem Bestellintervall Bestellpunktverfahren genannt werden.[229] Auch die Bestellmenge wird in die Kategorien fix und variabel differenziert, wobei Politiken mit fixer Bestellmenge als Losgrößenverfahren und Politiken mit variabler Bestellmenge als Auffüll-

---

[227] Es werden ausschließlich Bestellpolitiken bei stochastischer Nachfrage betrachtet.
[228] Vgl. Zimmermann, Stache (2001), S. 401.
[229] Auf Mischtypen wie z. B. die S,t,Q- bzw. S,t,s-Politiken wird in dieser Arbeit nicht eingegangen.

Verfahren bezeichnet werden.[230] Abbildung 3.3 zeigt eine aus dieser Differenzierung der Bestellpolitiken generierte Vier-Felder-Matrix.

	Bestellzyklus-verfahren	Bestellpunkt-verfahren
Losgrößenverfahren	t,Q-Politik	s,Q-Politik
Auffüll-Verfahren	t,S-Politik	s,S-Politik

Abbildung 3.3: Übersicht über die Bestellpolitiken

Bei der t,Q-Politik wird eine zuvor festgelegte Bestellmenge in festen Bestellintervallen bestellt. Die Bestellmenge ist damit unabhängig vom aktuellen Bedarf und bleibt stets konstant. Um trotzdem die (potenziell variierende) Nachfrage mit der angestrebten Zuverlässigkeit bedienen zu können, ist es notwendig, hohe Sicherheitsbestände vorzuhalten. Dennoch besteht besonders bei stark schwankender Nachfrage die Gefahr, dass Bestellungen nicht erfüllt werden und es unter den Annahmen der oben erläuterten Kostenstruktur zu größeren Fehlmengen kommt.

Auch die s,Q-Politik bündelt den Bedarf zu Losen, deren optimale Größe anhand der Kostenparameter bestimmt werden kann. Eine Losgrößenbildung erfolgt insbesondere dann, wenn aufgrund von bestellfixen Kosten häufige Bestellungen unrentabel sind. Anders als bei der t,Q-Politik wird jedoch ein Los beim Vorliegen eines Meldebestands bestellt, der sich an der Höhe des Bedarfs in der Wiederbeschaffungszeit orientiert. Diese Bündelung von Bestellungen erhöht die Gefahr von Fehlmengen, da sehr hohe Schwankungen in der Nachfrage eintreten können, wodurch der Bedarf in der Wiederbeschaffungszeit unerwartet hoch ausfällt.

---

[230] Vgl. Zimmermann, Stache (2001), S. 401.

Bei den Auffüll-Verfahren hingegen erfolgt keine Losgrößenbildung. Vielmehr wird das Lager entweder zu vorher definierten Zeitpunkten (t,S-Politik) oder bei Erreichen eines Meldebestands (s,S-Politik) auf einen wirtschaftlichen Lagerbestand S aufgefüllt. Die Bestellintervalle bzw. der Meldebestand orientieren sich dabei an verschiedenen Rahmenbedingungen. So erlaubt der Zulieferer bspw. nur Bestellungen zu bestimmten Zeitpunkten, oder der Abnehmer verfügt über keine kontinuierliche Bestandsüberwachung durch geeignete EDV-Systeme (bspw. bei sehr kleinen Unternehmen). Liegen (wie in dem Modell von Lee/Padmanabhan/Whang) weder derartige Beschränkungen noch bestellfixe Kosten vor, ist eine t,S-Politik mit möglichst kleinen Bestellintervallen kostenoptimal, da so die Unsicherheit und damit das Risiko, die Kundennachfrage nicht bedienen zu können, minimal ist.[231] Da es sich um ein diskretes Modell handelt, wird t=1 gesetzt. In jeder Periode füllt der Abnehmer sein Lager auf den wirtschaftlichen Lagerbestand auf.

3.1.2.2.3   *Festlegung des wirtschaftlichen Lagerbestands*

Eines der wohl am meisten diskutierten Grundprobleme der Logistik ist die Festlegung des wirtschaftlichen Lagerbestandes eines Abnehmers im Rahmen einer t,S-Bestellpolitik unter verschiedenen Nebenbedingungen. Unter den vorliegenden Annahmen ist im Wesentlichen das Grundmodell des Newsvendor-Problems[232] anwendbar. Dieses Problem skizziert anschaulich den Entscheidungsfindungsprozess eines Zeitungsverkäufers, der sich vor Ladenöffnung entscheiden muss, wie viele Zeitungen S er bei seinem Lieferanten beschafft, ohne zu wissen, wie groß die Nachfrage D am aktuellen Tag sein wird. Er kennt aufgrund seiner Erfahrung nur den Mittelwert der Nachfrage $\mu(D)$ und die Standardabweichung $\sigma(\varepsilon)$. Q stellt im Folgenden die Verteilungsfunktion und

---

[231]   Andere Arbeiten untersuchen den Bullwhip-Effekt unter ähnlichen Annahmen bei einer (s,S)-Bestellpolitik (Kelle, Milne (1999)).

[232]   Vgl. Petruzzi, Dada (1999); Arnold et al. (2008), S. 22.

q die Dichtefunktion dieser stochastischen Nachfrage dar. Preise und Kostensätze sind so gewählt, dass der Zeitungsverkäufer mit jeder verkauften Zeitung einen Erlös erzielt. Dieser beruht auf einem Verkaufspreis, der über dem Einkaufspreis der Zeitung liegt, und darauf, dass er nicht verkaufte Zeitungen mit einem Verlust c_o entweder an den Lieferanten zurückgeben kann oder diese auf eigene Kosten entsorgen muss. Bestellt er morgens weniger Zeitungen, als er an dem Tag verkaufen kann, entgehen ihm tagsüber Einnahmen i. H. v. c_u je Zeitung, da er die möglichen Verkaufserlöse nicht realisieren kann. Als Zielfunktion für den Zeitungsverkäufer gilt entweder den Gewinn zu maximieren oder die Kosten zu minimieren.[233] Diese Grundkonzeption wird hier am Beispiel der Kostenminimierung skizziert. Die entscheidungsrelevanten Kosten des Newsvendor-Modells sind zum einen die Entsorgungskosten bei einer zu hohen Bestellmenge und zum anderen die entgangenen Einnahmen bei einer zu geringen Bestellmenge. Sie lassen sich darstellen als:

$$(3.20) \quad K(D;S) = c_o \max(S - D; 0) + c_u \max(D - S; 0)$$

Der Erwartungswert der Kosten beträgt aufgrund der stochastischen Nachfrage:[234]

$$(3.21) \quad E[K(D;S)] = c_o \int_0^S (S - D) q(D) \, dD + c_u \int_S^\infty (D - S) q(D) \, dD$$

Zur Errechnung der minimalen Kosten wird zunächst die Ableitung nach S gebildet:

$$(3.22) \quad \frac{dE[K(D;S)]}{dS} = c_o Q(S) - c_u (1 - Q(S))$$

Setzt man die Ableitung nun gleich null und löst sie nach S auf, erhält man das Kostenminimum.[235]

---

[233] Vgl. Khouja (1999), S. 537; Petruzzi, Dada (1999), S. 183.
[234] Ähnlich in Khouja (1999), S. 538.

$$(3.23) \quad S^* = Q^{-1}\left(\frac{c_u}{c_u + c_o}\right)$$

Gleichung (3.23) zeigt also, dass es für den Zeitungsverkäufer kosten-minimal ist, stets einen festen Anteil der zu erwartenden Nachfragemen-ge vorrätig zu halten.[236] Dieser Anteil hängt von den Verteilungsparame-tern der Nachfrage sowie von den relevanten Kostensätzen ab.

Überträgt man die Entscheidung des Zeitungsverkäufers auf das hier diskutierte Modell, ist festzustellen, dass der Abnehmer eine komplexe-re, aber dennoch vergleichbare Entscheidung zu treffen hat: Zu Beginn einer Periode hat er zu entscheiden, welche Menge er beim Zulieferer bestellt. Da die bestellte Menge des Produkts jedoch erst nach v Perioden geliefert wird, muss er die statistische Verteilung der Nachfrage in diesem Zeitraum berücksichtigen. Weiterhin hat er zu beachten, ob die Lieferung einer in der Vergangenheit liegenden Bestellung noch aussteht. Die anfallenden Kosten entsprechen der Darstellung im Newsvendor-Problem: Die Menge, die in der aktuellen Periode nicht verkauft wird, verursacht am Ende Lagerkosten. Kann der Abnehmer jedoch nicht die Nachfrage bedienen, fallen für ihn Fehlmengenkosten an.

Der wirtschaftliche Lagerbestand S_t^* lässt sich in diesem Fall entspre-chend des Modells von Lee/Padmanabhan/Whang mithilfe einer dyna-mischen Optimierung ermitteln. Heyman/Sobel kommen hier nach einer Reihe mathematischer Transformationen zu dem Ergebnis, dass es auch in diesem Modell kostenminimal ist, stets eine Lagermenge in Höhe eines festen Anteils der prognostizierten Nachfrage in der Wieder-beschaffungszeit vorzuhalten.[237] Dieser Anteil entspricht einem festen Quotienten der Kostensätze:

---

[235] Vgl. Dana, JR., Petruzzi (2001), S. 1492.
[236] Das Maximum des Gewinns liegt an der gleichen Stelle. Vgl. Arnold et al. (2008), S. 22.
[237] Vgl. Heyman, Sobel (1984), S. 75ff.

(3.24) $Q_{v+1}\left(S_t^*\right) = \dfrac{p_k}{h_k + p_k}$

Q_{v+1} bezeichnet in dieser Gleichung die Verteilungsfunktion der prognostizierten Nachfrage in der Wiederbeschaffungszeit.

Bildet man nun die Umkehrfunktion, so erhält man den Lagerbestand, der vorgehalten werden muss, um die erwartete Nachfrage in der

Wiederbeschaffungszeit mit der Wahrscheinlichkeit $\dfrac{p_k}{h_k + p_k}$ zu bedienen:

(3.25) $S_t^* = Q_{v+1}^{-1}\left(\dfrac{p_k}{h_k + p_k}\right)$

Diese Gleichung lässt sich nun so transformieren, dass der wirtschaftliche Lagerbestand in Abhängigkeit von der (umgekehrten) Standardnormalverteilung Φ und dem Mittelwert sowie der Standardabweichung der Nachfrage in der Wiederbeschaffungszeit ausgedrückt wird.[238]

(3.26) $S_t^* = \mu\left(D_{v+1}\right) + \sigma\left(D_{v+1}\right)\Phi^{-1}\left(\dfrac{p_k}{h_k + p_k}\right)$

An dieser Stelle ist auf die unterschiedlichen Ansätze zur Ermittlung von $\mu(D)$ und $\sigma(D)$ hinzuweisen. Chen et al. formulieren S_t^* in Abhängigkeit der geschätzten Parameter μ und σ.[239] Sie gehen hierbei strikt davon aus, dass sowohl die Parameter der Nachfrage als auch die Verteilung der Nachfrage dem Abnehmer nicht bekannt sind und entwickeln daher Schätzmethoden für μ und σ. Der Abnehmer weiß in diesem Modell also nicht, dass es sich um einen AR-Prozess handelt.

Im Gegensatz dazu nehmen Lee/Padmanabhan/Whang an, dass dem Abnehmer bekannt ist, dass es sich bei der Nachfrage um eine AR-

---

[238]   Vgl. Arnold et al. (2008), S. 23; Luderer et al. (1999), S. 120.
[239]   Vgl. Chen et al. (2000b), S. 437.

verteilte Zeitreihe mit bekannten Parametern ρ und $\sigma(\varepsilon)$ handelt[240] und prognostizieren dementsprechend die Parameter der Nachfrage in der Wiederbeschaffungszeit mithilfe dieser Information. Der Mittelwert eines AR-Prozesses für einen bestimmten Zeitraum ermittelt sich dabei als:

$$(3.27) \quad \mu\left(D_{\nu+1}\right) = \frac{1}{\nu+1}\sum_{m=1}^{\nu+1} D_m$$

Setzt man nun Gleichung (3.2) rekursiv in Gleichung (3.27) ein und löst die Summe als geometrische Folge[241] auf, erhält man:[242]

$$(3.28) \quad \mu\left(D_{\nu+1}\right) = d\sum_{m=1}^{\nu+1}\frac{1-\rho^m}{1-\rho} + \frac{\rho\left(1-\rho^{\nu+1}\right)}{1-\rho}D_{t-1}$$

Die Standardabweichung eines AR-Prozesses lässt sich analog dazu errechnen als:[243]

$$(3.29) \quad \sigma\left(D_{\nu+1}\right) = \sigma\left(\varepsilon\right)\sqrt{\sum_{m=1}^{\nu+1}\sum_{i=1}^{m}\rho^{2(m-i)}}$$

Setzt man nun die Gleichungen (3.28) und (3.29) in Gleichung (3.26) ein so erhält man den wirtschaftlichen Lagerbestand in Abhängigkeit von den Parametern des AR-Prozesses:

$$(3.30 \quad \begin{aligned} S_{k,t}^{*} &= d\sum_{m=1}^{\nu+1}\frac{1-\rho^m}{1-\rho} + \frac{\rho\left(1-\rho^{\nu+1}\right)}{1-\rho}BE_{k;t-1} + \\ &\quad \Phi^{-1}\left(\frac{p_k}{h_k+p_k}\right)\sigma\left(\varepsilon\right)\sqrt{\sum_{m=1}^{\nu+1}\sum_{i=1}^{m}\rho^{2(m-i)}} \end{aligned}$$

Gleichung (3.30) zeigt, dass S_t^* nicht nur von verschiedenen langfristig (relativ) konstanten Parametern, sondern auch von der Nachfrage der

---

[240] Vgl. Abschnitt 3.1.1.3.
[241] Vgl. bspw. Göhler, Ralle (2007), S. 32.
[242] Vgl. Lee et al. (1997), S. 550.
[243] Vgl. Schlittgen, Streitberg (2001), S. 46.

letzten Periode D_{t-1} abhängt. Daran ist erkennbar, dass in diesem Modell der wirtschaftliche Lagerbestand nicht konstant ist, sondern S_t^* in jeder Periode der aktuellen Nachfrage bzw. der daraus errechneten Prognose der Nachfrage in der Wiederbeschaffungszeit (vgl. Gleichung (3.25)) angepasst wird.

3.1.2.2.4 *Festlegung der Bestellmenge*

Auf Basis dieser Berechnungen wird die Bestellmenge als Differenz aus dem wirtschaftlichen Lagerbestand (vgl. Gleichung (3.30)) und dem tatsächlichen Lagerbestand errechnet. Der tatsächliche Lagerbestand umfasst dabei nicht nur den physischen Lagerbestand, sondern auch den Unterwegsbestand, also die Waren, die bereits bestellt wurden, jedoch noch nicht eingetroffen sind. Um negative Bestellmengen, die Stornierungen bedeuten, auszuschließen, wird außerdem eine Nichtnegativitätsbedingung formuliert.

$$(3.31) \quad BA_{k;t} = \max\left(S_{k;t}^* - \left(L_{k;t} + UB_{k;t} \right); 0 \right) \text{für } k = 1, 2$$

Der Abnehmer kann unter dieser Maßgabe seine Bestellmenge also stets in vollem Umfang flexibel wählen und geht seinerseits keinerlei Verpflichtungen ein.[244] Nahezu alle Schwankungen der Endkundennachfrage können daher an den Zulieferer weitergegeben werden. Lediglich das Risiko von großen Schwankungen der Nachfrage in der Wiederbeschaffungszeit verbleibt beim Abnehmer. Aufgrund dessen geht dieses Modell weiterhin davon aus, dass der Zulieferer einen relativ hohen Stückpreis fordern wird, den der Abnehmer aber in Anbetracht seiner Flexibilität bzw. des übertragenen Risikos zu zahlen bereit sein wird.

---

[244] Vgl. Abschnitt 2.4.3.3.

3.2 Grundmodell: Erweiterung des Modells von Lee/Padmanabhan/Whang um eine dritte Stufe

3.2.1 Aufbau

Als Grundmodell wird eine Supply Chain betrachtet, die aus Einzelhändler EH, Großhändler GH und Hersteller HE besteht.[245] Es handelt sich also um eine Erweiterung des Modells von Lee/Padmanabhan/Whang.[246] In deren Arbeit wird lediglich eine zweistufige Zulieferer-Abnehmer-Beziehung betrachtet. Auf der Basis dieses dreistufigen Aufbaus kann nun untersucht werden, wie sich Änderungen auf einer Stufe der Supply Chain auf weiter entfernte Unternehmen auswirken. Darüber hinaus erlaubt eine dreistufige Supply Chain Aussagen darüber, wie sich eine Maßnahme, die zunächst nur auf einer Stufe (bzw. in der Zusammenarbeit zweier benachbarter Stufen) vorgenommen wird, auf die gesamte Supply Chain auswirkt.

Abbildung 3.4 zeigt den grundsätzlichen Aufbau dieser dreistufigen Supply Chain mit ihren Material- und Informationsflüssen in schematischer Darstellung.[247] Die einzige Information, die von Unternehmen zu Unternehmen weitergegeben wird, ist – wie im Grundmodell oben erläutert – die Bestellmenge.[248] Der Informationsfluss verläuft hier einseitig vom Abnehmer zum Zulieferer, da die Unternehmen keine Informationen an ihre jeweiligen Abnehmer weitergeben. Der Endkunde, der in dieser Abbildung als Abnehmer des Einzelhändlers aufgeführt ist, wird nicht als Mitglied der Supply Chain betrachtet.

---

[245] Von nun an gilt für den Unternehmensindex: Hersteller k=0, Großhändler k=1, Einzelhändler k=2, Kunde k=K.
[246] Vgl. Lee et al. (1997), S. 549ff.
[247] Vgl. z. B. Zäpfel, Wasner (1999), S. 298.
[248] Vgl. Abschnitt 3.1.1.3.

Die Erweiterung um eine dritte Stufe erfordert einige weitere Modifikationen des Modells. Die Überlegungen aus Abschnitt 3.1 könnten prinzipiell für den Einzelhändler übernommen werden. Er stellt den Abnehmer des Großhändlers dar. In der dreistufigen Betrachtung ist es nun jedoch notwendig, die Handlungsoptionen von Großhändler und Hersteller detailliert zu beschreiben. Der Großhändler agiert in diesem Modell analog zum Einzelhändler. Auch er bedient eine Nachfrage mit den Produkten aus seinem Lagerbestand und führt Ersatzbestellungen beim Hersteller durch. Im bilateralen Verhältnis zwischen Großhändler und Hersteller stellt er also den Abnehmer dar, der mit wenigen Ausnahmen entsprechend den in Abschnitt 3.1.1 erläuterten Annahmen handelt.

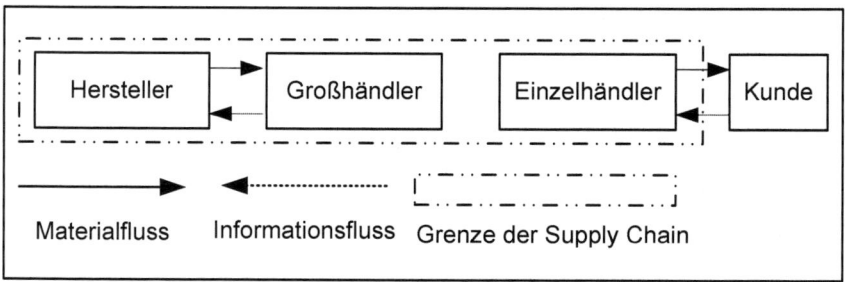

Abbildung 3.4: Modell einer dreistufigen Supply Chain

Während Einzelhändler und Großhändler das Produkt von ihren jeweiligen Zulieferern beziehen, produziert der Hersteller das Produkt aus Rohstoffen. Es wird angenommen, dass hier keinerlei Kapazitätsbeschränkungen oder anderen zu beachtenden Restriktionen zu beachten sind. Diese Produktion unterliegt allerdings den gleichen Annahmen wie der Bestellprozess bei Einzelhändler und Großhändler. Die jeweilige Produktionsmenge PA kann daher mit dem gleichen Verfahren errechnet werden wie die Bestellmenge (vgl. Gleichungen (3.30) und (3.31)). Es ergeben sich lediglich einige wenige Modifikationen in der Notation.

Ein Produktionsauftrag geht nach Ablauf der Produktionsdauer t_P in das Lager beim Hersteller ein und steht dann zur Auslieferung an den

Großhändler zur Verfügung. Analog zu Gleichung (3.6) gilt daher für den Hersteller:

$$(3.32) \quad LE_{0;t} = PA_{0;t-t_P}$$

Die Wiederbeschaffungszeit des Herstellers entspricht lediglich der Produktionsverzögerung.

$$(3.33) \quad v = t_P \quad \text{für } k = 0$$

Dieser Unterwegsbestand (vgl. Gleichung (3.11)) entspricht dem Bestand an Material, das sich zu einem Zeitpunkt in der Produktion befindet. Hier kann keine Unterteilung in die einzelnen Komponenten vorgenommen werden und es gilt lediglich:

$$(3.34) \quad MIP_{0;t} = MIP_{0;0} + \sum_{0}^{t} \left(PA_{0;t} - LE_{0;t} \right)$$

Analog zum Bestellausgang von Einzelhändler und Großhändler[249] gilt für den Produktionsauftrag PA des Herstellers:

$$(3.35) \quad PA_t = \max \left(S_t^* - \left(L_t + MIP_t \right), 0 \right)$$

Der wirtschaftliche Lagerbestand S_t^* errechnet sich entsprechend Gleichung (3.30).

3.2.2   Verwendete Prognoseverfahren

Lee/Padmanabhan/Whang nehmen in ihrem zweistufigen Modell an, dass dem Abnehmer die Parameter ρ, $\sigma(\varepsilon)$ und d der autoregressiven Endkundennachfrage bekannt sind, denn der Abnehmer verwendet diese Parameter bei der Berechnung des wirtschaftlichen Lagerbestan-

---

[249] Vgl. Gleichung (3.31).

des, ohne sie vorher in irgendeiner Weise zu ermitteln bzw. zu prognostizieren[250] (vgl. auch Gleichung (3.30)).

Im dreistufigen Modell wäre dies beim Einzelhändler zunächst einmal
weiterhin möglich. Betrachtet man jedoch den Bedarf von Großhändler
und Hersteller (also die Bestellausgänge von Einzelhändler und Großhändler, vgl. Gleichung (3.7)), wird deutlich, dass die Parameter dieser
Zeitreihen nicht ohne Weiteres aus dem oben dargestellten Gleichungssystem (vgl. insbesondere Gleichung (3.30) ermittelt werden können.
Aus diesem Grund ist es zumindest für Großhändler und Hersteller
notwendig, ein Verfahren zu entwickeln, mit dem die Unternehmen die
relevanten Parameter prognostizieren können. Um alle Unternehmen in
der vorliegenden Supply Chain unter den gleichen Annahmen zu
betrachten, wird auch für den Einzelhändler eine Prognose der Parameter vorgenommen. Dieses Verfahren erscheint zudem näher an der
unternehmerischen Praxis, da die Informationen über die Parameter der
zukünftigen Nachfrage Unternehmen naturgemäß nicht zur Verfügung
stehen. Andere Autoren tragen diesem Umstand Rechnung und nehmen
in ihren zweistufigen Modellen an, dass die Unternehmen keinerlei
Informationen über die Verteilung der Nachfrage bzw. deren Parameter
haben.[251]

In dem vorliegenden dreistufigen Modell werden die Parameter, aus
denen sich die Nachfrage in der Wiederbeschaffungszeit ergibt (Gleichungen (3.28) und (3.29)) unter der Annahme prognostiziert, dass es
sich um eine autokorrelierte Nachfrage ohne Trend oder andere Einflüsse handelt. Weiterhin wird angenommen, dass die Unternehmen diese
Verteilung (nicht jedoch ihre Parameter) aufgrund der Nachfrage in der
Vergangenheit kennen. Die in Gleichung (3.30) verwendeten Parameter
der Nachfrage ρ, $\sigma(\varepsilon)$ und d bezeichnen also die aus der Nachfragehis-
torie geschätzten Parameter. Die Prognoseverfahren, die von allen

---

[250]   Vgl. Lee et al. (1997), S. 550.
[251]   Vgl. Chen et al. (2000b), S. 437; Chen et al. (2000a), S. 270.

Unternehmen genutzt werden, werden im Folgenden am Beispiel des Einzelhändlers detailliert erläutert.

Der Einzelhändler prognostiziert zunächst den Mittelwert der Nachfrage μ(BE), um ausgehend davon später die Autokorrelation zu ermitteln. Dazu bildet er das arithmetische Mittel der eingehenden Bestellungen in der Vergangenheit:

$$(3.36) \quad \mu(BE) = \frac{1}{t}\sum_{i=1}^{t} BE_i$$

Abhängig davon lässt sich der Autokorrelationskoeffizient ρ der Bestelleingänge prognostizieren. Dazu wird die Yule-Walker-Schätzung[252] herangezogen. Hierbei handelt es sich um eine Schätzmethode, die zur Bestimmung der Koeffizienten jedes autoregressiven Prozesses herangezogen werden kann. Bei der Verwendung dieser Methode gibt es keine Einschränkungen oder restriktiven Annahmen. [253] Die Gleichung, die auch für autoregressive Prozesse höherer Ordnung genutzt werden kann, wurde bereits auf den Fall eines AR-Prozesses erster Ordnung angepasst. Der Autokorrelationskoeffizient errechnet sich als:[254]

$$(3.37) \quad \rho = \frac{\sum_{i=1}^{t}\left(BE_i - \mu(BE)\right)\left(BE_{i-1} - \mu(BE)\right)}{\sum_{i=1}^{t}\left(BE_i - \mu(BE)\right)^2}$$

Der Summand d des autoregressiven Prozesses lässt sich aus ρ und μ errechnen, indem man in Gleichung (3.2) $\varepsilon = 0$ und $\mu(BE) = D_t = D_{t-1}$ setzt.

---

[252] Vgl. Schlittgen, Streitberg (2001), S. 254; Shumway, Stoffer (2006), S. 122ff.
[253] Vgl. Schlittgen, Streitberg (2001), S. 254; Luderer et al. (1999), S. 123.
[254] Vgl. Schlittgen, Streitberg (2001), S. 254.

$$D_t = \rho D_{t-1} + d + \varepsilon_t$$

$$\mu(BE) = \rho\mu(BE) + d$$

(3.38)

$$d = \mu(BE) - \rho\mu(BE)$$

$$d = \mu(BE) \cdot (1 - \rho)$$

Abschließend ist die Standardabweichung σ des Zufallsterms zu bestimmen. Der Zufallsterm ε errechnet sich in jeder Periode als Abweichung des tatsächlichen Bestelleingangs von der Schätzung der Vorperiode.

(3.39) $$\varepsilon_t = BE_t - (d + \rho BE_{t-1})$$

Die Standardabweichung einer beliebigen Zufallsvariable X errechnet sich als Wurzel aus der durchschnittlichen quadratischen Abweichung der einzelnen Ausprägungen von X vom Mittelwert der Variable X.

$$\sigma(X) = \sqrt{\frac{1}{n}\sum_{i=1}^{n}\left[X_i - \mu(X)\right]^2}$$

(3.40)

$$= \sqrt{\frac{1}{n}\sum_{i=1}^{n}X_i^2 - \mu(X)^2}$$

Setzt man nun Gleichung (3.39) als X in Gleichung (3.40) und setzt man weiterhin $\mu(\varepsilon) = 0$ so erhält man: [255]

(3.41) $$\sigma(\varepsilon) = \sqrt{\frac{1}{t}\sum_{i=1}^{t}\left[\left(BE_i - (d + \rho BE_{i-1})\right)\right]^2}$$

Mit diesen Gleichungen prognostiziert der Einzelhändler die benötigten Parameter zu jedem Zeitpunkt mit den ihm zur Verfügung stehenden Informationen neu. Um den Komplexitätsgrad der Darstellung verständlich zu halten, wird in dieser Arbeit auf die Verwendung des Zeitindexes t

---

[255] Vgl. Abschnitt 3.1.1.2.

und des Unternehmensindexes k bei der Verwendung der Parameter verzichtet. Es ist allerdings darauf hinzuweisen, dass die Schätzung der Parameter sich im Zeitverlauf durchaus ändern kann und von jedem Unternehmen individuell für die eigene Nachfrage durchgeführt wird.

3.2.3   Zwischenfazit

Die Literatur zeigt, dass bei einer Lieferverpflichtung des Zulieferers (ohne Abnahmeverpflichtung des Abnehmers) im Zusammenhang mit einer autokorrelierten Endkundennachfrage ein Bullwhip-Effekt auftritt, da der Abnehmer jede beliebige Menge bestellen (große Mengenflexibilität) und daher einen Großteil des Risikos auf den Zulieferer übertragen kann.[256] Der Abnehmer hat keine Möglichkeit, diese Bestellungen zurückzuweisen.[257] Lediglich das Risiko, dass die Endkundennachfrage in der Wiederbeschaffungszeit stark schwankt und somit die bestellte Menge des Produkts zu spät eintrifft, um die Nachfrage zu bedienen, verbleibt beim Einzelhändler.

Im vorliegenden Modell ist zu erwarten, dass auf jeder der drei betrachteten Stufen ein Bullwhip-Effekt auftritt.[258] Dies wird zu hohen Lager- und Fehlmengenkosten bei Großhändler und Hersteller führen, da diese Unternehmen aufgrund der Schwankungen in ihrer jeweiligen Nachfrage einen großen Sicherheitsbestand vorhalten werden. Da der Bullwhip-Effekt mit steigender Entfernung zum Endkunden zunimmt, werden die Produktionsmengen des Herstellers besonders deutlich von der durch die Endkundennachfrage determinierten Menge abweichen.

---

[256]   Vgl. Abschnitt 2.3.4.3.
[257]   Vgl. Abschnitt 2.4.3.3.2.
[258]   Vgl. Abschnitt 2.3.4.3.

3.3   Modell mit Mindestmengenvereinbarung

Um das Potenzial von vertraglichen Regelungen zur Koordination von Supply Chains zu untersuchen, wird dem eben erläuterten dreistufigen Grundmodell nun ein Modell gegenübergestellt, in dem zwei der drei Unternehmen in der Supply Chain (also Einzelhändler und Großhändler bzw. Großhändler und Hersteller) eine Mindestmengenvereinbarung schließen.

Aufgrund der Mengenflexibilität des Abnehmers[259] gibt er im Grundmodell die stark schwankende Nachfrage an den Zulieferer weiter, was sich für diesen als monetären Nachteil darstellt. Seine Motivation für den Abschluss einer Mindestmengenvereinbarung besteht also darin, dass die Schwankungen der Nachfrage geringer ausfallen, da die Mengenflexibilität des Abnehmers sinkt und er im Gegensatz zum Grundmodell nicht mehr jede beliebige Menge bestellen kann. Abbildung 3.5 zeigt schematisch, wie die Mindestmengenvereinbarung die Schwankung der Bestellausgänge begrenzt. Liegt (wie in dem Beispiel der Abbildung) die wirtschaftliche Bestellmenge unterhalb der Mindestmenge, muss der Abnehmer eine größere Menge des Produkts bestellen.[260] Sein Lagerbestand liegt dann infolgedessen über dem wirtschaftlichen Lagerbestand und es tritt eine zusätzliche Glättung auf, da der Bestellausgang in den folgenden Perioden (wenn die Nachfrage wieder oberhalb der Mindestmenge liegt) durch diesen zu hohen Bestand geringer ausfallen wird als ohne Mindestmengenvereinbarung.

Die Arbeit von Bassok/Anupindi[261] bietet einen guten Ansatzpunkt zur Modellierung dieser Mindestmengenvereinbarung. Um die Fragestellung der hier vorliegenden Arbeit beantworten zu können, werden jedoch einige Änderungen im Vergleich zu den in der Literatur untersuchten Modellen vorgenommen. Bassok/Anupindi modellieren hinsichtlich der Mengenbindung eine Mindestmengenvereinbarung, die nur einmalig für

---

[259] Vgl. Abschnitt 3.1.1.6.3.
[260] Diese Vereinbarung beinhaltet auch, dass auf jeden Fall eine Bestellung getätigt werden muss. Eine Losbildung seitens des Einzelhändlers ist damit nicht möglich.
[261] Vgl. Bassok, Anupindi (1997).

einen unbestimmten Zeitraum getroffen wird, eine Anpassung der Mindestmenge an die Entwicklung der Nachfrage ist in ihrem Modell nicht vorgesehen.[262] Es handelt sich somit um ein rein operatives Modell, in dem taktische Überlegungen zur Höhe der Mindestmenge und zur Preisreduktion vernachlässigt werden.

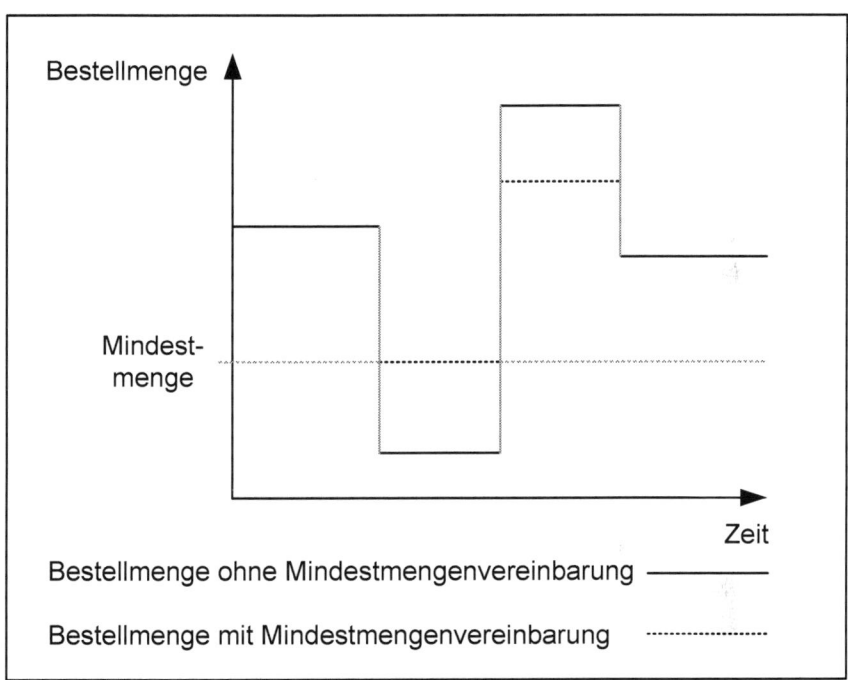

Abbildung 3.5: Schematische Wirkung der Mindestmengenvereinbarung

Weiterhin formulieren Bassok/Anupindi ihr Modell unabhängig von der zugrunde liegenden Nachfrageverteilung. Sie führen lediglich einige Beispielrechnungen mit einer normalverteilten Nachfrage durch. Überlegungen zur Wirkungsweise einer Mindestmengenvereinbarung im Falle eines AR-Prozesses stellen die Autoren nicht an. Außerdem bleibt eine Diskussion über die Auswirkungen von Mindestmengenvereinbarungen auf den Bullwhip-Effekt gänzlich aus.

---

[262] Vgl. Bassok, Anupindi (1997).

Schließlich ist anzumerken, dass im Modell von Bassok/Anupindi nicht alle Flexibilitätsmaße[263] untersucht werden. Eine Mindestmengenverein-barung determiniert die Flexibilität der Unternehmen im Hinblick auf die Mengenflexibilität und die Bindungsdauer. Bassok/Anupindi vernachläs-sigen letztere jedoch vollständig.

3.3.1   Ergänzende Modellannahmen

Zur weiteren Ausgestaltung des Modells einer dreistufigen Supply Chain müssen die Annahmen aus den Abschnitten 3.1.1, 3.2.1 und 3.2.2 modifiziert und erweitert werden. Die Annahme aus Abschnitt 3.1.1.6.3, dass der Abnehmer jede erdenkliche Menge bestellen kann, wird in diesem Modell durch die Annahme ersetzt, dass der Abnehmer in jeder Periode eine bestimmte Mindestmenge bestellen muss, während alle anderen Annahmen bestehen bleiben. Weiterhin ist der Abnehmer gezwungen, in jeder Periode eine Bestellung aufzugeben. Die weiteren Details dieser Annahme werden in den folgenden Abschnitten detailliert ausgeführt.

3.3.1.1   Beteiligte Unternehmen

In der dreistufigen Supply Chain kann eine Mindestmenge an den beiden Schnittstellen zwischen den beteiligten Unternehmen vereinbart werden. Diese Schnittstellen mit den dortigen Möglichkeiten einer vertraglichen Bindung werden im Folgenden als Konstellationen bezeichnet. In der Konstellation 1 vereinbaren Einzelhändler und Großhändler eine Mindestmenge, und die vollständige Flexibilität bzgl. der Wahl der Bestellmenge aus dem Grundmodell bleibt für den Großhändler beste-hen. In der Konstellation 2 vereinbaren Großhändler und Hersteller eine Mindestmenge, sodass der Einzelhändler weiterhin seine Bestellmenge

---

[263]   Vgl. Abschnitt 2.4.4.

frei wählen kann. Abbildung 3.6 stellt die Konstellationen dem Grundmodell gegenüber.

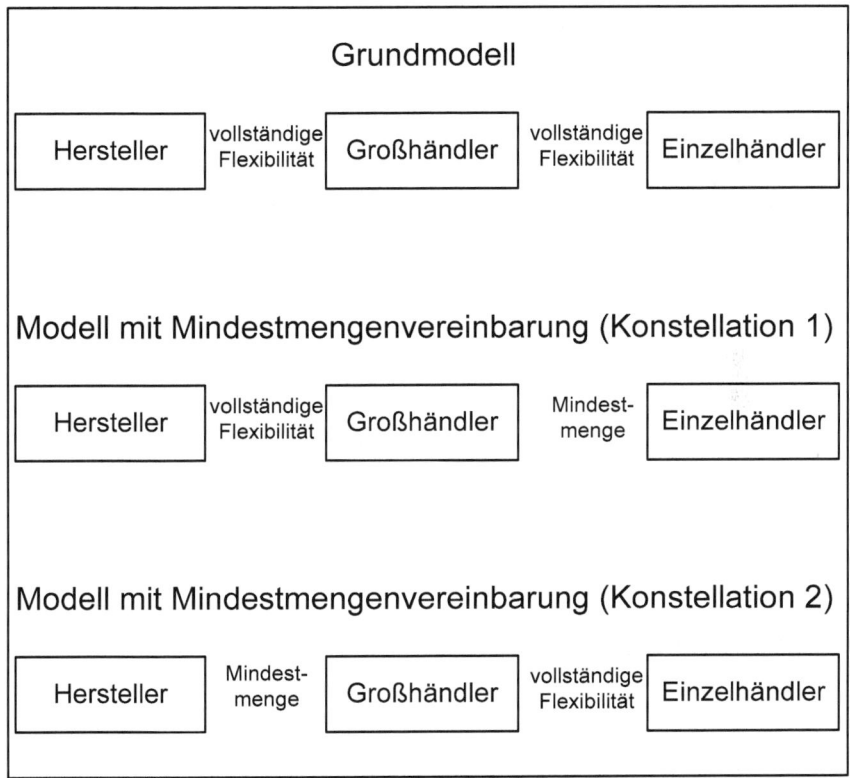

Abbildung 3.6: Vergleich der zu untersuchenden Konstellationen

Anhand von Konstellation 1 ist es möglich, neben den Auswirkungen auf die direkt an der Mindestmengenvereinbarung beteiligten Unternehmen auch jene Auswirkungen zu untersuchen, die die Regelung auf vorgelagerte Zulieferer (hier: der Hersteller) hat. Da diese die Folgen des Bullwhip-Effekts weitaus stärker spüren,[264] ist zu erwarten, dass sich auch dort – evtl. sogar höhere – Einsparpotenziale erreichen lassen.

---

[264] Vgl. Lee et al. (1997).

In Konstellation 2 kann untersucht werden, ob die Einsparpotenziale geringer ausfallen, da lediglich die bereits verzerrte Nachfrage des Großhändlers geglättet wird und sich dieser selbst einer unverändert stark schwankenden und schwer zu prognostizierenden Nachfrage gegenübersieht.

Da im Rahmen der Auswertung der hier erläuterten Modelle beide Konstellationen untersucht werden, werden hier nur noch die Begriffe Zulieferer und Abnehmer verwendet, da nur die beiden an der modifizierten bilateralen Vertragsbeziehung beteiligten Unternehmen betrachtet werden.

3.3.1.2   Bindungsdauer

Um den Abnehmer nicht über den gesamten Kooperationszeitraum an eine bestimmte Mindestmenge zu binden, wird hier angenommen, dass die Mindestmenge innerhalb bestimmter Abstände anpasst werden kann. Der Abnehmer ist also nur für einen vorher definierten Zeitraum an die Menge gebunden. Die Bindungsdauer ist somit in dem hier modellierten Vertrag ein entscheidendes Flexibilitätsmaß.[265]

3.3.1.3   Errechnung der Mindestmenge aus der Mengenflexibilität

3.3.1.3.1   Abhängigkeit der Mindestmenge vom Bedarf während der Bindungsdauer

In dem Vertrag wird festgelegt, in welcher Höhe die Mindestmenge jeweils zu Beginn einer Bindungsdauer BD in Abhängigkeit von der prognostizierten durchschnittlichen Nachfrage in der Bindungsdauer festgelegt wird. Wird also eine höhere Nachfrage während der Bin-

---

[265] Vgl. Abschnitt 2.4.4.

dungsdauer erwartet, legen Zulieferer und Abnehmer auch eine höhere Mindestmenge fest.[266] Bei einer niedrigen erwarteten Nachfrage fällt auch die Mindestmenge entsprechend niedrig aus. Die langfristige Rahmenvereinbarung enthält also keine feste Mindestmenge wie im Modell von Bassok/Anupindi[267], sondern legt nur einen Anteil fest, um den die Mindestmenge unter der jeweiligen Nachfrageprognose liegt. Dieser Anteil entspricht der oben schon definierten Mengenflexibilität MF, aus der dann bei jeder Neufestlegung die absolute Mindestmenge neu errechnet wird.[268] So hat der Abnehmer unabhängig vom gegenwärtigen Niveau der Nachfrage einen stets gleich bleibenden relativen Variationsspielraum bei der Wahl der Bestellmenge. Die Errechnung der konkreten Mindestmenge stellt keine wiederkehrende Entscheidung der kooperierenden Unternehmen dar, sondern lediglich eine rein mechanistische Anpassung der langfristigen Vereinbarung über eine bestimmte Mengenflexibilität an die aktuell herrschenden Gegebenheiten. Da die Mindestmenge MM zu Beginn der BD festgelegt wird und dann konstant ist, gilt

$$(3.42) \quad MM_{k;t} = \begin{cases} \max\big((1 - MF) \cdot E\big(D_{BD}\big)_t, 0\big) & \text{für } BD_{ver} = 0 \\ MM_{k;t-1} & \text{für } BD_{ver} > 0 \end{cases},$$

wobei $E(D_{BD})_t$ die Prognose des durchschnittlichen Bedarfs in der BD beschreibt und BD_{ver} die bisher davon verstrichene Zeit darstellt. Auf die Berechnung von $E(D_{BD})_t$ wird im nächsten Abschnitt genauer eingegangen. Setzt man MF=1, entspricht das Modell dem Grundmodell, da eine Mindestmenge von null festgelegt wird und der Abnehmer somit die Freiheit hat, jede Bestellmenge aufgeben zu können. Die Zeitflexibilität ändert sich gegenüber dem Grundmodell nicht.

Abbildung 3.7 zeigt den zeitlichen Ablauf in diesem Modell.

---

[266] Auf die konkrete Bedarfsprognose wird unten detailliert eingegangen.
[267] Vgl. Bassok, Anupindi (1997).
[268] Vgl. Abschnitt 2.4.4.

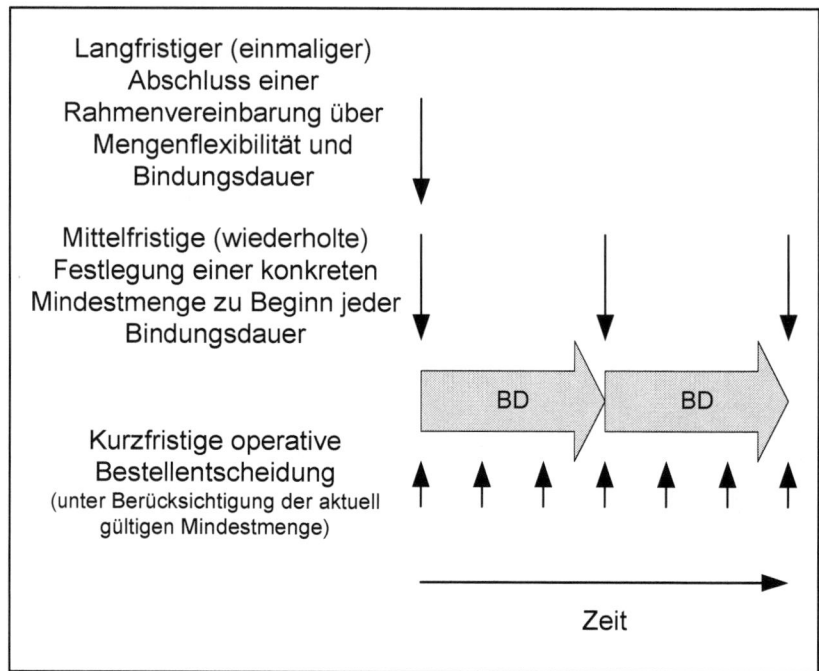

Abbildung 3.7: Zeitlicher Ablauf des Mindestmengenmodells

3.3.1.3.2   Methode zur Prognose des Bedarfs in der Bindungsdauer

Um die Prognose des Bedarfs innerhalb der Bindungsdauer $E(D_{BD})_t$ in Gleichung (3.42) zu ermitteln, wird zum einen bestimmt, welche Menge der Abnehmer (abhängig von seiner Bedarfsprognose (vgl. Gleichung (3.30)) bestellen würde, um seinen Bedarf zu decken. Zum anderen wird ermittelt, inwieweit der aktuelle Lagerbestand bis zum Ende der Bindungsdauer an den wirtschaftlichen Lagerbestand anzupassen ist. Liegt der aktuelle Lagerbestand bspw. über dem wirtschaftlichen Lagerbestand zum Ende der Bindungsdauer, benötigt der Abnehmer insgesamt eine geringere Menge als zur aktuellen Bedarfsdeckung. Diese beiden

Komponenten werden zur besseren Übersichtlichkeit als $D_{BD;1}$ und $D_{BD;2}$ bezeichnet (vgl. Gleichungen (3.45) und (3.46)).

$$(3.43) \quad E\left(D_{BD}\right)_{k;t} = E\left(D_{BD;1}\right)_{k;t} + E\left(D_{BD;2}\right)_{k;t}$$

$D_{BD;1}$ und $D_{BD;2}$ berechnen sich dabei wie folgt: Es entsteht ein Bedarf aus der Nachfrage, die sich anhand des autoregressiven Prozesses prognostizieren lässt.[269] Da für dieses Modell der durchschnittliche Periodenbedarf relevant ist, wird der Gesamtbedarf durch die Bindungsdauer geteilt.

$$(3.44) \quad E\left(D_{BD;1}\right)_t = \frac{1}{BD}\left(E\left(\sum_{i=t}^{t+BD} BE_i\right)\right)$$

Zur Errechnung der Summe aller Nachfragen kann Gleichung (3.2) rekursiv verwendet und als arithmetische Reihe aufgelöst werden. Die Parameter ρ, $\sigma(\varepsilon)$ und d berechnen sich dabei wie oben erläutert.[270]

$$(3.45) \quad E\left(D_{BD;1}\right)_t = \frac{1}{BD}\left(d\sum_{m=1}^{BD+1}\frac{1-\rho^m}{1-\rho} + \frac{\rho\left(1-\rho^{BD+1}\right)}{1-\rho}BE_{k;t-1}\right)$$

Eine zweite Komponente resultiert daraus, dass der aktuelle Lagerbestand zum Zeitpunkt der Festlegung der Mindestmenge oberhalb oder unterhalb des wirtschaftlichen Lagerbestandes am Ende der Bindungsdauer liegen kann. In diesen Fällen entspricht der gesamte Bedarf während der aktuellen Bindungsdauer nicht der kumulierten Nachfrage, sondern muss um die Differenz aus wirtschaftlichem Lagerbestand am Ende der Bindungsdauer und dem aktuellen Lagerbestand korrigiert werden. Der wirtschaftliche Lagerbestand zum Zeitpunkt des Endes der aktuellen Bindungsdauer ist dabei anhand der erwarteten Nachfrage am Ende der aktuellen Bindungsdauer zu prognostizieren. Die Differenz aus dem wirtschaftlichen Lagerbestand zu diesem Zeitpunkt und dem

---

[269] Vgl. Lee et al. (1997).
[270] Vgl. Abschnitt 3.2.2.

aktuellen Bestand (inkl. Unterwegsbestand) bildet die zweite Nachfrage-
komponente. Auch dieser Gesamtbedarf wird durch die Bindungsdauer
geteilt, um die notwendige Anpassung des Bestands pro Periode zu
errechnen.

$$(3.46) \quad E\left(D_{BD;2}\right) = \max\left(0; \frac{1}{BD}\left(S^*_{t+BD} - L_t - UB_t\right)\right)$$

3.3.1.4 Bedarfsprognose des Zulieferers

Der Zulieferer prognostiziert wie im Fall ohne Mindestmengenvereinbarung seinen Bedarf anhand der Vergangenheitsdaten. In der Literatur
liegen keine Untersuchungen vor, die dokumentieren, welche Verteilung
die Bestellungen des Abnehmers bei einer Mindestmengenvereinbarung
und einer autoregressiven Kundennachfrage am genauesten beschreibt.
Die oben beschriebene Schätzung der Parameter ist auch bei einer
standardnormalverteilten Nachfrage zulässig, da ρ in diesem Fall
lediglich null beträgt. Es gibt somit keine Indizien, dass eine andere
Schätzmethode die vorliegende Nachfrage besser prognostiziert als die
näherungsweise Schätzung unter der Annahme eines autoregressiven
Prozesses. Daher prognostiziert der Zulieferer weiterhin unter der
Annahme, dass es sich (näherungsweise) um einen autoregressiven
Prozess erster Ordnung handelt (vgl. Gleichung (3.30)). Die Schätzung
der Parameter ρ und $\sigma(\varepsilon)$ in den Gleichungen (3.37) und (3.41) erfolgt
dabei auf Grundlage der Mengen, die der Einzelhändler ohne Mindest-
mengenvereinbarung bestellt hätte, da die Zeitreihe der tatsächlichen
Bestellungen aufgrund der glättenden Wirkung stark von einem AR-
Prozess abweichen kann.

Da beim Großhändler genau wie im Grundmodell proportional zur
gelagerten Menge Lagerkosten anfallen, sind alle Prämissen zur
Anwendung des wirtschaftlichen Lagerbestandes nach Lee/Padman-

abhan/Whang[271] weiterhin gegeben. Der Großhändler passt seinen Bestand analog zur Darstellung im Grundmodell[272] laufend diesem wirtschaftlichen Lagerbestand an.

3.3.2 Resultierendes Verhalten: Bestellmengenfestlegung

Bassok/Anupindi zeigen, dass der wirtschaftliche Lagerbestand im Falle einer Mindestmengenvereinbarung identisch ist mit dem Fall ohne Mindestmengenvereinbarung.[273] Es kann deshalb auch an dieser Stelle die Berechnung des wirtschaftlichen Lagerbestandes nach Lee/Padmanabhan/Whang[274] verwendet werden, und Gleichung (3.30) stellt weiterhin den wirtschaftlichen Lagerbestand dar. Aufgrund der Mindestbestellmenge ist das Unternehmen jedoch nicht in der Lage, ständig sein Lager dem wirtschaftlichen Lagerbestand anzupassen. Sinkt die Kundennachfrage stark, muss es aufgrund der vereinbarten Mindestbestellmenge einen Lagerbestand aufbauen, der über dem wirtschaftlichen Lagerbestand liegt. Dieser Umstand beeinflusst die Ermittlung des wirtschaftlichen Lagerbestandes jedoch nach Bassok/Anupindi nicht. Für den Bestellausgang gilt daher statt Gleichung (3.31):

$$(3.47) \quad BA_{k;t} = \max\left(S^*_{k;t} - \left(L_{k;t} + UB_{k;t}\right); MM_{k;t}; 0\right)$$

wobei S* anhand Gleichung (3.30) und MM$_{k;t}$ anhand Gleichung (3.42) errechnet wird.

---

[271] Vgl. Lee et al. (1997) und Abschnitt 2.3.4.3.
[272] Vgl. Abschnitt 3.2.
[273] Vgl. Bassok, Anupindi (1997) und Abschnitt 2.4.3.3.1.
[274] Vgl. Lee et al. (1997).

3.3.3   Zwischenfazit

Abbildung 3.8 stellt abschließend die Charakteristika des diskutierten Modells den in der Literatur diskutierten Modellen gegenüber und verdeutlicht, wie das entwickelte Modell die Überlegungen von Lee/Padmanabhan/Whang und Bassok/Anupindi zusammenführt und erweitert. Neben der Verlängerung der Supply Chain um eine dritte Stufe und der Erweiterung des Informationsflusses wurde die autoregressive Nachfrage in das Modell von Bassok/Anupindi eingebunden und es wurde eine Methode entwickelt, um die Mindestmenge an die aktuelle Nachfrage anzupassen.

	Lee/ Padmanabhan/ Whang	Bassok/ Anupindi	Modell dieser Arbeit
Anzahl der Unternehmen	2	2	3
Informations-austausch	Bestellmenge	Bestell-menge	Bestellmenge, Mindestmenge, eigentliche Bestellmenge ohne Mindest-mengen-vereinbarung
Nachfrage-struktur	AR[1]	normal-verteilt	AR[1]
Bedarfs-prognose	$\rho,\sigma(\varepsilon)$ bekannt	Keine Parameter notwendig	$\rho,\sigma(\varepsilon)$ müssen prognostiziert werden
Höhe der Mindestmenge	keine	konstant	adaptiv

Abbildung 3.8: Vergleich der Modelle

Insgesamt wird die Mindestmengenvereinbarung durch zwei Parameter beschrieben: Mengenflexibilität und Bindungsdauer. Beide Parameter senken mit zunehmender Höhe den Bullwhip-Effekt stärker, da beide die Flexibilität des Abnehmers bei der Wahl seiner Bestellmenge einschränken. Da der Bullwhip-Effekt als Kostentreiber identifiziert wurde,[275] ist damit zu rechnen, dass die Kosten der gesamten Supply Chain bei steigenden Parametern sinken.

Mit der Vereinbarung einer begrenzt gültigen Mindestmenge lässt sich das Risiko langfristiger Nachfrageschwankungen für den Abnehmer abfedern, da er sich nicht mehr über einen unbegrenzten Zeitraum bindet. Eine dauerhafte Mindestmenge wie im Modell von Bassok/Anupindi[276] birgt für ihn nicht kalkulierbare Risiken, da aufgrund negativer volkswirtschaftlicher Entwicklungen bspw. der Absatz stark einbrechen kann. Auch die autoregressive Nachfrage kann über längere Zeit ein Niveau unterhalb des Mittelwerts annehmen, sodass durch eine konstante Mindestmenge hohe Kosten für den Abnehmer entstehen. In diesen Fällen wird eine zu einem früheren Zeitpunkt akzeptabel erscheinende dauerhafte Mindestmenge mit großer Wahrscheinlichkeit zu erheblichen wirtschaftlichen Problemen führen, da ständig Produkte beschafft werden, die nicht abgesetzt werden können.

Durch die Festlegung einer gewissen Mengenflexibilität wird zum einen sichergestellt, dass der Abnehmer keine extrem hohen Lagerbestände aufbaut. Zum anderen ist gewährleistet, dass die Varianz der Bestellausgänge des Abnehmers geringer ausfällt als ohne eine Mindestmengenvereinbarung, da er seine Bestellmenge nicht vollständig den kurzfristigen, zufälligen Schwankungen der Nachfrage anpassen kann. Eine Vereinbarung, bei der die Mindestmenge in vorher festgelegten Abständen neu bestimmt wird, erfüllt also das oben erläuterte Ziel, die Varianz der Bestellungen des Einzelhändlers (die größtenteils aus

---

[275] Vgl. Abschnitt 2.3.3.
[276] Vgl. Bassok, Anupindi (1997).

kurzfristigen Anpassungen resultieren) zu mindern, um die Kosten der Supply Chain zu senken.

Abbildung 3.9 veranschaulicht diesen Zusammenhang grafisch. Da das Mindestmengenmodell mit MF=1 dem Grundmodell entspricht, kann in der grafischen Darstellung die obere linke Ecke als Grundmodell begriffen werden. Die Bindungsdauer hat in diesem Fall keine Relevanz. Mit abnehmender Mengenflexibilität bzw. zunehmender Bindungsdauer sinkt nun die Flexibilität des Abnehmers (vgl. Diagonale in der Abbildung).

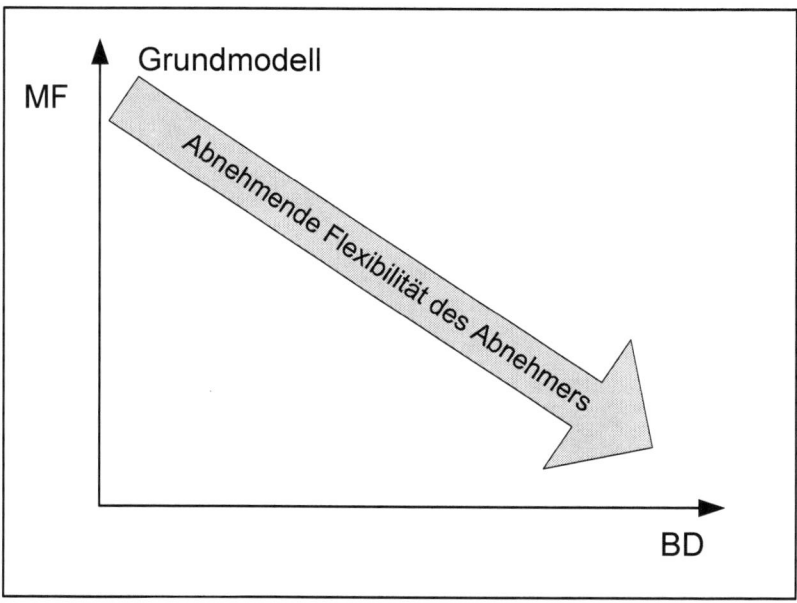

Abbildung 3.9: Zusammenfassung der Parameter der Mindestmengenvereinbarung

3.4   Konkretisierung der Forschungsfrage

Wie bereits in der Einleitung erläutert, ist es das Ziel dieser Arbeit, zu untersuchen, ob und inwieweit Mengenbindungsvereinbarungen in der

Lage sind, in einer dreistufigen Supply Chain den Bullwhip-Effekt und die Kosten zu senken.[277] Es soll also untersucht werden, wie sich die Erfolgskennzahlen bei unterschiedlichen Vertragsparametern und Umwelteinflüssen verhalten.

Es wird vor allem untersucht, welche Vertragsparameter unter welchen Umwelteinflüssen die Erfolgskennzahlen optimieren. Weiterhin wird untersucht, wie sich die Erfolgsparameter in den betrachteten Unternehmen verhalten, die als Hersteller, Zulieferer und Abnehmer jeweils spezifisch determiniert sind. Im Fokus steht das Interesse an der Frage, ob das Vorhandensein der dritten Stufe (Einbezug des Herstellers) die Erfolgskennzahlen der Supply Chain maßgeblich beeinflusst.

3.4.1 Konkretisierung der Erfolgskennzahlen, Vertragsparameter und Umwelteinflüsse

3.4.1.1 Erfolgskennzahlen

Als Erfolgskennzahlen werden zum einen die Kosten analysiert, da eine langfristige Kostenminimierung[278] im Grundlagenteil dieser Arbeit als Ziel der Koordination von Supply Chains dargestellt wurde.[279] Um die Effizienz des Materialflusses zu messen, wird der Bullwhip-Effekt[280] als weitere Kennzahl herangezogen.

3.4.1.2 Vertragsparameter

Die Vertragsparameter wurden oben ausführlich erläutert.[281] Wie dort ausgeführt, sind die wesentlichen Parameter, die die Flexibilität des

---

[277] Vgl. Abschnitt 1.2.
[278] Vgl. auch Beamon (1998), S. 288.
[279] Vgl. Abschnitt 2.3.6.1.
[280] Vgl. Abschnitt 2.3.2.
[281] Vgl. Abschnitt 3.3.

Vertrags determinieren, die Mengenflexibilität des Abnehmers (im Folgenden nur noch als Mengenflexibilität bezeichnet) sowie die Bindungsdauer. Weiterhin ist die Kooperationsstufe, auf der die Mengenbindungsvereinbarung getroffen wurde (oben als Konstellation 1 oder 2 bezeichnet),[282] ein wichtiger Parameter, der den Erfolg des Vertrags wesentlich ausmacht. Im Zentrum der Untersuchung sollen jedoch die beiden Vertragsparameter Mengenflexibilität und Bindungsdauer stehen.

3.4.1.3   Umwelteinflüsse

Folgende Umweltparameter beeinflussen das oben erläuterte Modell:

- Wiederbeschaffungszeiten[283]
- Kostensätze[284]
- Struktur der Endkundennachfrage[285]

Während die Wiederbeschaffungszeiten und die Kostensätze im Modell deterministisch festgelegt sind, ist die Kundennachfrage stochastisch.[286] Die Literaturauswertung zeigt, dass die Parameter der Endkundennachfrage einen signifikanten Einfluss auf den Bullwhip-Effekt und die Kosten der Supply Chain haben.[287] Aus diesen Gründen wird hier nur die Reaktion der modellierten Supply Chain auf verschiedene Endkundennachfrageparameter betrachtet.

3.4.1.4   Zusammenfassung

Die erläuterten Erfolgskennzahlen, Vertragsparameter und Umwelteinflüsse lassen sich in einem morphologischen Kasten zusammenfassend darstellen. Da die beiden Flexibilitätsmaße (in Verbindung mit den Erfolgskennzahlen) von übergeordnetem Interesse und somit in jeder

---

[282] Vgl. Abschnitt 3.3.1.1.
[283] Vgl. Gleichungen (3.6), (3.7), (3.13), (3.32).
[284] Vgl. Gleichungen (3.4), (3.12), (3.15).
[285] Vgl. Gleichung (3.2).
[286] Vgl. Abschnitt 3.1.1.2.
[287] Vgl. Abschnitt 2.3.4.3.

Untersuchung zu berücksichtigen ist, wurde sie zusammen mit den Erfolgskennzahlen in Abbildung 3.10 als primärer Untersuchungsgegenstand bezeichnet und hellgrau unterlegt. Die Konstellation sowie der Umwelteinfluss bilden Komponenten des sekundären Untersuchungsgegenstands. Diese Komponenten werden in den Untersuchungsfragen sukzessive mit beiden Flexibilitätsmaßen kombiniert, um ihren Einfluss zu ermitteln. Dabei tritt jede Komponente des sekundären Untersuchungsgegenstands nur an einer Stelle in der Untersuchung auf.

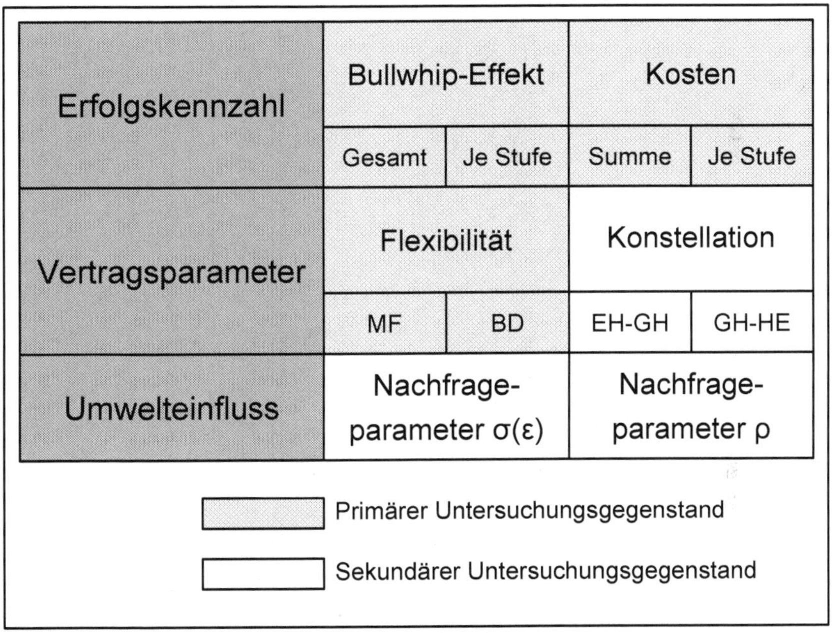

Erfolgskennzahl	Bullwhip-Effekt		Kosten	
	Gesamt	Je Stufe	Summe	Je Stufe
Vertragsparameter	Flexibilität		Konstellation	
	MF	BD	EH-GH	GH-HE
Umwelteinfluss	Nachfrageparameter $\sigma(\varepsilon)$		Nachfrageparameter ρ	

Primärer Untersuchungsgegenstand

Sekundärer Untersuchungsgegenstand

Abbildung 3.10: Parameter und Kennzahlen der Untersuchung

3.4.2   Fragestellungen bzgl. der Vertragsparameter und
         Umwelteinflüsse

Die Fragestellung, die zu Beginn des Abschnitts 3.4 erläutert wurde,
lässt sich ausgehend von den zu untersuchenden Erfolgskennzahlen,
Vertragsparametern und Umwelteinflüssen nun weiter detaillieren.
Zunächst steht der Einfluss der primär zu untersuchenden Parameter
(also der Flexibilität) auf die Erfolgskennzahlen im Fokus. Hier lässt sich
die formulierte Fragestellung an beiden Flexibilitätsmaßen ausrichten
(Fragen 1-2). Außerdem wird der relative Einfluss beider Flexibilitätsparameter zueinander untersucht (Frage 3), da sich diese Interdependenz
stark auf die Flexibilität insgesamt auswirkt. Daraufhin werden die
sekundären Parameter jeweils mit beiden primären Parametern kombiniert und der gemeinsame Einfluss eines primären und eines sekundären Parameters wird untersucht. Auch diese Fragen stellen Detaillierun-
gen der ersten oben erläuterten Frage dar (Fragen 4-9). Abbildung 3.11
fasst die Kombination der Parameter und die resultierenden Forschungsfragen zusammen.

Die detaillierten Fragen 1-9 aus Abbildung 3.11 lassen sich wie folgt
formulieren:

1. Wie verhalten sich Kosten und Bullwhip-Effekt der gesamten
    Supply Chain bei unterschiedlichen Mengenflexibilitäten?
2. Wie verhalten sich Kosten und Bullwhip-Effekt der gesamten
    Supply Chain bei unterschiedlichen Bindungsdauern (und
    fester Mengenflexibilität)?
3. Wie beeinflussen Bindungsdauer und Mengenflexibilität rela-
    tiv zueinander Kosten und Bullwhip-Effekt der gesamten
    Supply Chain?
4. Wie verhalten sich Kosten und Bullwhip-Effekt der gesamten
    Supply Chain bei unterschiedlichen Mengenflexibilitäten in
    den beiden möglichen Konstellationen?

	MF	BD
Keine Kombination	1	2
Kombination MF und BD	3	
Weitere Vertragsparameter — Konstellation	4	5
Umwelteinfluss — Nachfrage-parameter ρ	6	7
Umwelteinfluss — Nachfrage-parameter $\sigma(\varepsilon)$	8	9

Abbildung 3.11: Kombinationen der Parameter und resultierende Fragen

5. Wie verhalten sich Kosten und Bullwhip-Effekt der gesamten Supply Chain bei unterschiedlichen Bindungsdauern in den beiden möglichen Konstellationen?

6. Wie verhalten sich Kosten und Bullwhip-Effekt der gesamten Supply Chain bei unterschiedlichen Autokorrelationskoeffizienten der Nachfrage und unterschiedlichen Mengenflexibilitäten?

7. Wie verhalten sich Kosten und Bullwhip-Effekt der gesamten Supply Chain bei unterschiedlichen Autokorrelationskoeffizienten der Nachfrage und unterschiedlichen Bindungsdauern?

8. Wie verhalten sich Kosten und Bullwhip-Effekt der gesamten Supply Chain bei unterschiedlichen Standardabweichungen des Zufallsterms der Nachfrage und unterschiedlichen Mengenflexibilitäten?

9. Wie verhalten sich Kosten und Bullwhip-Effekt der gesamten Supply Chain bei unterschiedlichen Standardabweichungen des Zufallsterms der Nachfrage und unterschiedlichen Bindungsdauern?

4 Auswahl und Gestaltung der Methode

4.1 Die Methode der Simulation

Ausgehend von den eben formulierten Fragestellungen ist nun eine geeignete Lösungsmethode zu finden.[288] Mathematisch beschriebene Modelle lassen sich prinzipiell analytisch (exakt bzw. approximativ) oder durch Simulation lösen.[289] Die empirische Beobachtung als eigenständige Lösungsmethode, die ursprünglich der analytischen Lösung alternativ gegenüberstand, soll hier nicht weiter betrachtet werden, da sie für die Untersuchung der oben formulierten Modelle nicht infrage kommt.[290]

Aufgrund der revolutionären Entwicklung der Computertechnologie nimmt die Bedeutung von Simulationen in allen Wissenschaften ständig zu.[291] Die Simulationsmethode, die von Forrester[292] erstmals in den 60er Jahren in der Betriebswirtschaftslehre angewendet wurde, gehört daher seit langem zu den am häufigsten genutzten Methoden dieser Wissenschaftsdisziplin.[293]

Der Begriff der Simulation wird dabei ganz unterschiedlich definiert, weshalb in dieser Arbeit nur zwei typische Definitionen exemplarisch diskutiert werden sollen. Die Definition von Alexopoulos „The primary purpose of most simulation studies is the approximation of prescribed systems parameters with the objective of identifying parameter values that optimize some system performance measures."[294] ist bspw. zu weit gefasst, weil auch Näherungsverfahren des Operations Research

---

[288] Vgl. Frank (1999), S. 51.
[289] Vgl. Frank (1999), S. 51; Watson, Blackstone (1989), S. 5; Berends, Romme (1999), S. 578; Zhiang Lin et al. (2007), S. 1232.
[290] Vgl. Zhiang Lin et al. (2007), S. 1230.
[291] Vgl. Küll, Stähly (1999), S. 2; Davis et al. (2007), S. 480.
[292] Forrester (1961).
[293] Vgl. Law (2007), S. 2.
[294] Alexopoulos, Seila (1998), S. 225.

demnach als Simulation betrachtet werden müssten.[295] Treffender (und auch kürzer) ist die Definition von Banks: „Simulation is the imitation of the operations of a real-world process or system over time."[296] Diese Definition soll für die vorliegende Arbeit als Arbeitsdefinition verwendet werden. Für eine detailliertere Erläuterung weiterer Definitionen sei auf die Ausführungen von Frank verwiesen.[297] Abgegrenzt davon wird im weiteren Verlauf dieses Kapitels der Begriff „Simulationsexperiment" von Bedeutung sein. Ein Simulationsexperiment wird in Anlehnung an Kaczmarek[298] hier als planvolle Modifikation der Variablen eines Modells und der Protokollierung der Ergebnisse verstanden. Die Untersuchung einer Fragestellung anhand einer Simulation umfasst daher i. d. R. mehrere Simulationsexperimente. Wie sich auf dieser Basis einzelne Simulationsexperimente planen lassen, wird in Abschnitt 4.6 im Detail diskutiert.

Auf die Erläuterung der Ziele von Simulationen[299] wird nicht weiter eingegangen, da sie sich nicht von denen analytisch untersuchter Modelle unterscheiden. In beiden Fällen erfolgt eine Untersuchung mathematisch beschriebener Modelle. Die bspw. von Shannon formulier-ten Ziele von Simulationen „Evaluation, Vergleich, Optimierung..."[300] können allesamt auch mit analytischen Methoden umgesetzt werden. Auch das Ziel zukünftige Strategien zu testen, das oft in der praxisnahen fallstudienartigen Literatur formuliert wird,[301] kann mit analytischen Methoden erreicht werden, solange das zugrunde liegende Modell einen gewissen Komplexitätsgrad nicht übersteigt.

Küll/Stähly postulieren, dass sich Erklärungsmodelle stets durch Simula-tion lösen lassen und dass es für Entscheidungsmodelle der Optimie-

---

[295] Vgl. Frank (1999), S. 51.
[296] Banks (1998), S. 3.
[297] Vgl. Frank (1999), S. 50f.
[298] Kaczmarek (2006), S. 176.
[299] Vgl. bspw. Kaczmarek (2006), S. 172.
[300] Vgl. Shannon (1992), S. 68.
[301] Vgl. bspw. Bandinelli et al. (2006).

rung bedarf.[302] Sie vernachlässigen dabei jedoch, dass mithilfe von Simulationen (näherungsweise) Optimierungen durchgeführt werden können, indem spezifische Werte der Parameter simuliert und anschließend hinsichtlich der Zielgröße verglichen werden.[303] Diese näherungsweise Optimierung kann problemlos durchgeführt werden, da durch die heutige Rechnertechnik die Simulation zahlreicher Wertekombinationen keine technische Herausforderung mehr darstellt. Ein weiteres Argument bietet die aktuelle Diskussion um die Nutzung der Simulationsmethode zur Ableitung neuer Theorien. Hier kristallisiert sich die Auffassung heraus, dass die Simulation auch zu diesem Zweck genutzt werden kann.[304] So steht der Wissenschaftler letztlich bei jedem mathematisch formulierten Problem vor der Entscheidung zwischen diesen beiden Methoden, denn bzgl. der Ziele ist keine Abgrenzung möglich.

4.2   Kriterien zur Wahl der Untersuchungsmethode

4.2.1   Grad der Komplexität

Viele Autoren nennen die Komplexität als den entscheidenden Grund, weshalb Modelle nicht analytisch gelöst werden können.[305] Simulationen sind deshalb nach ihrer Ansicht bei komplexen Problemen der beste Weg zur Untersuchung der Modelle.[306] Bei dieser Argumentation stellt sich jedoch unmittelbar die Frage nach der Definition des Komplexitätsbegriffs. Ohne eine genaue Definition dieses Begriffs postulieren einige Autoren, dass es sich bei einer Supply Chain grundsätzlich um ein

---

[302] Vgl. Küll, Stähly (1999), S. 2f.
[303] Vgl. Kleijnen (1998), S. 174.
[304] Vgl. bspw. Zhiang Lin et al. (2007), S. 1233; Davis et al. (2007).
[305] Vgl. Suhl, Mellouli (2009), S. 279.
[306] Vgl. Law (2007), S. 1, sowie Forrester (1989), S. 8; Kaczmarek (2006), S. 172; Davis et al. (2007), S. 480; Richman, Coleman (1981), S. 82.

komplexes Gebilde handelt.[307] Zur Begründung dieses Postulats eignet sich die Definition des Komplexitätsbegriffs nach Zsifkovitz/Klenn, die sich an Luhmann orientieren. Sie definieren Komplexität als „Eigenschaft eines Systems, determiniert durch die Anzahl und die Art der Verbindungen zwischen den einzelnen Elementen eines Systems."[308] Weyer nimmt diesen Gedanken auf und unterscheidet zwischen quantitativer (Anzahl der Elemente bzw. ihrer Verbindungen) und qualitativer (Art der Verbindungen) Komplexität.[309]

Eine zunehmende quantitative Flexibilität erschwert die analytische Lösbarkeit von Modellen.[310] Modelle, die bspw. nur eine Wechselwirkung enthalten, sind meist noch mit analytischen Methoden wie der dynamischen Optimierung lösbar. Kommt es in einem Modell jedoch zu mehreren Wechselwirkungen, die außerdem ineinander verschachtelt sind, ist eine analytische Lösung i. d. R. nicht möglich.[311] Eine damit eng verbundene Schwierigkeit bei der Betrachtung von Wechselwirkungen in einem Modell besteht darin, dass jede Wechselwirkung zeitlich verzögert ist, da es sonst zu Zirkelbezügen nach dem Prinzip a=b und b=a kommen würde und das Modell weder mathematisch noch durch Simulation lösbar wäre. Zeitliche Verzögerungen von Ursache und Wirkung werden in analytischen Modellen oftmals nicht hinreichend betrachtet.[312]

Qualitativ komplexe Modelle zeichnen sich schließlich durch einen hohen Grad von Nicht-Linearität[313] des Verhaltens aus. Eine Modellstruktur ist nicht-linear, sobald im mathematischen Modell Produkte oder

---

[307] Vgl. bspw. Tiger, Simpson (2003), S. 16; Hwarng et al. (2005), S. 2830; Amini et al. (2007), S. 588; Wadhwa et al. (2008), S. 1373; Umeda, Zhang (2006), S. 156; Thiel, Hoa (2008), S. 37.

[308] Zsifkovizs, Krenn (2008), S. 56; ähnlich Zhiang Lin et al. (2007), S. 1229; Sivadasan et al. (2004), S. 137. Graf, Klingler (2008), S. 23 sehen die stochastische Betrachtung eines Systems als ein Kriterium für Komplexität. Dieser Auffassung soll hier nicht gefolgt werden.

[309] Vgl. Weyer (2009), S. 6.

[310] Vgl. Berends, Romme (1999), S. 581; Forrester (1968), S. 403; Zhiang Lin et al. (2007), S. 1229.

[311] Vgl. Forrester (1968), S. 405.

[312] Vgl. Suhl, Mellouli (2009), S. 279.

[313] Vgl. Forrester (1968), S. 404; Weyer (2009), S. 7; Suhl, Mellouli (2009), S. 279.

Quotienten verwendet werden.[314] Der Grad der Nicht-Linearität steigt ausgehend von dieser Definition mit einer steigenden Anzahl von nicht-linearen Gleichungen im Modell. Als Folge eines steigenden Grads der Nicht-Linearität wird die Möglichkeit einer analytischen Untersuchung des Modells erschwert. Für einen nicht-linearen Zusammenhang in den Naturwissenschaften nennt Weyer folgendes anschauliches Beispiel: Durch den CO_2-Ausstoß wird der Treibhauseffekt ausgelöst. Dadurch kommt es zum Auftauen der Permafrostböden, was neues CO_2 freisetzt und den Treibhauseffekt noch verstärkt.[315] Auch abrupte Änderungen der Werte eines Parameters (bspw. der Anstieg der Nachfrage im Beer Game von Sterman[316]) stellen eine Nicht-Linearität dar, denn die Auswirkungen dieser abrupten Änderungen lassen sich überwiegend analytisch nicht exakt abbilden.

Die subjektive Komplexität – also die Überforderung eines Individuums durch den Sachverhalt[317] – spielt bei der Auswahl einer Methode zur Lösung mathematisch beschriebener Modelle keine Rolle und wird nicht weiter thematisiert. Diese Form der Komplexität ist eher zur Begründung des Verhaltens im Beer Game von Sterman[318] heranzuziehen.

4.2.2   Grad der Vereinfachung

Chatfield formuliert in Anlehnung an die Komplexitätsdiskussion, dass in analytischen Modellen oft viele Vereinfachungen vorgenommen werden, um eine Lösung zu ermöglichen.[319] Bspw. werden nicht-lineare Modelle linearisiert, um eine analytische Betrachtung zu erlauben. Vereinfachun-

---

[314] Vgl. Forrester (1968), S. 404.
[315] Vgl. Weyer (2009), S. 8.
[316] Sterman (1989a).
[317] Vgl. Schimank (2009), S. 55; Weyer (2009), S. 15.
[318] Vgl. Sterman (1989a).
[319] Vgl. Chatfield et al. (2004), S. 343; auch Almeder et al. (2009), S. 96; Domschke, Drexl (2005), S. 223.

gen können dazu führen, dass wichtige Zusammenhänge des Modells nicht erkannt werden.[320] Besonders das Linearisieren nicht-linearer Zusammenhänge kann eine große Ungenauigkeit der Ergebnisse zur Folge haben.[321] Bei Anwendung der Simulationsmethode müssen keine oder nur sehr viel weniger Vereinfachungen vorgenommen werden, sodass eher realitätsnahe Ergebnisse erzielt werden.[322]

4.2.3   Zusammenführung der Dimensionen

Veranschaulicht man diese Argumentation anhand der Dimensionen „Komplexität" und „Vereinfachung" (vgl. Abbildung 4.1), lässt sich festhalten, dass analytische Methoden dann anwendbar sind, wenn das zu untersuchende Modell nicht zu komplex ist bzw. die Komplexität durch genügende Vereinfachungen (mit allen daraus resultierenden Nachteilen) reduziert werden kann. Betrachtet man hingegen relativ komplexe Modelle mit keiner oder einer geringfügigen Vereinfachung, bleibt (trotz des gravierenden Nachteils der Singularität der Ergebnisse) nur die Simulation als Lösungsmethode.[323]

Für den oberen linken Bereich in Abbildung 4.1 wurde bewusst keine Methode vermerkt, da in einem nicht komplexen Modell kein Grund für eine Vereinfachung besteht und der Bereich daher nicht relevant ist. Als Konsequenz aus diesen Überlegungen lassen sich die Dimensionen Komplexität und Vereinfachung als Entscheidungskriterien zur Wahl der Methode festhalten. Der untere rechte Bereich wurde ausgespart, da in der Literatur darüber Einigkeit herrscht, dass es bei sehr komplexen

---

[320] Vgl. Zhiang Lin et al. (2007), S. 1230; Domschke, Drexl (2005), S. 223; Hwarng et al. (2005), S. 2830; Amini et al. (2007), S. 588.
[321] Vgl. Bossel (1992), S. 149; Liening (2009), S. 92.
[322] Vgl. Chatfield et al. (2004), S. 343.
[323] Vgl. Kaczmarek (2006), S. 171.

Modellen auch der Vereinfachung bedarf, um eine Simulation zu ermöglichen.[324]

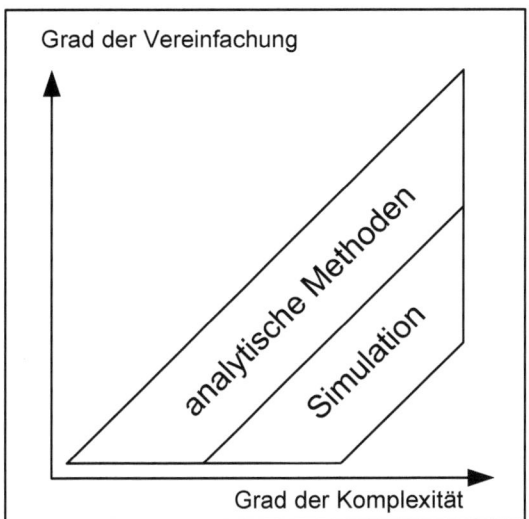

Grad der Vereinfachung

analytische Methoden

Simulation

Grad der Komplexität

Abbildung 4.1: Determinanten der Methodenwahl

Dabei ist grundsätzlich ein entscheidender Aspekt zu beachten: Simulationslösungen liefern stets Erkenntnisse, die auf der Basis konkreter Werte eines Parameters gewonnen werden (Singularität).[325] Daher ist die Aussagekraft auf genau diese Werte beschränkt, und eine generelle Aussagekraft muss im Einzelfall geprüft werden.[326] Ein Transfer der Ergebnisse auf andere Sachverhalte ist daher meist weitaus schwieriger als bei analytischen Modellen, deren Aussagen allgemeiner Natur sind.

Deshalb darf aus der eben geführten Diskussion keine generelle Überlegenheit der Simulationsmethode abgeleitet werden. Die drei Aspekte Komplexität, Vereinfachung und Singularität sind vielmehr als

---

[324] Vgl. bspw. Musselman (1998), S. 733; Robinson (2008), S. 283ff; Tiger, Simpson (2003), S. 15.

[325] Vgl. Tiger, Simpson (2003), S. 15, wobei Tiger/Simpsons diese Eigenschaft von Simulationen als ein Indiz dafür betrachten, dass Simulationen insbesondere in Projekten zum Einsatz kommen, in denen ein einmaliges unternehmensspezifisches Problem zu lösen ist. Dieser engen Auffassung soll hier nicht gefolgt werden.

[326] Vgl. Binder, Heermann (2010), S. 2.

Vor- und Nachteile der beiden Methoden zu verstehen, aus denen für jedes Modell die geeignete Lösungsmethode ermittelt werden kann. Für viele Modelle lassen sich dabei sicher Argumente für beide Methoden finden, sodass es oft keine richtige oder falsche Methode zur Analyse eines Modells gibt.

4.3   Auswahl der Methode für das vorliegende Modell

In dem hier entwickelten Modell werden die zahlreichen Wechselwirkungen zwischen den drei Unternehmen der Supply Chain (HE, EH und GH) erfasst. Zunächst beeinflusst das Bestellverhalten des Abnehmers maßgeblich das Handeln des Zulieferers (vgl. Gleichungen (3.7) und (3.10)). Hier entsteht dann eine Rückkopplung vom Zulieferer zum Abnehmer, denn ausbleibende Lieferungen des Zulieferers führen zu einem niedrigeren (physischen) Lagerbestand des Abnehmers. Aufgrund der vereinbarten Nachlieferungspflicht wird der Abnehmer keine Produkte erneut bestellen (vgl. Gleichungen (3.11) und (3.31)) und kann die eigene Nachfrage evtl. nicht bedienen.

Das hier betrachtete Modell enthält außerdem zahlreiche nicht-lineare Gleichungen. Hier sind insbesondere die Gleichung (3.30) sowie die Gleichungen zur Schätzung der Nachfrageparameter in Abschnitt 3.2.2 zu nennen. In beiden Fällen handelt es sich um Gleichungen, die sich aufgrund der zahlreichen Produkte und Potenzen nur schwierig analytisch transformieren lassen. Außerdem ist die Festlegung der Bestellmenge bei Vorliegen einer Mindestmengenvereinbarung (vgl. Gleichung (3.47) ein nicht-lineares Element im vorliegenden Modell.

Nach dieser Diskussion handelt es sich also um ein komplexes Modell. Eine Vereinfachung würde dazu führen, dass die Wechselwirkungen zwischen den Unternehmen nicht ausreichend berücksichtigt werden könnten.[327] Aus diesem Grund erweist sich die Simulation als geeignete

---

[327]   Vgl. Berends, Romme (1999), S. 581; Hwarng et al. (2005), S. 2830.

Methode und die Singularität der gewonnenen Ergebnisse bzw. deren eingeschränkte Generalisierbarkeit muss hingenommen werden.

4.4   Kombinationen der Methoden

Die Literaturrecherche im Kontext dieser Arbeit ergab, dass in einigen Untersuchungen analytische Lösungen mit Simulationen kombiniert werden.[328] In den dort dargestellten Modellen wird die Simulation meist genutzt, um einen groben Lösungsraum der Parameter abzustecken, damit analytische (Näherungs-)verfahren schneller durchgeführt werden können. Da in dem hier vorliegenden Modell die Auswirkungen der wiederholten Durchführung einer lokalen Optimierung[329] untersucht werden, könnte man zunächst annehmen, dass es sich um einen vergleichbaren Fall handelt, der sich durch eine in einer Simulation integrierte Optimierung abbilden lässt. Betrachtet man jedoch die Forschungsfragen,[330] zeigt sich, dass dieses Modell nicht mit den oben explizierten Modellen vergleichbar ist.

In der hier vorliegenden Arbeit wird keine Optimierung durch eine Simulation beschleunigt, sondern es wird die Auswirkung einer wieder- holten lokalen Optimierung auf ein größeres übergeordnetes Modell untersucht. Die Optimierung des wirtschaftlichen Lagerbestandes auf der Ebene jedes beteiligten Unternehmens stellt daher lediglich eine Grundannahme des Modells und nicht etwa eine Zielfunktion dar. Die Kombination von analytischen Lösungen und Simulationen wird daher im weiteren Verlauf dieser Arbeit nicht mehr in Erwägung gezogen.

---

[328] Vgl. bspw. Almeder et al. (2009); Nissen, Biethahn (1999); Claus (1999); Bäck et al. (2008).
[329] Vgl. Gleichung (3.1).
[330] Vgl. Abschnitt 3.4.

4.5   Klassifikation von Simulationen

4.5.1   Klassifikation nach der Terminierung der Ereignisse

4.5.1.1   *Ereignisdiskrete Simulation*

Simulationen werden in ereignisdiskrete und zeitkontinuierliche Simulationen differenziert.[331] In ereignisdiskreten Simulationen bewegen sich individuelle Entitäten durch eine Reihe von Prozessen.[332] Diese Simulationen zeichnen sich dadurch aus, dass sich die Variablen des Modells nur zu vorher festgelegten Ereigniszeitpunkten ändern, zu denen bestimmte Ereignisse eines Prozesses oder mehrerer Prozesse eintreten.[333] Zwischen diesen Zeitpunkten sind alle Variablen konstant.[334] Eine Variable kann folglich theoretisch zu jedem beliebigen Zeitpunkt jeden beliebigen Wert annehmen: Ist bspw. die Fertigung eines Produkts auf einer Maschine zu simulieren, kann sich der Status der Maschine zu jedem beliebigen Zeitpunkt von „warten" auf „produzieren" ändern.

Es liegt nahe, dass die ereignisdiskrete Simulation zu wählen ist, wenn sich die Zustände im abzubildenden Modell zu bestimmten Zeitpunkten ändern[335]. Ein Anwendungsbeispiel für diese Simulation wäre, wenn zu einem bestimmten Zeitpunkt eine bestimmte Menge von Produkten im Lager eintrifft. Es handelt sich hierbei also um eine Simulation, die detaillierte Prozesse aufgreift und mit einer hohen Granularität darstellt.

---

[331]   Vgl. Tako, Robinson (2009), S. 296; Schulz (2002), S. 69; Küll, Stähly (1999), S. 4. Eine mögliche tiefer gehende Differenzierung der beiden Gruppen soll in dieser Arbeit nicht erfolgen.

[332]   Vgl. Tako, Robinson (2009), S. 296; Suhl, Mellouli (2009), S. 285.

[333]   Vgl. Kaczmarek (2006), S. 175; Banks (1998), S. 8.

[334]   Vgl. Akkermans, Dellaert (2005), S. 178. Nur wenige Autoren wie Suhl, Mellouli (2009), S. 286 schließen unterschiedliche Zeitintervalle nicht aus.

[335]   Vgl. Carrie (1992), S. 19.

Oft werden daher operative und taktische Sachverhalte mit dieser Simulation abgebildet.[336]

4.5.1.2   Zeitkontinuierliche Simulation

In zeitkontinuierlichen Simulationen ändern sich die Variablen zu bestimmten im Voraus festgelegten Zeitpunkten, zu denen der Zustand des Modells protokolliert wird.[337] Die Abstände werden meist genügend klein gewählt, um eine kontinuierliche Zustandsänderung zu imitieren.[338] Für die Umsetzung dieser Simulationsart kann das Beispiel der Befüllung eines Tanks herangezogen werden. Die Menge der Flüssigkeit im Tank ändert sich kontinuierlich in Abhängigkeit vom Durchlauf der angeschlossenen Pumpe. Die Aussagekraft der Simulationsergebnisse hängt dabei von der Wahl der Protokollierungszeitpunkte bzw. der (i. d. R. identischen) Abstände zwischen den Zeitpunkten ab. Mathematisch werden zeitkontinuierliche Modelle durch ein System von Differenzialgleichungen abgebildet.[339] Sie stellen das zu modellierende System meist auf einer hohen Abstraktionsebene dar, ohne dabei die detaillierten Prozesse exakt zu berücksichtigen.[340] Es handelt sich daher um eine Makrosimulation, die häufig angewendet wird, etwa um langfristige Strategien zu vergleichen, ohne dabei einzelne Prozesse abzubilden. Ein typischer Anwendungsbereich dieser Simulationsart ist die Volkswirtschaftslehre.

Wie die ereignisdiskrete Simulation ist auch diese Art der Simulation in Abhängigkeit von dem zu modellierenden System zu verwenden. Allein der inhaltliche Zusammenhang determiniert also die Entscheidung für eine der beiden Simulationsarten. Dieses relativ simple und pragmatische Kriterium erklärt auch, warum die Autoren diverser, diesbezüglich relevanter Veröffentlichungen sich dieser Frage nicht widmen, sondern

---

[336]   Vgl. Tako, Robinson (2009), S. 297.
[337]   Vgl. Kaczmarek (2006), S. 175.
[338]   Vgl. Bratley et al. (1987), S. 18; Law (2007), S. 87.
[339]   Vgl. Carrie (1992), S. 20; Bratley et al. (1987), S. 18.
[340]   Vgl. Tako, Robinson (2009), S. 297.

ohne jegliche Erklärung die eine oder andere Methode auswählen oder lediglich ein Gleichungssystem formulieren und anschließend die Ergebnisse präsentieren.[341] Zur Kombination von ereignisdiskreten und zeitkontinuierlichen Simulationen sei an dieser Stelle auf die Ausführungen von Law[342] hingewiesen.

4.5.2   Berücksichtigung von Zufällen in Simulationsmodellen

4.5.2.1   Deterministische Modelle

Neben der Differenzierung gemäß der Attribute ereignisdiskret und zeitkontinuierlich können Simulationslösungen in deterministische und stochastische Lösungen unterteilt werden.[343] Deterministische Modelle sind solche, in denen keine Variable durch den Zufall beeinflusst wird. Legt man einen bestimmten Anfangszustand und bestimmte Parameter zugrunde, führt eine Simulation stets zum gleichen Ergebnis. Um deterministische Modelle zu untersuchen, muss daher für jeden Wert eines Parameters nur eine Berechnung durchgeführt werden.

Als Beispiel für ein deterministisches Modell ist die Nachbildung des Beer Games von Sterman mittels Simulation zu nennen.[344] In diesem Modell sind Nachfrage, Wiederbeschaffungszeiten etc. deterministisch festgelegt. Simuliert man dieses Modell unter der Annahme bestimmter Parameter, wird man bei jeder erneuten Simulation zu den gleichen Ergebnissen kommen. Eine Wiederholung des Experiments ist daher nicht erforderlich.

---

[341] Vgl. bspw. Hwarng et al. (2005); Chan, Chan (2006); Amini et al. (2007); Wadhwa et al. (2008); Chan et al. (2009).
[342] Vgl. Law (2007), S. 898.
[343] Vgl. Berends, Romme (1999), S. 578; Watson, Blackstone (1989), S. 5; Küll, Stähly (1999), S. 4.
[344] Sterman (1989a).

4.5.2.2   Stochastische Modelle

4.5.2.2.1   Überführung in ein deterministisches Modell

Viele Modelle enthalten Zufallseinflüsse. Diese durch den Zufall beein-
flussten Variablen können bei der Betrachtung dieser Modelle in deterministische Variablen überführt werden. Schwankt in einem Modell
bspw. die Wiederbeschaffungszeit nur geringfügig um einen bestimmten
Mittelwert, wäre es möglich, dieses Modell in ein deterministisches
Modell mit konstanter Wiederbeschaffungszeit zu transferieren. Oft
jedoch führt eine solche Vereinfachung zur Vernachlässigung evt.
wichtiger Wechselwirkungen.[345] Insbesondere Variablen, deren Ausprägungen autokorrelieren, führen zu Ergebnissen, die nach einer Vereinfachung wie einer Mittelwertbildung nicht mehr ersichtlich wären.

4.5.2.2.2   Generieren von Zufallszahlen aus einer Verteilung

Sehr viel genauer lässt sich ein Modell simulieren, wenn zufällige
Variablen auch zufällig simuliert werden.[346] Handelt es sich nicht um ein
real existierendes System, können Annahmen über die Verteilung der
zufälligen Variablen getroffen und in der Simulation können Ausprägungen dieser Verteilung erzeugt werden.[347] Ein solcher Fall liegt dem hier
erläuterten Modell zugrunde. Hier wurde angenommen, dass die
Endkundennachfrage einem AR-Prozess mit bestimmten Parametern
folgt. Die Schätzung einer Verteilung zur Erzeugung von Zufallszahlen
ist dabei nicht notwendig.

---

[345] Vgl. Abschnitt 4.2.1.
[346] Vgl. Carrie (1992), S. 27; Watson, Blackstone (1989), S. 10
[347] Vgl. Suhl, Mellouli (2009), S. 289.

4.5.2.2.3   Ermittlung einer Verteilung aus empirischen Werten und
anschließendes Generieren von Zufallszahlen aus der
Verteilung

Zufällige Variablen in einem beobachteten realen System verhalten sich häufig entsprechend einer bestimmten bekannten statistischen Verteilungen bzw. nähern sich einer Verteilung an.[348] Die Frage, welcher Verteilung eine empirisch beobachtete Zeitreihe folgt, kann mit geeigneten statistischen Verfahren beantwortet werden. So kann bspw. ermittelt werden, dass ein Bedarf normalverteilt ist oder saisonal schwankt und zusätzlich eine normalverteilte Komponente enthält. In diesen Fällen lässt sich mit geeigneten statistischen Methoden die Verteilung der zufälligen Variable ermitteln.[349] In der Simulation können dann – z. B. unter Einsatz einer geeigneten Software – Ausprägungen dieser Variable erzeugt werden, die der ermittelten Verteilung folgen.[350]

4.5.2.2.4   Generieren der Zufallszahlen nach der Monte-Carlo-Methode

Als eine weitere Möglichkeit zur Ermittlung von Zufallszahlen ist die Monte-Carlo-Methode zu nennen.[351] Diese Methode muss bei dem heutigen Stand der Informationstechnologie nur dann angewendet werden, wenn die im vorigen Abschnitt erläuterte Methode die Zufallszahl nicht genau genug abbildet. Anhand dieser Methode lassen sich aus einer gleichverteilten Zufallsvariable und empirisch beobachteten Ausprägungen einer stochastischen Variable mit einer unbekannten Verteilung weitere Ausprägungen dieser Variable ermitteln.[352]

---

[348] Vgl. Carrie (1992), S. 35.
[349] Vgl. Gass, Assad (2005), S. 431.
[350] Vgl. Law (2007), S. 90.
[351] Vgl. Law (2007), S. 91.
[352] Vgl. Watson, Blackstone (1989), S. 61; Carrie (1992), S. 29; Binder, Heermann (2010), S. 7.

Nach Auffassung zahlreicher Autoren ist jede stochastische Simulation eine Monte-Carlo-Simulation.[353] Dieses Begriffsverständnis entstand in einer Zeit, in der Simulationen nicht anhand fertiger Softwarepakete durchgeführt werden konnten. Sie bedurften der Entwicklung individueller Programme, in denen die Erzeugung von Zufallszahlen mit einer bestimmten Verteilung (wie im vorigen Abschnitt expliziert) ein zentrales Problem darstellte. Meistens waren die Programme nur in der Lage, gleichverteilte Zufallszahlen zu generieren.[354] In jeder stochastischen Simulation fand also die Monte-Carlo-Methode Anwendung, sodass sich die Begriffe vermischten.

Da das Problem der Erzeugung von Zufallszahlen heute eher in den Bereich der technischen Informatik bzw. der Mathematik gerückt ist[355] und in betriebswirtschaftlichen Simulationen keine große Rolle mehr spielt, soll diesem Begriffsverständnis nicht gefolgt werden. Vielmehr soll in Abgrenzung von der im vorangegangenen Abschnitt dargestellten Methode nur dann von einer Monte-Carlo-Methode gesprochen werden, wenn die real beobachteten Werte der Zufallsvariable nicht oder nur unzureichend durch eine bestimmte Verteilung beschrieben werden können. Das grundsätzliche Vorgehen bei dieser Methode zur Erzeugung von Zufallszahlen wird im Folgenden kurz umrissen.

Zunächst werden durch Beobachtungen am (realen) System die relativen Häufigkeiten der Ausprägungen einer stochastischen Variablen ermittelt. Kann die Nachfrage nach einem Produkt bspw. (ganzzahlige) Werte zwischen 0 und 5 annehmen, wird ermittelt, wie oft die Nachfrage in der Vergangenheit welchen Wert angenommen hat. Zur Veranschaulichung wurden die in Abbildung 4.2 dargestellten Werte angenommen. Aus den relativen Häufigkeiten werden anschließend die kumulierten relativen Häufigkeiten ermittelt. Es sei darauf hingewiesen, dass bei

---

[353] Vgl. Richman, Coleman (1981), S. 83.
[354] Vgl. Robert, Casella (2010), S. 42.
[355] Ein Indiz dafür ist, dass die Arbeit von Robert (Robert, Casella (2010) sich ausschließlich mit der Erzeugung von Zufallszahlen in einem bestimmten Programm beschäftigt.

dieser Methode stets davon ausgegangen wird, dass sich die Verteilung der Zufallsvariable nicht ändert.[356]

Um nun in der Simulation Zufallszahlen zu generieren, die der Nachfrageverteilung folgen, wird eine gleichverteilte Zufallszahl zwischen 0 und 99 generiert. Liegen die relativen Häufigkeiten mit einer größeren Genauigkeit vor, ist der Bereich der Zufallszahlen entsprechend zu erweitern. Je nach der empirisch ermittelten Häufigkeit der Ausprägung der Nachfrage werden entsprechend viele Zufallszahlen dieser Ausprägung zugeordnet.[357] In dem gewählten Zahlenbeispiel wird jedem Prozentpunkt relative Häufigkeit eine Zufallszahl zugewiesen (vgl. vierte Spalte in Abbildung 4.2). Welche Zufallszahl welcher Ausprägung zugeordnet ist, ist dabei unerheblich.

In der Simulation kann nun in jeder Periode eine Zufallszahl zwischen 0 und 99 generiert werden und die zugeordnete Nachfragemenge in der Simulation verwendet werden. So ist sichergestellt, dass die empirisch beobachtete Verteilung, die wie in diesem Fall nicht durch eine statistische Verteilung beschrieben werden kann, in der Simulation verwendet wird. Treten in einem System mehrere zufällige Variablen auf, für die durch die Monte-Carlo-Methode Werte generiert werden müssen, ist darauf zu achten, dass die Zufallszahlen unabhängig voneinander gewählt wurden.

Die Ergebnisse der Simulation werden anschließend stochastisch ausgewertet. Ob lediglich der Mittelwert oder auch die Streuung der Ergebnisse betrachtet wird, ist dabei unerheblich, da beide Auswertungen auch nach einer stochastischen Simulation mit einer mathematischen Verteilung durchgeführt werden können. Auch die Form der Auswertung stellt also kein Merkmal der Monte-Carlo-Methode dar.

---

[356] Vgl. Watson, Blackstone (1989), S. 62.
[357] Vgl. Watson, Blackstone (1989), S. 63.

Ausprägung	relative Häufigkeit	kumulierte relative Häufigkeit	Zuordnung einer Zufallszahl
0	0,1	0,1	0-9
1	0,1	0,2	10-19
2	0,3	0,5	20-49
3	0,3	0,8	50-79
4	0,1	0,9	80-89
5	0,1	1,0	90-99

Abbildung 4.2: Zahlenbeispiel der Monte-Carlo-Methode

4.5.2.3 Zwischenfazit

Die Differenzierung der Modelle in den Abschnitten 4.5.2.1 und 4.5.2.2 und die möglichen Methoden zur Verarbeitung von Zufällen lässt sich wie in Abbildung 4.3 dargestellt zusammenfassen.

deterministisches System	stochastisches System
deterministische Simulation	Transformation in ein deterministisches System
	Erzeugung von zufälligen Ausprägungen aus einer stochastischen Verteilung
	Erzeugung von zufälligen Ausprägungen nach der Monte Carlo-Methode

Abbildung 4.3: Mögliche Methoden zur Verarbeitung von Zufällen in Modellen

In dieser Arbeit wird das diskutierte Modell auf der Basis einer ereignis-diskreten stochastischen Simulation untersucht, da das Modell von zahlreichen diskreten Ereignissen geprägt ist. Eine stochastische Untersuchung ist dabei notwendig, weil eine Transformation der AR-verteilten Endkundennachfrage[358] eine zu große Vereinfachung darstellen würde, denn im Falle einer gleichverteilten Endkundennachfrage würde der Bullwhip-Effekt nicht mehr auftreten und die Fragestellungen wären mithin nicht zu beantworten. Da hier eine statistische Verteilung für die zufällige Variable (die Endkundennachfrage) angenommen wird, ist eine Erzeugung von Zufallszahlen nach der Monte-Carlo-Methode nicht notwendig.

4.6   Aufbau der Simulationsexperimente

Abschließend ist der konkrete Aufbau der Simulationsexperimente festzulegen, der nötig ist, um die Fragestellungen dieser Arbeit[359] zu beantworten. Für jede Forschungsfrage ist ein Experiment notwendig, dessen Aufbau im Folgenden näher dargelegt wird.

4.6.1   Parameter, Faktoren und Ergebnisse

4.6.1.1   Klassifikation der Variablen in Parameter, Faktoren und Ergebnisse

Aus den Fragestellungen lässt sich unmittelbar festlegen, welche abhängigen Variablen die relevanten Ergebnisse dokumentieren: Alle Forschungsfragen fokussieren den Bullwhip-Effekt und die gesamten Kosten. Diese beiden Variablen stellen somit die Ergebniskennzahlen dar. Das betrachtete Modell enthält drei Kostenarten: Beschaffungskosten, Lagerkosten und Fehlmengenkosten. Mengenbindungsverträge determinieren nur die Lager- und Fehlmengenkosten, nicht jedoch die Beschaffungskosten. Die (gesamten) Beschaffungskosten sind allein von der (gesamten) beschafften Menge und dem Einkaufspreis abhängig.

---

[358]   Vgl. Abschnitt 3.1.1.2.
[359]   Vgl. Abschnitt 3.4.2.

Beide Variablen sind in diesem Modell konstant, sodass die Beschaffungskosten nicht variieren können. Aus diesem Grund soll im weiteren
Verlauf dieser Arbeit lediglich die Summe aus Lager- und Fehlmengenkosten betrachtet werden. Diese Kosten werden als Logistikkosten
definiert. In allen Simulationsexperimenten werden Bullwhip-Effekt und
Deckungsbeitrag relativ zum Modell ohne Mengenbindung betrachtet.
Eine Auswertung der absoluten Ergebniskennzahlen wäre hier nicht
zielführend. Die relative Auswertung wird lediglich an den Stellen um
eine absolute Analyse der Kennzahlen ergänzt, an denen die relative
Betrachtung nicht ausreicht, um geeignete Rückschlüsse aus den
Ergebnissen zu ziehen.

Die unabhängigen Variablen eines Simulationsmodells lassen sich in
Parameter und Faktoren differenzieren. Parameter eines Simulationsexperiments sind die unabhängigen Variablen, die immer den gleichen
Wert annehmen. Als Faktoren werden hingegen die unabhängigen
Variablen bezeichnet, die in einem Experiment unterschiedliche Werte
annehmen. Wird in einem Experiment nur ein einziger Faktor untersucht,
spricht man von einfaktoriellen Untersuchungen.[360] Hier werden die
Ergebnisse des Modells für jede Ausprägung des Faktors neu berechnet. Die Neuberechnung des Modells mit bestimmten Ausprägungen
aller Faktoren und Parameter wird auch als Simulationslauf oder Replik
bezeichnet. Wird im Gegensatz dazu der Einfluss verschiedener
Faktoren betrachtet, spricht man analog von mehrfaktoriellen Untersuchungen.[361] Bei dieser Form eines Experiments ist zu beachten, dass je
Simulationslauf nur ein Faktor geändert werden darf.[362] Insgesamt
werden also alle Ausprägungen der verschiedenen Faktoren miteinander
kombiniert, sodass die Ergebnisse jeder Faktorkombination jeweils
einmal berechnet werden.[363]

---

[360] Vgl. Küll, Stähly (1999), S. 8.
[361] Vgl. Küll, Stähly (1999), S. 9.
[362] Vgl. Kaczmarek (2006), S. 179.
[363] Vgl. Abschnitt 4.5.2.3.

Bei den Simulationsexperimenten zu den Fragen 1-2 handelt es sich folglich um einfaktorielle Untersuchungen, da hier nur entweder die Mengenflexibilität oder die Bindungsdauer einen Faktor darstellen. Die Parameter der Endkundennachfrage sowie die Verzögerungen, die Kostensätze und die Konstellation der Supply Chain[364] stellen in diesen Experimenten Parameter dar. Beim Experiment zur Untersuchung der Frage 3 handelt es sich um ein mehrfaktorielles Experiment, denn hier stellen sowohl Mengenflexibilität als auch Bindungsdauer die Faktoren dar. Wie in den Experimenten zur Untersuchung der Fragen 1-2 sind die anderen unabhängigen Variablen hier als Parameter zu betrachten. Die Experimente zu den Fragen 4-9 sind ebenfalls mehrfaktorielle Untersuchungen, bei denen jeweils die Mengenflexibilität oder die Bindungsdauer in Kombination mit einer weiteren unabhängigen Variablen analysiert werden. Abbildung 4.4 zeigt eine Übersicht über die Faktoren und Parameter in den verschiedenen Experimenten.

---

[364] Obwohl die Konstellation keine unabhängige numerische Variable im mathematischen Sinne ist, soll sie hier als Parameter bzw. Faktor begriffen werden, da sie im Sinne der formulierten Fragestellung parallel zu den anderen genannten unabhängigen Variablen verwendet wird.

Frage	MF	BD	Konst.	ρ	$\sigma(\varepsilon)$
1	F	P	P	P	P
2	P	F	P	P	P
3	F	F	P	P	P
4	F	P	F	P	P
5	P	F	F	P	P
6	F	P	P	F	P
7	P	F	P	F	P
8	F	P	P	P	F
9	P	F	P	P	F

F: Faktor   P: Parameter
(Bei den Kostensätzen und Verzögerungen handelt es sich stets um Parameter)

Abbildung 4.4: Übersicht über die Faktoren und Parameter in den Simulationsexperimenten

4.6.1.2   Festlegung der Parameter und Faktoren der vertraglichen Regelung

4.6.1.2.1   Mengenflexibilität

In allen Simulationsexperimenten, in denen die Mengenflexibilität einen Parameter darstellt, wird hier ein Wert von 10 % angenommen. Nimmt man z. B. eine mittlere Endkundennachfrage von 1.000 ME/ZE an, läge die Mindestmenge bei 900 ME/ZE. In Experimenten, in denen die Mengenflexibilität einen Faktor darstellt, wird der Wert zwischen 0 und 30 % (in Schritten von 1 %) variiert.

4.6.1.2.2 Bindungsdauer

Gleichermaßen kann die Bindungsdauer entweder Parameter oder Faktor sein. In den Experimenten, in denen sie einen Parameter darstellt, wird die Bindungsdauer auf 100 ZE festgesetzt. In den anderen Untersuchungen variiert die Bindungsdauer zwischen 10 und 100 ZE (in Schritten je 10 ZE).

4.6.1.2.3 Konstellation

Das Modell dieser Arbeit lässt zwei Konstellationen zu: Die Mengenbindungsvereinbarung wird entweder zwischen Einzelhändler und Großhändler oder zwischen Großhändler und Hersteller getroffen.[365] Steht die Konstellation nicht im Zentrum der Untersuchung (vgl. Forschungsfragen 1-3 und 6-9), wird die Vereinbarung zwischen Einzelhändler und Hersteller geschlossen. In den Forschungsfragen 4 und 5 werden beide möglichen Konstellationen miteinander verglichen.

---

[365] Vgl. Abschnitt 3.3.

4.6.1.3   Festlegung der Parameter und Faktoren der betrachteten Umwelteinflüsse

4.6.1.3.1   Endkundennachfrage

Die zentralen Umweltparameter sind diejenigen, die die Endkunden-nachfrage beschreiben, sowie die Kostensätze bzw. Preise der Unternehmen und die Verzögerungen in der Supply Chain.[366] Der Mittelwert der Endkundennachfrage $\mu(D)$ soll in dieser Arbeit stets 1.000 ME/ZE betragen. Der Wert wurde beliebig gewählt und soll lediglich als eine Normierung gelten. Stellt die Autokorrelation der Endkundennachfrage einen Parameter dar, soll eine relativ große Autokorrelation angenommen werden, um die Unterschiede zu einem Modell mit normalverteilter Endkundennachfrage aufzuzeigen. Es gilt daher $\rho=0,85$. Die Standardabweichung des Zufallsterms der Endkundennachfrage wird hingegen relativ gering gewählt, da bei einer zu hohen Standardabweichung keine zuverlässige Prognose zukünftiger Nachfragewerte möglich ist. Es gilt $\sigma(\epsilon)=35$ ME/ZE.

In den Forschungsfragen 6 und 7 stellt die Autokorrelation einen Faktor dar und wird zwischen 0,6 und 0,9 (in Schritten von 0,05) verändert. Hinsichtlich der Forschungsfragen 8 und 9 wird analog dazu die Standardabweichung des Zufallsterms der Endkundennachfrage zwischen 5 ME/ZE und 50 ME/ZE (in Schritten von 5 ME/ZE) variiert.

4.6.1.3.2   Kostensätze und Preise

In allen Untersuchungen stellen sämtliche Kostensätze und Preise Parameter dar. Um die Auswirkungen der Mengenbindungsvereinbarung

---

[366]   Vgl. Abschnitt 3.1.1.

auf die beteiligten Unternehmen vergleichbar zu machen, werden die Verkaufspreise des gehandelten Produktes auf den einzelnen Stufen so gewählt, dass die Deckungsbeiträge der Unternehmen im Grundmodell nahezu identisch sind. Es wird ein beliebiger Deckungsbeitrag i. H. v. 1 Mio. GE festgelegt. Es handelt sich hier also um ein langfristiges Gleichgewicht, das aufgrund der Festlegung der Verkaufspreise sukzessive entstanden ist.

Einzel-händler	Verkaufspreis	110,5800	GE
	Lagerkostensatz	1,1058	GE
	Fehlmengenkostensatz	44,2320	GE
Groß-händler	Verkaufspreis	107,6800	GE
	Lagerkostensatz	1,0768	GE
	Fehlmengenkostensatz	43,0720	GE
Hersteller	Verkaufspreis	103,8800	GE
	Lagerkostensatz	1,0388	GE
	Fehlmengenkostensatz	41,5520	GE
	Produktionskostensatz	100,0000	GE

Abbildung 4.5: Übersicht über die Kostensätze im Modell

Zur Berechnung der wirtschaftlichen Lagerbestände sowie zur Analyse der Deckungsbeiträge ist weiterhin die Festlegung von Kostensätzen (Lager-, Fehlmengen- und Bestell- bzw. Produktionskostensatz) notwendig. Die Lager- und Fehlmengenkostensätze wurden so gewählt, dass die Quotienten aus den Kostensätzen und den Verkaufspreisen für jedes Unternehmen identisch und somit vergleichbar sind. Die Fehlmengenkostensätze sind zudem deutlich höher als die Lagerkostensätze, da in Supply Chains zwischen den Unternehmen eine hohes Maß an Vertrauen besteht, das durch häufige Fehlmengen geschwächt werden würde. Der Quotient für die Lagerkosten wird hier auf 0,01 und der Quotient für die Fehlmengenkosten auf 0,4 festgelegt. Die Bestellkostensätze eines Unternehmens entsprechen konsequenterweise dem Verkaufspreis des vorgelagerten Unternehmens. Aufgrund dieser Relationen zwischen den

Kostensätzen ergeben sich keine ganzzahligen Werte, sondern Dezi-
malzahlen, die bewusst nicht gerundet werden. Abbildung 4.5 zeigt alle
Kostensätze als Übersicht.

4.6.1.3.3 Verzögerungen

Die Bestell-, Liefer- und Produktionszeiten[367] (grundsätzlich Parameter)
sind in dieser Untersuchung so gewählt, dass die Lieferzeiten jeweils
deutlich länger sind als die Bestellzeiten. Um die Vergleichbarkeit
zwischen Hersteller und den anderen Unternehmen sicherzustellen,
entspricht die Produktionszeit beim Hersteller der Summe aus Bestell-
und Lieferzeit bei Einzelhändler und Großhändler. Die Wiederbeschaffungszeiten sind für alle Unternehmen somit identisch. Abbildung 4.6 gibt
einen Überblick über die gewählten Verzögerungen im Modell.

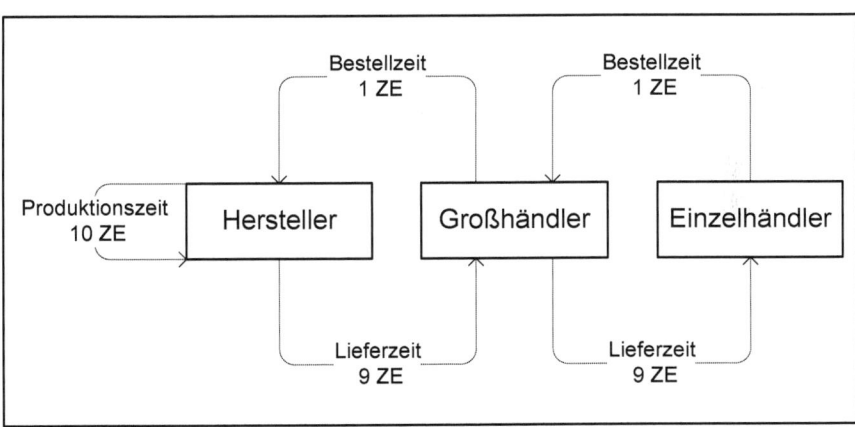

Abbildung 4.6: Übersicht über die Verzögerungen im Modell

---

[367] Vgl. Abschnitt 3.1.1.

4.6.2   Festlegung der Länge eines Simulationslaufs

Ein Simulationslauf kann terminierend oder nicht-terminierend sein. Terminierende Simulationen zeichnen sich durch eine im Vorfeld festgelegte Dauer aus, während nicht-terminierende Simulationsläufe so lange fortgesetzt werden, bis eine vorher festgelegte Bedingung das Ende der Simulation auslöst.[368]

Terminierende Simulationen werden dann durchgeführt, wenn der Mittelwert einer Kennzahl über einen bestimmten Zeitraum ermittelt werden soll, bzw. wenn die Mittelwerte einer Kennzahl bei verschiedenen Faktoren verglichen werden sollen.[369] Aufgrund der festgelegten Anzahl der Perioden ist bei einer terminierenden Simulation im Gegensatz zu nicht-terminierenden Simulationen in jedem Fall sichergestellt, dass die Mittelwerte vergleichbar sind und eventuelle Ausreißer in allen Simulationsläufen gleich stark gewichtet werden.

Nicht-terminierende Simulationen sind vor allem dann relevant, wenn der Zeitpunkt eines bestimmten Ereignisses bei verschiedenen Faktoren zu ermitteln ist. Will man bspw. die Auswirkung eines einzelnen Störereignisses wie z. B. den einmaligen sprunghaften Rückgang der Nachfrage untersuchen, sollte das Modell mit einer nicht-terminierenden Simulation untersucht werden, wenn lediglich der Zeitpunkt herausgefunden werden soll, zu dem eine bestimmte Kennzahl nach dem Störereignis wieder ihren alten Wert (im Rahmen einer geringen Toleranz) angenommen hat.

Bei beiden Arten einer Simulation ist zu beachten, dass in einem Simulationslauf die ersten Perioden nicht ausgewertet werden können, wenn die simulierten Entscheidungen auf der Grundlage von Vergangenheitswerten beruhen. In diesen Fällen benötigt der Simulationslauf

---

[368]   Vgl. Küll, Stähly (1999), S. 13.
[369]   Vgl. Banks (1998), S. 28.

eine sogenannte „Einschwingphase", die später nicht in die Betrachtung der Ergebnisse einbezogen werden darf. [370]

In dieser Untersuchung wird aufgrund der oben diskutierten Argumente eine terminierende Simulation durchgeführt, wobei in jedem Simulationslauf dieser Untersuchung ein Zeitraum von 10.000 Zeiteinheiten simuliert wird. Die Auswertung beginnt nach 5.000 Zeiteinheiten. Ab diesem Punkt ist die Einschwingphase beendet und das System befindet sich in einem stabilen Zustand.[371] Zur Schätzung der Parameter der Nachfrage[372] ist dieser Vorlauf notwendig. In den restlichen 5.000 Zeiteinheiten werden die Kennzahlen analysiert. So ist sichergestellt, dass im Modell keine zufälligen kurzfristigen Änderungen die Ergebnisse verzerren. Die Mindestmengenvereinbarung im Mindestmengenmodell wird erst nach 5.000 Zeiteinheiten geschlossen, um zu gewährleisten, dass sich das Modell dann bereits im Gleichgewicht befindet und dass alle beteiligten Unternehmen mithilfe der Vergangenheitsdaten in der Lage sind, zuverlässig zukünftige Bedarfe zu prognostizieren.[373]

4.6.3   Festlegung der Anzahl der Simulationsläufe

Die Analyse stochastischer Modelle (ohne die Transformation in ein deterministisches Modell) erfordert die wiederholte Durchführung des Simulationslaufs mit gleichen Parametern und Faktoren, da nur so eine Stichprobe generiert werden kann, die statistisch gesicherte Aussagen erlaubt.[374]

---

[370]   Vgl. Sauerbier (1999), S. 120ff; Banks (1998), S. 3.
[371]   Vgl. Suhl, Mellouli (2009), S. 296.
[372]   Vgl. Abschnitt 3.3.1.3.2.
[373]   Vgl. Abschnitt 3.2.2.
[374]   Vgl. Küll, Stähly (1999), S. 4; Chung (2004), S. 1-7; Sauerbier (1999); Davis et al. (2007), S. 481; Suhl, Mellouli (2009), S. 294.

Um die Anzahl der notwendigen Repliken zu ermitteln, sind Überlegungen aus der induktiven Statistik heranzuziehen.[375] Dabei wird grundsätzlich angenommen, dass die Ergebnisse der Repliken eines Simulationsexperiments normalverteilt sind. Unter dieser Prämisse wird dann der zweiseitige Mittelwert-Test genutzt, um bei einer bestimmten Anzahl von Repliken zu ermitteln, in welchem Intervall der Mittelwert einer Ergebnisvariable x bei einer exogen gegebenen Irrtumswahrscheinlichkeit α liegt.[376] Ist das Intervall zu groß, muss die Anzahl der Repliken erhöht und der Test erneut durchgeführt werden, bis ein ausreichendes, kleineres Intervall erreicht ist.

Dieses Intervall kann berechnet werden als:[377]

$$(4.1) \qquad Intervall = \overline{X} \ \pm \ t_{1-\alpha/2;n-1} s \cdot \sqrt{n}$$

mit $\overline{X}$: Mittelwert der Stichprobe, s: Standardabweichung der Stichprobe, n: Stichprobenumfang (Anzahl der Repliken)

Um die Anzahl der Repliken in dieser Untersuchung festzulegen, wird nun das Intervall der Gesamtkosten und des Deckungsbeitrags bei unterschiedlichen Anzahlen der Repliken ermittelt. Dabei wird eine Irrtumswahrscheinlichkeit von 1 % zugrunde gelegt. Das Intervall soll hier weniger als ± 2 % vom Mittelwert abweichen.

Abbildung 4.7 zeigt eine Übersicht über die Abweichung des Bullwhip-Effekts im Grundmodell[378] vom ermittelten Mittelwert bei 50, 100, 150 und 200 Replikationen und einer Irrtumswahrscheinlichkeit von 1 %.

---

[375] Vgl. Goldsman, Nelson (1998), S. 276ff.
[376] Vgl. Chung (2004), S. 10-15.
[377] Vgl. Chung (2004), S. 10-15; Suhl, Mellouli (2009), S. 294.
[378] Vgl. Abschnitt 3.2.

Anzahl Repliken	Mittelwert	Standard- abweichung	Prozentuale Abweichung
50	15,9436	0,8427	2,00%
100	15,9054	0,9657	1,59%
150	15,882	1,0098	1,35%
200	15,9769	1,0711	1,23%

Abbildung 4.7: Konfidenzintervall Bullwhip-Effekt

Abbildung 4.8 zeigt die entsprechenden Ergebnisse für die Gesamtkosten.

Anzahl Repliken	Mittelwert (in Mio GE)	Standard- abweichung (in Tsd GE)	Prozentuale Abweichung
50	1.592	3.482	0,08%
100	1.591	3.617	0,06%
150	1.590	3.786	0,05%
200	1.590	3.740	0,04%

Abbildung 4.8: Konfidenzintervall Gesamtkosten

Aus diesen Abbildungen ist ersichtlich, dass es ausreicht, für jede Parameterkombination 100 Repliken zu berechnen, da bei dieser Anzahl die oben geforderten Abweichungen erstmals unterschritten werden. Alle Ergebnisse im folgenden Kapitel stellen also den Mittelwert aus 100 Berechnungen dar.

5 Auswertung

5.1 Beispielhafte Zeitreihenbetrachtung

Um einen ersten Überblick hinsichtlich der Auswirkungen der Mindestmengenvereinbarungen zu bekommen, wird zunächst das Bestellverhalten des Einzelhändlers mit und ohne Mindestmengenvereinbarung auf
der Stufe zwischen Einzelhändler und Großhändler beispielhaft bei einer
konkreten Endkundennachfrage gegenübergestellt. Aus dieser Einzelfallbetrachtung lassen sich keine generalisierbaren Erkenntnisse
gewinnen,[379] jedoch gibt sie einen anschaulichen Überblick über die
Wirkungsweise der Mindestmengenvereinbarung.

Abbildung 5.1 zeigt, wie die Mindestmengenvereinbarung die Schwankungen der Bestellmenge verringert. Zur Verdeutlichung werden eine
Bindungsdauer von 20 ZE und eine sehr geringe Mengenflexibilität von
2,5 % angenommen. Aus dieser Darstellung ist ersichtlich, dass die
Schwankungsamplitude (und damit auch die Varianz) der Bestellausgänge des Einzelhändlers sinken, da keine Bestellungen mehr zulässig
sind, die unter der jeweils vereinbarten Mindestmenge liegen. Da auch
bei einer niedrigen Nachfrage keine geringeren Bestellmengen zulässig
sind, baut der Einzelhändler Bestände auf, die oberhalb seines wirtschaftlichen Lagerbestands liegen. Steigt dann die Nachfrage wieder
über die aktuelle Mindestmenge, wird zunächst der überschüssige
Lagerbestand abgebaut, sodass auch relativ hohe Bestellmengen
seltener werden. Diese Folge der Mindestmengenvereinbarung wird in
der Einzelfallbetrachtung vor allem in den Perioden 10 bis 25 deutlich.

In Abbildung 5.1 ist weiterhin erkennbar, wie die vereinbarte Mindestmenge bei einer gleich bleibenden Mengenflexibilität aufgrund unterschiedlicher Bedarfsprognosen schwankt. Ist die erwartete durchschnitt-

---

[379] Vgl. Abschnitt 4.5.2.2.

liche Nachfrage während der Bindungsdauer des Einzelhändlers gering, gilt in der folgenden Bindungsdauer eine relativ geringe Mindestmenge.

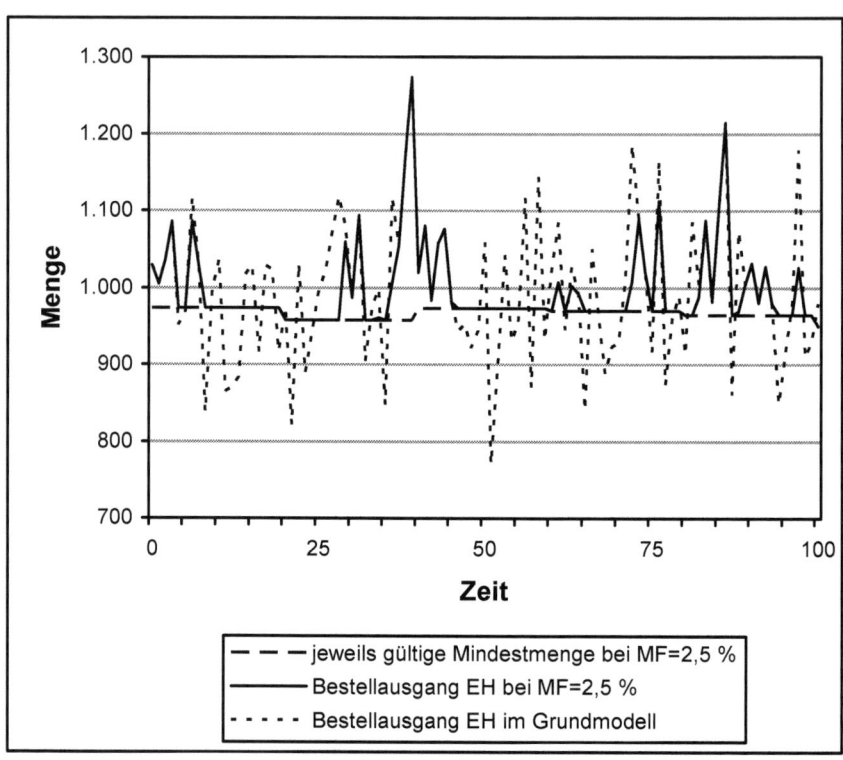

Abbildung 5.1: Vergleich der Bestellausgänge des Einzelhändlers im Mindestmengenmodell mit dem Grundmodell

Wird hingegen ein hoher Bedarf prognostiziert, ist sie für die zukünftige Bindungsdauer relativ hoch. Dabei zeigt sich, dass die Mindestmengen nur geringfügig schwanken, da nur kleine Unterschiede in der Bedarfsprognose bestehen.[380] Der Grund hierfür ist, dass sich die Prognose der AR-verteilten Nachfrage mit zunehmendem Planungshorizont sehr schnell dem Mittelwert der Nachfrage annähert und weniger von der aktuellen Bestellmenge abhängt. Die Prognosen des durchschnittlichen

---

[380] Genauere Untersuchungen zu den Auswirkungen verschiedener Bindungsdauern sind in Abschnitt 5.2.2 erläutert.

Bedarfs in der Mindestmengengültigkeitsdauer[381] schwanken daher in dieser Einzelfallbetrachtung nur geringfügig.

5.2   Auswertung der Simulationsexperimente

5.2.1   Wie verhalten sich Kosten und Bullwhip-Effekt der gesamten Supply Chain bei unterschiedlichen Mengenflexibilitäten?

5.2.1.1   Auswirkung auf den Bullwhip-Effekt

Zuerst wird die Frage untersucht, inwieweit die modellierte Mindestmengenvereinbarung bei verschiedenen Mengenflexibilitäten in der Lage ist, den Bullwhip-Effekt zu senken. Grundlegend ist hier die Abhängigkeit des Bullwhip-Effekts von der Höhe der Mengenflexibilität zu betrachten. Abbildung 5.2 zeigt, dass der Bullwhip-Effekt der gesamten Supply Chain mit abnehmender Mengenflexibilität stetig und überproportional sinkt. Bei einer Mengenflexibilität von 30 % ist kaum eine Abweichung in der Schwankung der Bestellmenge gegenüber dem Grundmodell erkennbar. Sinkt die Mengenflexibilität auf etwas über null Prozent, schwanken die Bestellmengen in der Supply Chain kaum noch und der Bullwhip-Effekt geht gegen null.

---

[381]   Vgl. Abschnitt 3.3.1.3.

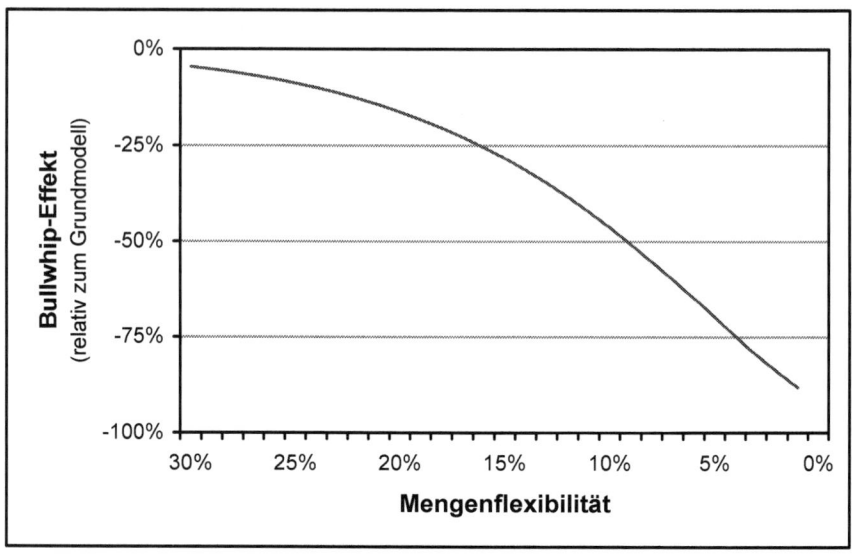

Abbildung 5.2: Gesamter Bullwhip-Effekt in Abhängigkeit von der Mengenflexibilität

Die Einführung einer Mindestmengenvereinbarung und die damit verbundene Senkung der Mengenflexibilität des Abnehmers (hier des Einzelhändlers) führen also dazu, dass er seine Bestellmenge nicht mehr frei wählen und deshalb die Schwankungen der Endkundennachfrage nicht mehr an seinen Zulieferer (hier den Großhändler) weitergeben kann. Der Zulieferer, der in diesem Modell zur Lieferung aller bestellten Produkte verpflichtet ist, muss hier eine weitaus weniger schwankende Nachfrage bedienen. Für die gesamte dreistufige Supply Chain entsteht dadurch ein Vorteil in Bezug auf diese Kennzahl.

Misst man den Bullwhip-Effekt auf den einzelnen Stufen (also jeweils den Quotient der Varianzen der eingehenden und der ausgehenden Bestellmenge der drei Unternehmen), zeigt sich, dass insbesondere beim Einzelhändler eine Reduktion des Bullwhip-Effekts erzielt wird (vgl. Abbildung 5.3). Der Verlauf dieses Graphen ist nahezu identisch mit dem gesamten Bullwhip-Effekt in Abbildung 5.2. Die eben beschriebene Reduktion des gesamten Bullwhip-Effekts geht demnach vornehmlich auf die Reduktion des Bullwhip-Effekts beim Einzelhändler zurück.

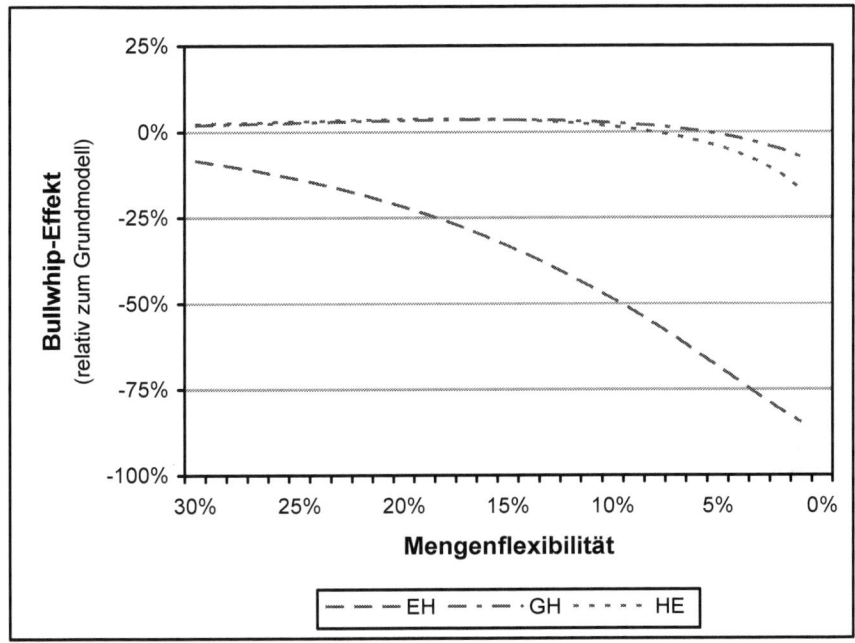

Abbildung 5.3: Bullwhip-Effekt der beteiligten Unternehmen in Abhängigkeit von der Mengenflexibilität

Die Bullwhip-Effekte bei Hersteller und Großhändler bleiben hingegen nahezu identisch. Bei Mengenflexibilitäten über ca. 5 % liegt der Bullwhip-Effekt bei diesen beiden Unternehmen über dem Wert des Grundmodells. Obwohl sie also eine Nachfrage mit einer geringeren Varianz bedienen, vergrößert sich die Varianz, die auf den Stufen von Großhändler und Hersteller neu entsteht, geringfügig. Erst bei niedrigeren Mengenflexibilitäten sinkt die Kennzahl auf diesen beiden Stufen unter den Wert des Grundmodells. In diesen Fällen reduziert sich also die Varianz auch bei den Unternehmen, die gar keine Mengenbindungsvereinbarung eingegangen sind.

Betrachtet man die Varianzen der eingehenden Bestellmengen bei Großhändler und Hersteller (vgl. Abbildung 5.4), wird deutlich, dass sich beide Unternehmen einer nahezu gleich stark sinkenden Varianz gegenüber sehen. Beide Unternehmen, die sich auf einer vom Endkunden entfernten Stufe in der Supply Chain befinden, profitieren also von der Vereinbarung. Der Hersteller erlangt hier von einem Vertrag Vorteile, an dem er selbst nicht direkt beteiligt ist. Obwohl er keine Einschränkung der Bestellmenge von seiten des Einzelhändlers fordert, ist die Varianz seiner Bestelleingänge doch bedeutend niedriger.

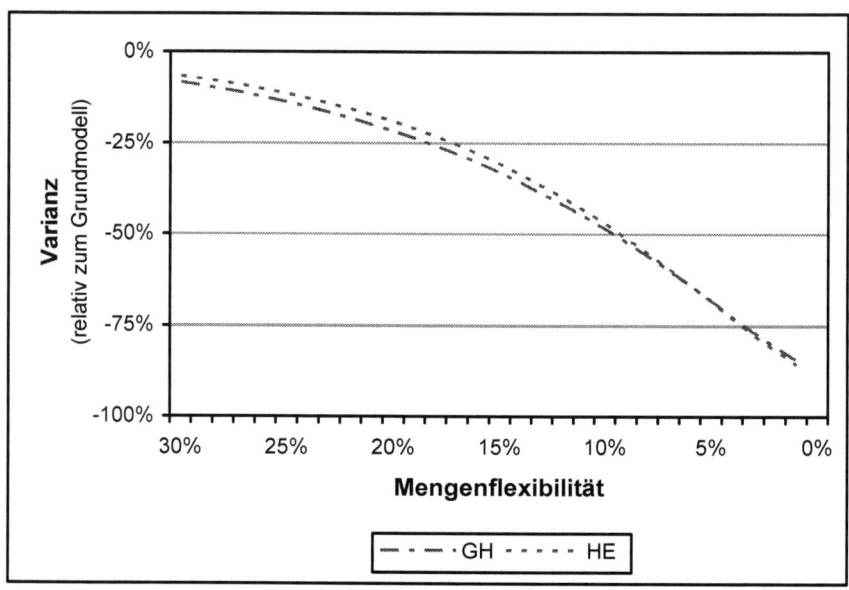

Abbildung 5.4: Varianzen der eingehenden Bestellungen bei Großhändler und Hersteller in Abhängigkeit von der Mengenflexibilität

In einer dreistufigen Supply Chain wirken sich also bilaterale Mindest-mengenvereinbarungen, die zunächst nur geschlossen werden, um den Bullwhip-Effekt des unmittelbaren Abnehmers zu reduzieren, auch positiv auf die dritte (vom Endkunden weiter entfernte Stufe) aus. Vergleicht man die Ergebnisse mit einer zweistufigen Supply Chain, erhöht sich die Anzahl der profitierenden Unternehmen. Da beim Großhändler jedoch eine Varianz neu entsteht, die im Grundmodell nicht zu beobachten war (vgl. Abbildung 5.3) profitiert der Hersteller in geringerem Maße von der Mindestmengenvereinbarung als der Groß-händler.

Insgesamt kann die Flexibilität des Abnehmers im Grundmodell also als entscheidende Ursache für den Bullwhip-Effekt einer Supply Chain herausgestellt werden. Diese Aussage deckt sich mit den Ergebnissen von Lee/Padmanabhan/Whang, die in ihrem Modell mit vollständiger Flexibilität den Bullwhip-Effekt in einer zweistufigen Supply Chain nachweisen, ohne die hohe Flexibilität des Abnehmers in ihrem Modell weiter zu problematisieren.[382] Die nun folgenden Überlegungen dienen der Prüfung, ob sich diese stetige Senkung des Bullwhip-Effekts auch in den Logistikkosten der Supply Chain niederschlägt.

5.2.1.2 Auswirkung auf die Kosten

Hier zeigt sich ein ganz anderes Ergebnis. Es ist zu beobachten, dass die Logistikkosten mit abnehmender Mengenflexibilität zunächst sinken. Bei den hier gewählten Parametern kann bei einer Mengenflexibilität von 12 % eine maximale Senkung der Logistikkosten um ca. 1,5 % erreicht werden (vgl. Abbildung 5.5). Wird die Mengenflexibilität des Einzelhändlers weiter reduziert, steigen die Kosten schnell an, obwohl der Bullwhip-Effekt weiter sinkt (vgl. Abbildung 5.2). Mengenflexibilitäten von unter 6 % ziehen sogar bedeutend höhere Kosten nach sich als unter den Konditionen des Grundmodells. Eine Senkung des Bullwhip-Effekts geht folglich nicht immer mit einer Kostensenkung einher. In der Summe über alle Unternehmen kann eine zu geringe Flexibilität des Einzelhändlers zwar einen sehr niedrigen Bullwhip-Effekt zur Folge haben, aber trotzdem große Kosten verursachen. Die Identifikation des Bullwhip-Effekts als alleiniger Kostentreiber ist also nicht ausreichend.

Betrachtet man die absoluten Zahlen, scheinen die Einsparpotenziale mit maximal 1,5 % zunächst gering. Insbesondere bei kleinen Gewinnmargen können diese Differenzen in den Logistikkosten jedoch bereits große Auswirkungen auf den Deckungsbeitrag haben. Es lässt sich erkennen, dass Mengenbindungsvereinbarungen hauptsächlich dann als

---

[382] Vgl. Lee et al. (1997).

Koordinationsmechanismus geeignet sind, wenn die Lagerung der Produkte hohe Kosten verursacht (also ein hoher Lagerkostensatz zu kalkulieren ist). Gleiches gilt, wenn aufgrund der Unsicherheit über die Nachfrage eine große Lagermenge bereitgehalten werden muss[383] und daher die Logistikkosten grundsätzlich einen hohen Anteil an den Gesamtkosten ausmachen. In diesen Fällen kann eine Mengenbindungsvereinbarung den Erfolg einer Supply Chain maßgeblich beeinflussen.

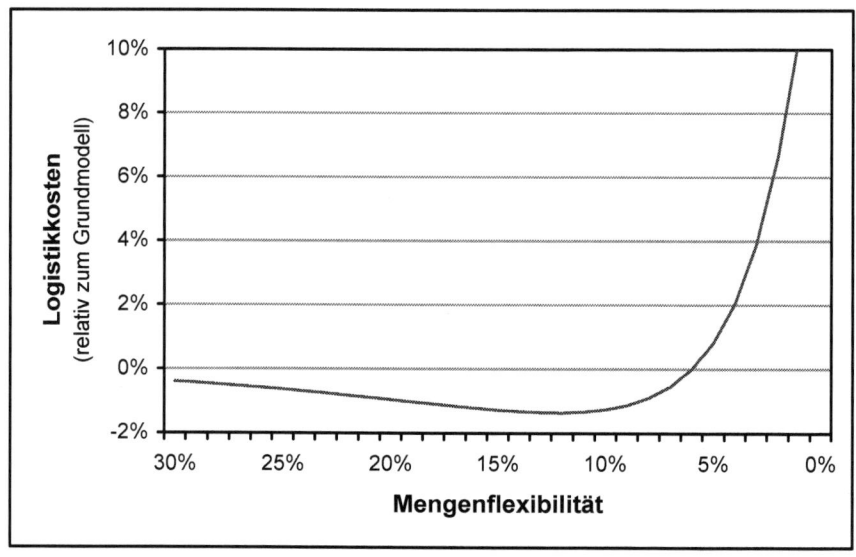

Abbildung 5.5: Logistikkosten (Summe) in Abhängigkeit von der Mengenflexibilität

Bei der Betrachtung der Einzelunternehmen zeigt sich, dass die Kosten des Einzelhändlers mit abnehmender Mengenflexibilität überproportional steigen, während die Kosten von Großhändler und Hersteller überproportional sinken (vgl. Abbildung 5.6 und Abbildung 5.7). Genau wie bei der Betrachtung des Bullwhip-Effekts zeigen sich hier bei Mengenflexibilitäten von über 30 % keine Unterschiede zum Grundmodell. Die Kosten

---

[383] Dieser Aspekt wird unter Referenz auf die Forschungsfragen 6 bis 9 in den Abschnitten 5.2.6 bis 5.2.9 näher untersucht.

von Großhändler und Hersteller sinken bei niedrigeren Mengenflexibilitäten sehr viel langsamer, als die des Einzelhändlers steigen. Die Unterschiede in den Kostenverläufen von Großhändler und Hersteller sind dabei kaum erkennbar.

Der skizzierte Verlauf ist dahingehend zu verstehen, dass der Einzelhändler aufgrund der abnehmenden Mengenflexibilität häufig Produkte bestellen muss, die er momentan nicht zur Deckung seines Bedarfs bzw. zur Anpassung seines wirtschaftlichen Lagerbestands benötigt. Sein Lagerbestand liegt daher über dem wirtschaftlichen Lagerbestand, was zu hohen Lagerkosten führt.

Großhändler und Hersteller können im Gegensatz dazu die Lagerbestände senken, da aufgrund der geringeren Flexibilität des Einzelhändlers ihre Unsicherheit über die zukünftige Nachfrage sinkt.[384] Ihre Nachfrageprognose fällt daher verlässlicher aus und sie können mit einem geringeren wirtschaftlichen Lagerbestand arbeiten. Die Mengenflexibilität hat also zwei gegenläufige Einflüsse auf die Kosten der Supply Chain. Zum einen erhöhen sich beim Einzelhändler die Lagerkosten aufgrund der sinkenden Flexibilität, zum anderen verringern sich die Lagerkosten bei Großhändler und Hersteller aufgrund der sinkenden Varianz der beim Großhändler eingehenden Nachfrage. Das erläuterte Kostenminimum resultiert letztendlich aus der Summe dieser beiden Effekte, die jeweils nicht linear verlaufen.

---

[384] Vgl. Abschnitt 2.3.4.3.

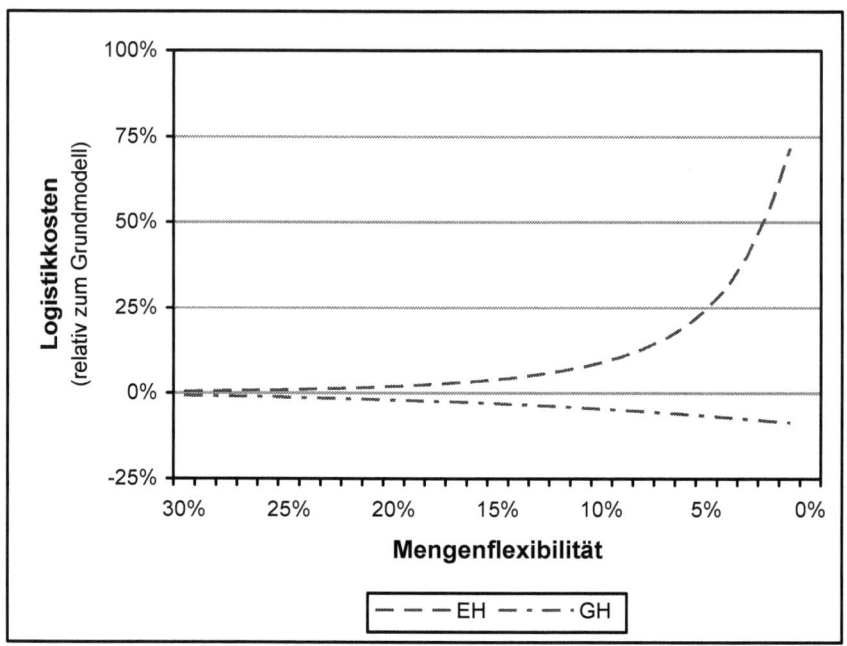

Abbildung 5.6: Logistikkosten von Einzelhändler und Großhändler in Abhängigkeit von der Mengenflexibilität

Betrachtet man die prognostizierte Standardabweichung der Nachfrage in der Wiederbeschaffungszeit von Großhändler und Hersteller,[385] wird deutlich, warum beide Unternehmen nur so geringe Kostensenkungen realisieren. Bei moderaten Mengenflexibilitäten, die in der Summe über alle beteiligten Unternehmen noch Kostensenkungen nach sich ziehen, kann nur eine Senkung der prognostizierten Standardabweichung von unter 10 % erreicht werden (vgl. Abbildung 5.8). Trotz der zuvor beschriebenen Glättung der Nachfrage[386] bleibt also eine relativ große Unsicherheit über die Höhe der Nachfrage bei Großhändler und Hersteller.

---

[385] Diese Kennzahl beeinflusst maßgeblich die Höhe des wirtschaftlichen Lagerbestands und damit die Lagerkosten. Vgl. Abschnitt 3.1.
[386] Vgl. auch Abschnitt 5.1.

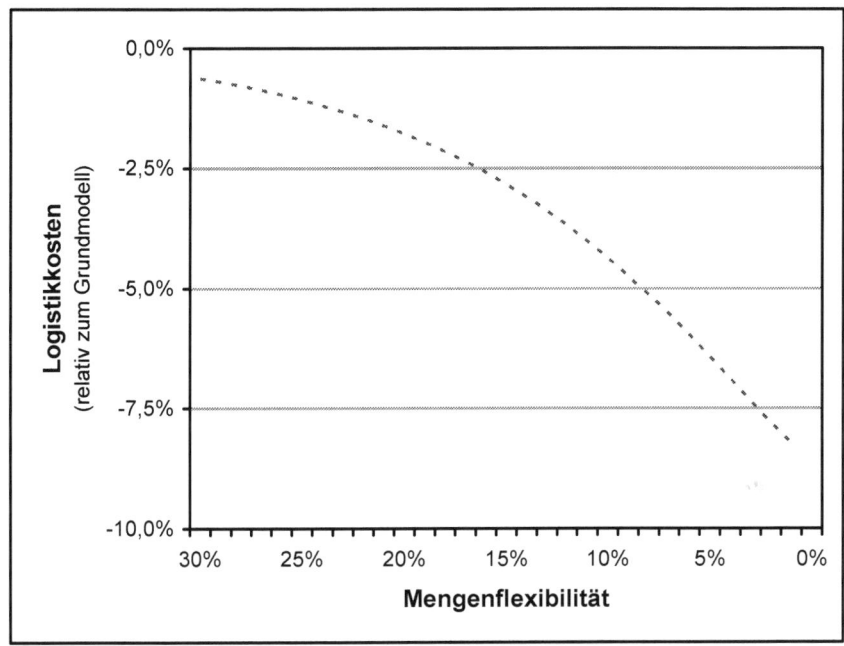

Abbildung 5.7: Logistikkosten des Herstellers in Abhängigkeit von der Mengenflexibilität

Insgesamt ist also erkennbar, dass der durch die geringere Flexibilität entstehende Nachteil einer kundennahen Stufe zu Vorteilen auf allen weiter entfernt liegenden Stufen führt. Bei moderaten Einschränkungen der Flexibilität überwiegen die kumulierten Vorteile von Großhändler und Hersteller, bei einer zu großen Einschränkung überwiegen die Nachteile des Einzelhändlers.

Obwohl Hersteller und Einzelhändler in dem Modell keinen bilateralen Vertrag miteinander vereinbaren, profitiert der Hersteller kostenmäßig auch von dem Vertrag zwischen Großhändler und Einzelhändler, an dem er nicht unmittelbar beteiligt ist. Diese Aussage bzgl. des Bullwhip-Effekts bestätigt sich hier also auch im Hinblick auf die Logistikkosten.

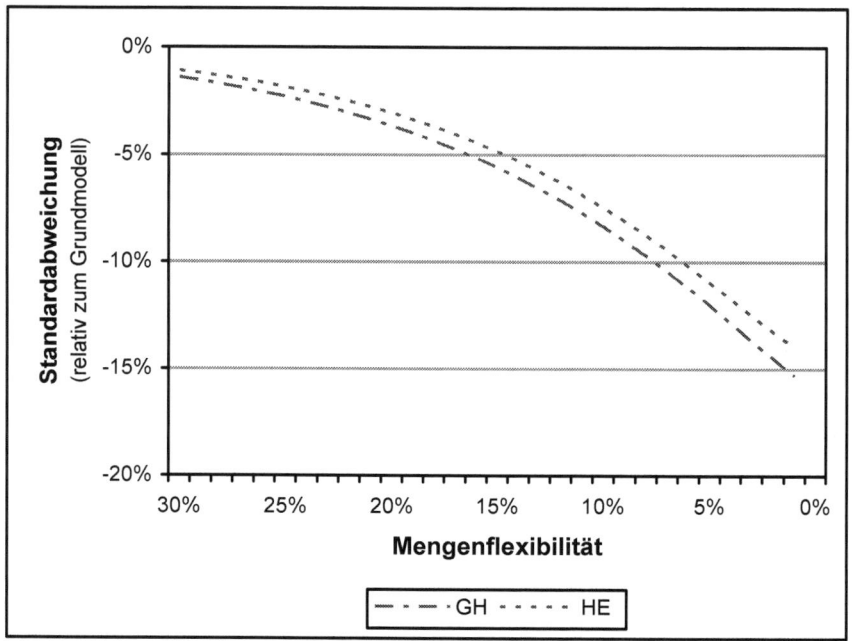

Abbildung 5.8: Prognostizierte Standardabweichung des Bestelleingangs in der Wiederbeschaffungszeit

Betrachtet man die bei niedrigen Mengenflexibilitäten überproportional steigenden Kosten für den Einzelhändler, wird deutlich, warum die gesamten Logistikkosten bei einer niedrigen Mengenflexibilität in der Summe über den im Grundmodell angezeigten Kosten liegen (vgl. Abbildung 5.5). Der Handlungsspielraum des Einzelhändlers wird hier so stark eingeschränkt, dass die Nachteile durch die Vorteile von Groß-händler und Hersteller nicht mehr kompensiert werden können. Eine geringe Mengenflexibilität, die zunächst große Vorteile für die weit vom Endkunden entfernten Stufen verspricht, birgt somit stets die Gefahr, dass das nahe am Endkunden agierende Unternehmen aufgrund der Nachteile langfristig die Supply Chain verlassen oder so starken wirt-schaftlichen Problemen ausgesetzt sind, dass sie langfristig nicht als zuverlässiger Partner zur Verfügung stehen. Bei welchen Werten der

Parameter der Endkundennachfrage diese Gefahr besonders stark ist, steht im Zentrum der Forschungsfragen 6 bis 9.

Neben der Varianz lässt sich hier also ein zweiter ganz entscheidender Kostentreiber herausstellen: die Flexibilität. Zusammen mit der Varianz ist sie die entscheidende Determinante der Logistikkosten in Supply Chains. Daraus lässt sich schlussfolgern, dass es optimal ist, das Risiko der Nachfrageschwankung durch die Wahl einer moderaten Flexibilität auf alle Unternehmen der Supply Chain zu verteilen. In diesem Fall müssen große Schwankungen in der Endkundennachfrage vom Einzelhändler kompensiert werden, kleinere Schwankungen können jedoch an die anderen beteiligten Unternehmen weitergegeben werden. Wird auch das Risiko kleiner Schwankungen vom Einzelhändler getragen, entsteht für ihn eine maßgebliche Verschlechterung, für die anderen Unternehmen jedoch kaum eine Verbesserung.

5.2.2 Wie verhalten sich Kosten und Bullwhip-Effekt der gesamten Supply Chain bei unterschiedlichen Bindungsdauern (und fester Mengenflexibilität)?

5.2.2.1 Auswirkung auf den Bullwhip-Effekt

Neben der Mengenflexibilität wird eine Mindestmengenvereinbarung auch durch die jeweilige Bindungsdauer geprägt.[387] Abbildung 5.9 zeigt, in welchem Umfang sich der Bullwhip-Effekt bei unterschiedlichen Bindungsdauern senken lässt.

Das Balkendiagramm veranschaulicht, dass Mengenbindungsvereinbarungen mit einer längeren Bindungsdauer den Bullwhip-Effekt stärker senken können, da hier die Mindestmenge seltener neu festgelegt wird. Indem der Einzelhändler länger an eine bestimmte Mindestmenge

---

[387] Vgl. Abschnitt 3.3.1.2.

gebunden ist, fällt die Varianz seiner Bestellungen niedriger aus. Die Unterschiede zwischen den untersuchten Bindungsdauern erweisen sich bei längeren Bindungsdauern sehr viel geringer aus als bei kurzen. Es zeigt sich hier also, dass längerfristige Verträge ab einem gewissen Punkt kaum noch Vorteile mit sich bringen, obwohl sie die Flexibilität stärker einschränken.

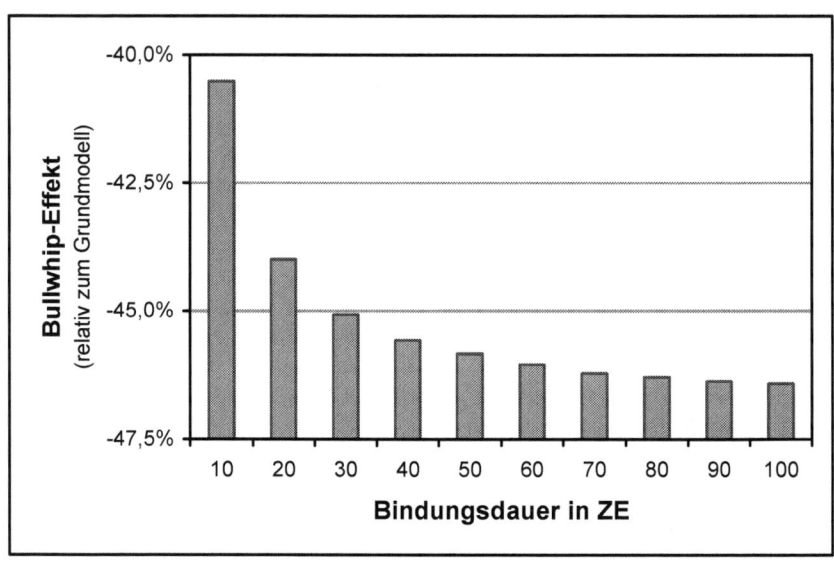

Abbildung 5.9: Gesamter Bullwhip-Effekt in Abhä   ngigkeit von der Bindungsdauer

Aus Sicht der Einzelunternehmen zeigen sich beim Bullwhip-Effekt nur geringe Unterschiede. In allen Unternehmen sinkt der Effekt mit zuneh-mender Bindungsdauer stetig mit abnehmender Geschwindigkeit (vgl. Abbildung 5.10 und Abbildung 5.11).

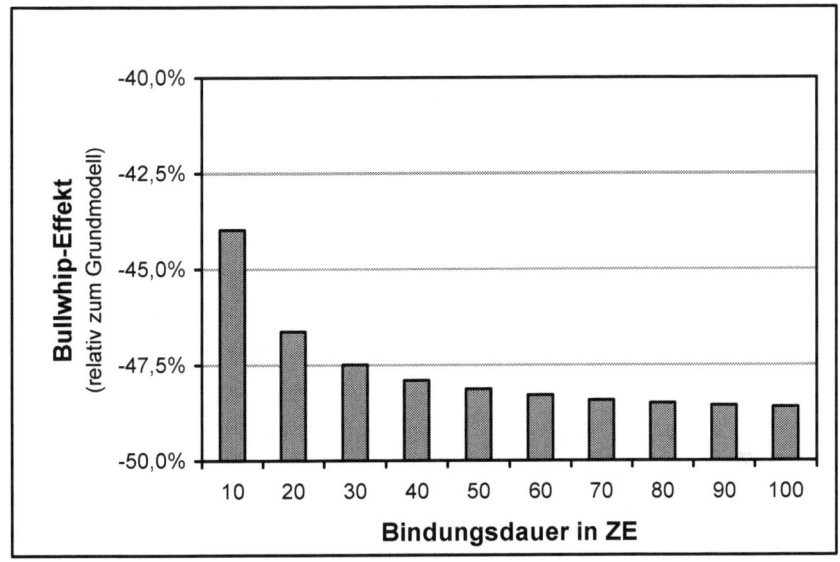

Abbildung 5.10: Bullwhip-Effekt des Einzelhändlers in Abhängigkeit von der Bindungsdauer

Während der Wert beim Einzelhändler von knapp -45 % auf nahezu -50 % sinkt, bleibt er bei Großhändler und Hersteller in jedem Fall über dem im Grundmodell verzeichneten Wert und sinkt von 3,5 % auf 2,5 % beim Großhändler bzw. von 2,5 % auf 1,5 % beim Hersteller. Bei jeder angenommenen Bindungsdauer erweist sich der Bullwhip-Effekt bei diesen beiden Unternehmen stärker als im Grundmodell. Bzgl. des Bullwhip-Effekts birgt also eine Verlängerung der Bindungsdauer nur geringe Vorteile. Bindungsdauern von über 50 ZE binden den Einzelhändler lange an eine bestimmte Mindestmenge, ohne diese Erfolgskennzahl für eines der drei beteiligte Unternehmen der Supply Chain weiter maßgeblich positiv zu beeinflussen. Betrachtet man daneben die Risiken einer langen Bindungsdauer, die im Modell nicht abgebildet werden,[388] ist infrage zu stellen, ob die Vereinbarung einer langen Bindungsdauer zur Unterbindung des Bullwhip-Effekts, der durch

---

[388] Vgl. Abschnitt 3.3.1.2.

kurzfristige Überreaktionen[389] entsteht, gerechtfertigt ist. Eine monetäre Bewertung dieser Überlegungen erfolgt im nächsten Abschnitt.

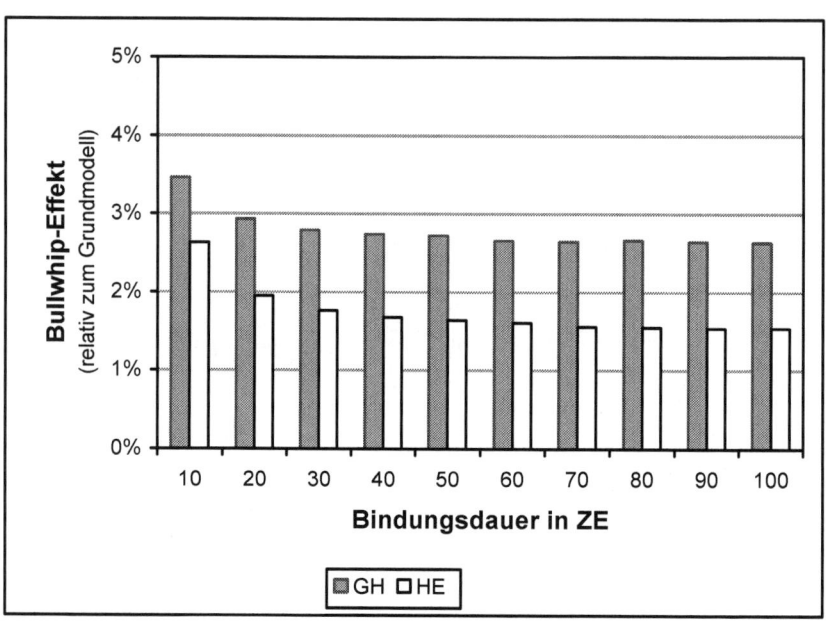

Abbildung 5.11: Bullwhip-Effekt von Großhändler und Hersteller in Abhängigkeit von der Bindungsdauer

5.2.2.2 Auswirkung auf die Kosten

Die Auswirkungen verschiedener Bindungsdauern auf die Logistikkosten unterscheiden sich grundlegend von den Auswirkungen auf den Bull-whip-Effekt. Entgegen der Erwartung sinken die Einsparpotenziale einer Mengenbindungsvereinbarung mit steigenden Bindungsdauern um einige Prozentpunkte, obwohl der Bullwhip-Effekt bei längeren Bin-dungsdauern geringer ausfällt (vgl. Abbildung 5.12). Allein die Tatsache, dass sich Mengenbindungsvereinbarungen mit Bindungsdauern von

---

[389] Vgl. Abschnitt 2.3.4.3.

über 50 ZE bzgl. der Logistikkosten kaum noch voneinander unterscheiden, bestätigt die Erkenntnisse der Untersuchung des Bullwhip-Effekts.

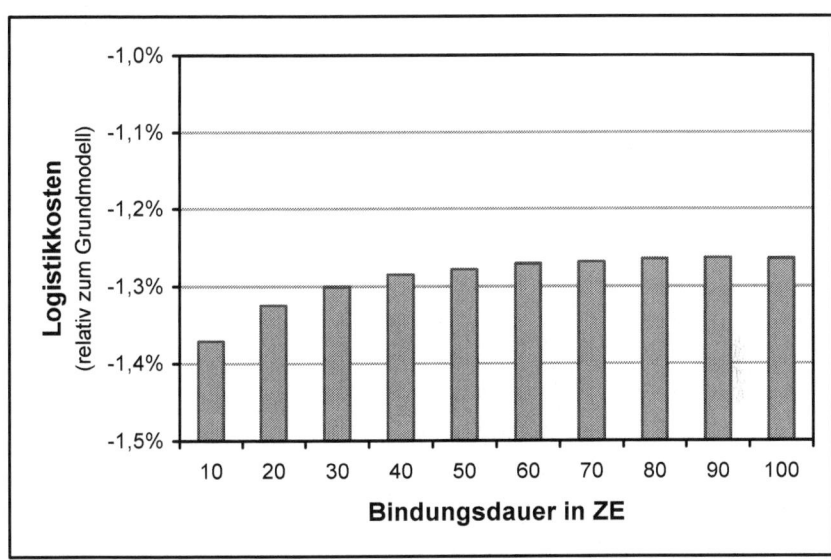

Abbildung 5.12: Logistikkosten (Summe) in Abhängigkeit von der Bindungsdauer

Aus der Analyse der Logistikkosten auf der Ebene der Einzelunternehmen lassen sich weitere Erkenntnisse ableiten. Der Einzelhändler kann
durch die häufigen Anpassungsmaßnahmen bei kurzen Bindungsdauern
seinen Lagerbestand relativ gering halten, da er unwirtschaftlich hohe
Bestände schnell abbauen kann. Hinzu kommt, dass bei einer langen
Bindungsdauer stets die Gefahr besteht, dass die Nachfrage innerhalb
der Bindungsdauer aufgrund zufälliger Einflüsse einbricht und der
Einzelhändler aufgrund dessen größere Lagerbestände aufbaut als bei
einer kurzen Bindungsdauer.[390] Daher steigen seine Logistikkosten mit
zunehmender Bindungsdauer wie erwartet (vgl. Abbildung 5.13). Wie bei
den gesamten Logistikkosten ist auch beim Einzelhändler ein unterpro-
portionaler Anstieg zu verzeichnen.

---

[390] Ein unerwarteter Anstieg der Nachfrage stellt hingegen keine Gefahr da und soll hier
daher nicht diskutiert werden.

Die Logistikkosten von Großhändler und Hersteller nehmen mit steigender Bindungsdauer ab. Sie profitieren von einer geringeren Flexibilität des Einzelhändlers bei langen Bindungsdauern, da sie mit größerer Sicherheit den zukünftigen Bedarf prognostizieren können und daher einen geringeren wirtschaftlichen Lagerbestand kalkulieren (vgl. Abbildung 5.14).

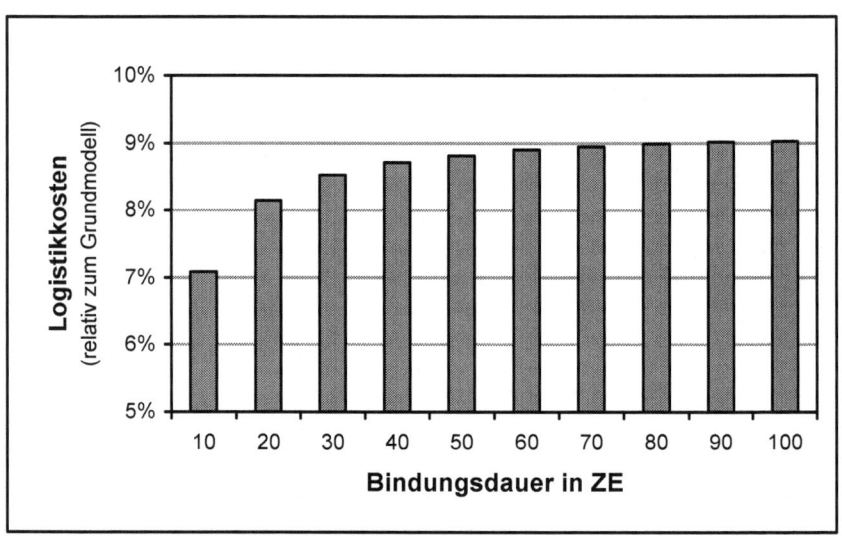

Abbildung 5.13: Logistikkosten des Einzelhändlers in Abhängigkeit von der Bindungsdauer

Während die Kosten des Einzelhändlers bei den betrachteten Bindungsdauern eine Amplitude von ca. 2 % aufweisen, ist bei Großhändler und Hersteller nur eine Amplitude von jeweils ca. 0,5 % erkennbar. In der Summe zeigt sich daher – anders als beim Bullwhip-Effekt –, dass Vereinbarungen mit kürzeren Bindungsdauern die Logistikkosten stärker senken als Vereinbarungen mit langen Bindungsdauern. Die Nachteile des Einzelhändlers überwiegen hier die Vorteile von Großhändler und Hersteller. Bei den gewählten Werten der Parameter ist es also nicht (wie man aufgrund der Ausführungen zum Flexibilitätsbegriff[391] annehmen könnte) so, dass langfristige Vereinbarungen die Instabilität der Bestellmengen stärker verringern als kurzfristige.

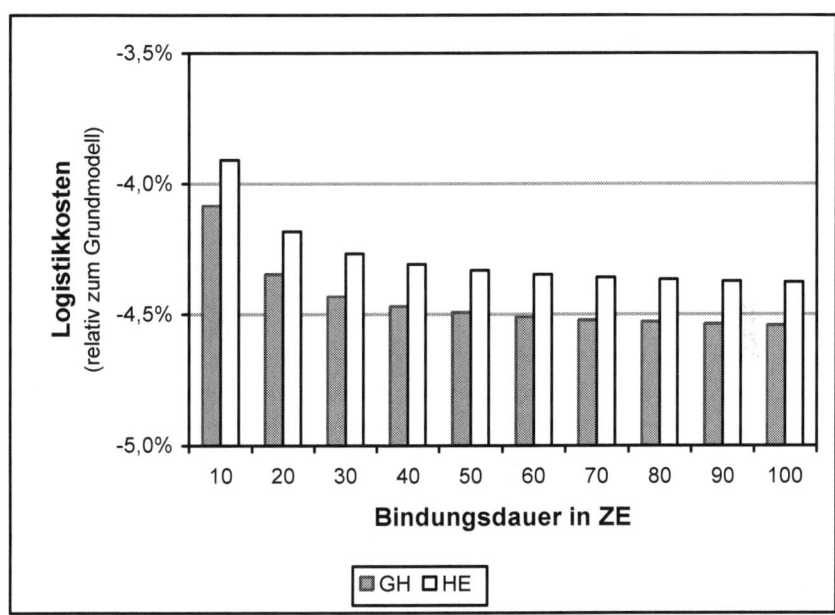

Abbildung 5.14: Logistikkosten von Großhändler und Hersteller in Abhängigkeit von der Bindungsdauer

Die Flexibilität, die es dem Einzelhändler ermöglicht, seine Bestellmenge an langfristige Entwicklungen der Endkundennachfrage anzupassen, zieht also nur sehr geringe negative Konsequenzen nach sich, die tatsächlich durch Mindestmengenvereinbarungen reduziert werden müssten. Lediglich kurzfristige Schwankungen lösen in hohem Maße den Bullwhip-Effekt aus und müssen vorrangig durch dieses Koordinationsinstrument gemindert werden. Die Unterbindung langfristiger Anpassungsmaßnahmen schränkt den Einzelhändler ein, ohne dass die Zulieferer auf beiden Stufen daraus einen Nutzen ziehen.

---

[391] Vgl. Abschnitt 2.4.3.1.

Um ein Gesamtoptimum zu erreichen, sollte eine Supply Chain also eine Mindestmengenvereinbarung mit einer eher kurzen Bindungsdauer treffen. Ein Vergleich mit Forschungsergebnissen der Literatur ist an dieser Stelle nicht möglich, da Mengenbindungen, die sich mit unterschiedlichen Bindungsdauern über einen bestimmten Zeitraum wiederholen, bisher nach der Recherche des Verfassers nicht untersucht wurden. Die Ergebnisse, die Bassok/Anupindi[392] diskutieren, lassen sich nicht auf diese Forschungsfrage anwenden. Die hier vorliegenden Ergebnisse widerlegen die Quellen, die Flexibilität generell (oder implizit die freie Wahl der Bestellmenge) als Kostentreiber darstellen,[393] da hier gezeigt werden konnte, dass die Flexibilität im Hinblick auf langfristige Nachfrageschwankungen keine Kosten verursacht.

5.2.3   Wie beeinflussen Bindungsdauer und Mengenflexibilität relativ zueinander Kosten und Bullwhip-Effekt der gesamten Supply Chain?

5.2.3.1   Auswirkung auf den Bullwhip-Effekt

Die Auswertung der Einflüsse von Mengenflexibilität und Bindungsdauer auf den Bullwhip-Effekt zeigt, dass die Mengenflexibilität einen bedeutend größeren Einfluss auf diese Kennzahl hat. Stellt man daher den Bullwhip-Effekt in Abhängigkeit von der Mengenflexibilität bei unterschiedlichen Bindungsdauern dar, sind kaum Unterschiede zwischen den Graphen erkennbar, und es können keine verlässlichen Folgerungen daraus gezogen werden. Daher wird durch Abbildung 5.15 illustriert, wie sich der Bullwhip-Effekt bei der jeweiligen Bindungsdauer abhängig von der Mengenflexibilität von dem Bullwhip-Effekt bei einer Bindungsdauer von 100 ZE unterscheidet. Die Werte sind also jeweils als Differenz zu Abbildung 5.2, die im Kontext der ersten Forschungsfrage

---
[392]   Bassok, Anupindi (1997).
[393]   Vgl. bspw. Lee et al. (1997); Kaluza, Blecker (2005).

betrachtet wurde, zu sehen. Positive Werte in dieser Abbildung bedeuten, dass der Bullwhip-Effekt relativ zu der Vereinbarung mit einer Bindungsdauer von 100 ZE größer ist und somit insgesamt nicht so stark gesenkt werden konnte.

Abbildung 5.15 veranschaulicht, dass sich die Bullwhip-Effekte bezogen auf verschiedene Bindungsdauern nur bei kleinen Mengenflexibilitäten unterscheiden. Bei Mengenflexibilitäten über ca. 15 % weisen alle untersuchten Bindungsdauern Differenzen von maximal 1 % auf. Analog kann die Bindungsdauer bei hohen Mengenflexibilitäten als unerheblich betrachtet werden. Anders gesagt: Bei kleineren Mengenflexibilitäten wird deutlich, dass Vereinbarungen mit kurzen Bindungsdauern den Bullwhip-Effekt nicht so stark senken wie Vereinbarungen mit langen Bindungsdauern. Die Ergebnisse, die in Beantwortung der zweiten Forschungsfrage[394] für eine Mengenflexibilität von 5 % erläutert wurden, lassen sich also für alle relativ geringen Mengenflexibilitäten verallgemeinern.

Betrachtet man nun die Relationen zwischen dem Einfluss der Bindungsdauer (maximale Amplitude 10 %) und dem Einfluss der Mengenflexibilität (Amplitude über 80 %, vgl. Abbildung 5.2), zeigt sich, dass die Mengenflexibilität in diesem Modell das weitaus relevantere Flexibilitätsmaß ist. Es können daher nur sehr geringe Differenzen der Mengenflexibilität mit Änderungen der Bindungsdauer kompensiert werden.

Wird also eine Mindestmenge mit dem Ziel vereinbart, den Bullwhip-Effekt zu senken, kann die Handlungsempfehlung ausgesprochen werden, dass eine Vereinbarung mit einer möglichst geringen Flexibilität für den Einzelhändler vereinbart werden sollte. Wenn beide Flexibilitätsparameter klein sind (also eine geringe Mengenflexibilität und eine lange Bindungsdauer vereinbart werden), kann der Bullwhip-Effekt so weit gesenkt werden, dass beide vom Endkunden entfernte Unternehmen (hier Großhändler und Hersteller) von der Vereinbarung profitieren.

---

[394] Vgl. Abschnitt 5.2.2.

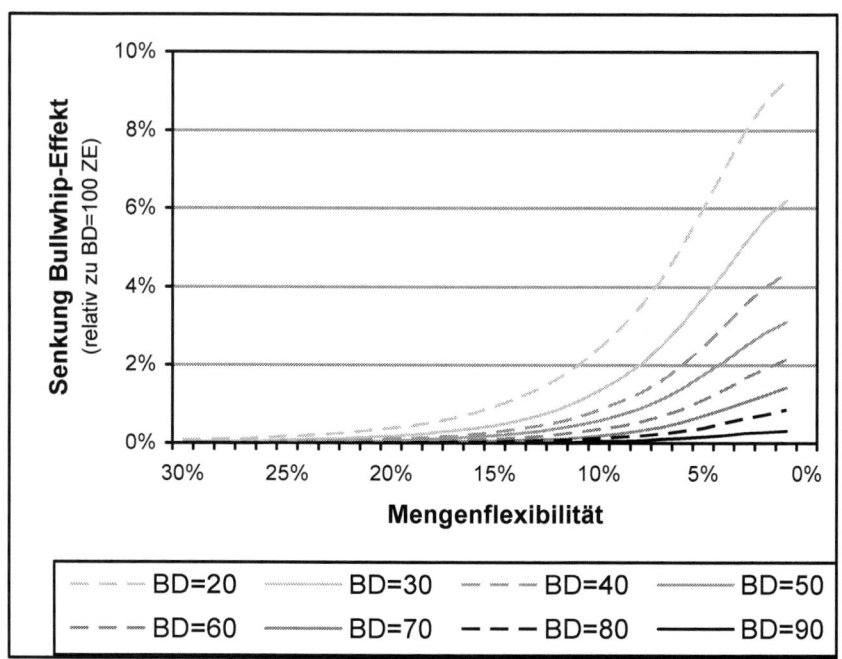

Abbildung 5.15: Bullwhip-Effekt in Abhängigkeit von der Mengenflexibilität und der Bindungsdauer

5.2.3.2 Auswirkung auf die Kosten

Noch deutlicher sind die Auswirkungen zwischen den beiden Flexibilitätsmaßen bzgl. der Logistikkosten (vgl. Abbildung 5.16). Da Vereinbarungen mit einer Mengenflexibilität von über 15 % unter Berücksichtigung verschieden langer Bindungsdauern keine Unterschiede aufweisen, wurden in dieser Abbildung nur die Vereinbarungen mit Mengenflexibilitäten zwischen 1 und 15 % erfasst. Um die unterschiedlichen
Auswirkungen in der Korrelation von Mengenflexibilität und Bindungsdauer überhaupt sichtbar zu machen, wurde auf der Ordinate die
Differenz zu den Logistikkosten (relativ zu den Logistikkosten im
Grundmodell) bei einer Bindungsdauer von 100 ZE abgetragen (vgl.
Abbildung 5.5).

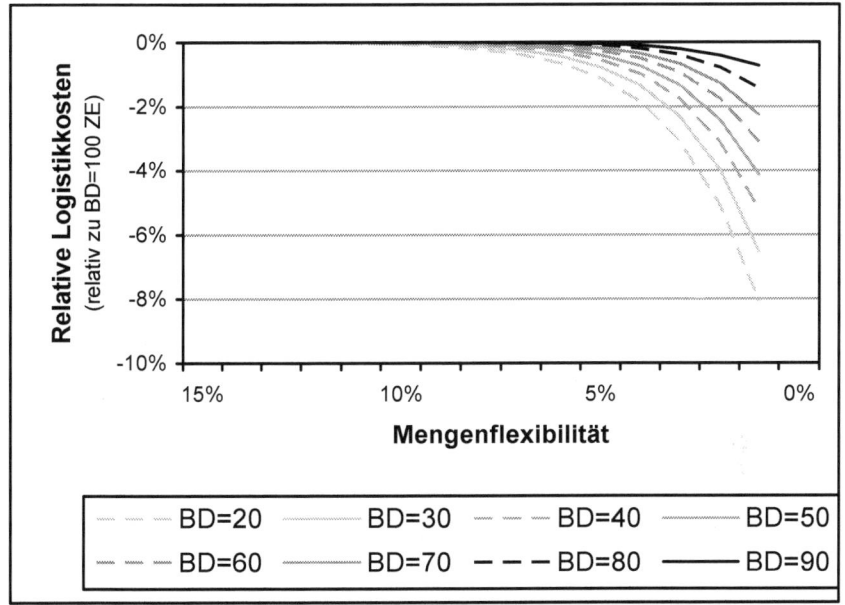

Abbildung 5.16: Logistikkosten in Abhängigkeit von der Mengenflexibilität und der Bindungsdauer

Abbildung 5.16 zeigt, dass Vereinbarungen mit kurzen Bindungsdauern die Logistikkosten bei hohen Mengenflexibilitäten (die ohnehin eine Kostenerhöhung zur Folge haben)[395] nicht so stark ansteigen lassen wie Vereinbarungen mit kurzen Bindungsdauern. Bei Mindestmengenvereinbarungen mit Mengenflexibilitäten über ca. 5 % – also bei Vereinbarungen, die Kostenreduktionen bewirken – ergeben sich kaum Unterschiede zwischen verschiedenen Bindungsdauern. Hier bieten Mindestmengenvereinbarungen mit kurzen Bindungsdauern geringfügige Vorteile für alle beteiligten Unternehmen in der Summe. Betrachtet man die Differenzen der Logistikkosten in der Korrelation mit verschiedenen Bindungsdauern, zeigt sich, dass die Unterschiede bei kurzen Bindungsdauern etwas größer sind als bei langen Bindungsdauern. Wie schon unter Bezug auf Forschungsfrage 2 erläutert[396], unterscheiden sich Mindestmengenver-

---

[395] Vgl. Abbildung 5.5.
[396] Vgl. Abschnitt 3.4.2.

einbarungen mit langen Bindungsdauern kaum voneinander. Die Betrachtung von Abbildung 5.15 verdeutlicht, dass diese Aussage für alle Mengenflexibilitäten aufrechterhalten werden kann.

Insgesamt erweist sich demnach die Bindungsdauer als der weniger relevante Vertragsparameter bzgl. Kosten und Bullwhip-Effekt. Tatsächlich ist der Einfluss so wenig signifikant, dass – so hier die Handlungsempfehlung – bei Vertragsverhandlungen ein sehr viel größeres Gewicht auf die Festlegung der Mengenflexibilität gelegt werden sollte.

Untersucht man abschließend, bei welchen Bindungsdauern und welchen Mengenflexibilitäten sich eine maximale Reduktion der Logistikkosten erzielen lässt, zeigt sich, dass diese bei einer Mengenflexibilität von 12 % erreicht wird und bei allen Bindungsdauern 1,36 % beträgt. Die kostenminimale Mengenflexibilität und die maximal erreichbare Ersparnis sind also unabhängig von der Bindungsdauer. Wiederum anders formuliert: Der Einfluss der Bindungsdauer ist bei der betrachteten Werten der Parameter so gering, dass der Bindungsdauer bei der Konzeption einer optimalen Vertragsgestaltung keine Bedeutung mehr zukommt. Der einzige relevante Vertragsparameter mit der Intention, einen kostenminimalen Vertrag (bzgl. der gesamten Supply Chain) zu erreichen, ist folglich die Mengenflexibilität.

Die oben formulierte Handlungsempfehlung, bei der Aushandlung der Vertragsparameter eher Wert auf die Mengenflexibilität zu legen, kann also auch hier aufrechterhalten werden. Lediglich die Aussage, dass die Kombination zweier niedriger Flexibilitätsmaße zu optimalen Ergebnissen führt, muss hier revidiert werden. Vielmehr gilt bei allen Bindungsdauern die Aussage, dass es eine moderate optimale Mengenflexibilität gibt. Bei keiner untersuchten Bindungsdauer reichen die Einsparpotenziale von Großhändler und Hersteller aus, um die Mehrkosten beim Einzelhändler in Korrelation mit einer besonders niedrigen Mengenflexibilität zu kompensieren. Insgesamt kommt also der Mengenflexibilität eine überaus große Bedeutung zur Reduktion der Kosten zu.

5.2.4 Wie verhalten sich Kosten und Bullwhip-Effekt der gesamten Supply Chain bei unterschiedlichen Mengenflexibilitäten in den beiden möglichen Konstellationen?

5.2.4.1 Auswirkung auf den Bullwhip-Effekt

In den bisherigen Fragestellungen wurde angenommen, dass eine Mindestmengenvereinbarung zwischen Einzelhändler und Großhändler geschlossen wurde. Nun wird diese Vereinbarung (Konstellation 1) mit einer Vereinbarung zwischen Großhändler und Hersteller (Konstellation 2) verglichen. Abbildung 5.17 stellt die Bullwhip-Effekte in den verschiedenen Konstellationen dar.

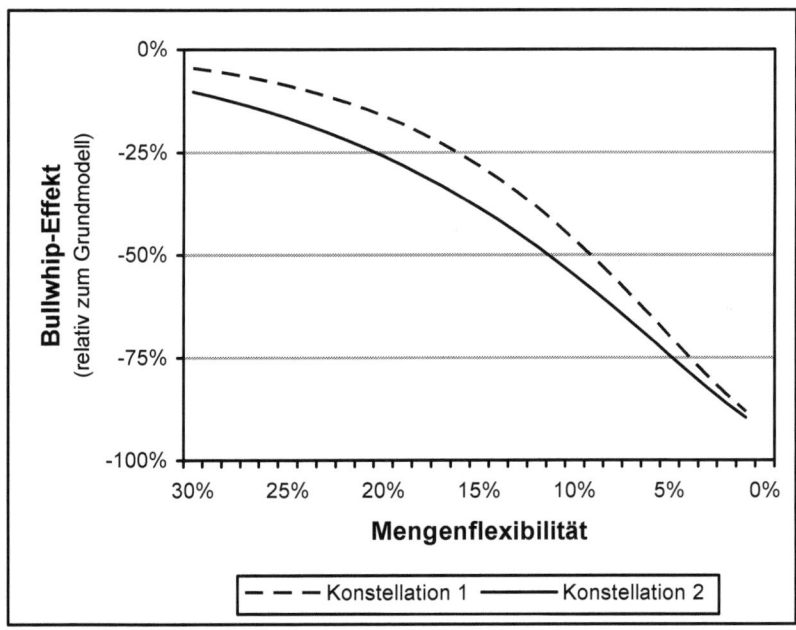

Abbildung 5.17: Bullwhip-Effekt in Abhängigkeit von der Mengenflexibilität bei verschiedenen Konstellationen

Es zeigt sich deutlich, dass in der Konstellation 2 der Bullwhip-Effekt (über die gesamte Supply Chain) signifikant stärker gesenkt werden kann. Außerdem wird sichtbar, dass bereits bei größeren Mengenflexibilitäten eine im Vergleich zu Konstellation 1 große Senkung erreicht wird. Umgekehrt nähern sich bei kleineren Mengenflexibilitäten die Ergebnisse beider Konstellationen wieder einander an. Dies erklärt sich dadurch, dass der Großhändler grundsätzlich eine Nachfrage mit einer weitaus größeren Schwankungsamplitude zu befriedigen hat als der Einzelhändler. Daher schränken in Konstellation 2 sogar relativ große Mengenflexibilitäten die Handlungsfreiheit des Großhändlers stark ein, sodass die Schwankung der Nachfrage beim Hersteller stark verringert wird. Wird hingegen in Konstellation 1 eine Mindestmengenvereinbarung zwischen Einzelhändler und Großhändler getroffen, wird nur die vergleichsweise geringe Schwankung des Einzelhändlers unterbunden.

Einen Unterschied zu Konstellation 1 zeigt die Betrachtung des Bullwhip-Effekts der einzelnen beteiligten Unternehmen (vgl. Abbildung 5.3 und Abbildung 5.18). Während der Bullwhip-Effekt in Konstellation 1 bei dem an der Mindestmengenvereinbarung beteiligten Zulieferer (Großhändler) in der Korrelation mit großen Mengenflexibilitäten zunächst ansteigt,[397] liegt der Bullwhip-Effekt auf dieser Stufe der Supply Chain (Hersteller) bei allen Mengenflexibilitäten unterhalb des Bullwhip-Effekts, so wie er sich im Grundmodell darstellt. Daraus lässt sich schließen, dass die Wechselwirkungen mit der nachfolgenden Stufe (Hersteller) in der Konstellation 1 für den beschriebenen Anstieg verantwortlich sind. Unter der hier getroffenen Annahme, dass kein weiterer Zulieferer vorhanden ist, hat dies auch keinen Anstieg des Bullwhip-Effekts auf dieser Stufe zur Folge. Die überproportionale Reduktion des Bullwhip-Effekts bei dem an der Vereinbarung beteiligten Abnehmer (hier beim Einzelhändler in Konstellation 1 und beim Großhändler in Konstellation 2) unterscheidet sich jedoch in beiden Konstellationen nicht.

---

[397] Vgl. Abschnitt 5.2.1.1.

Weiterhin zeigt Abbildung 5.18 beim Einzelhändler einen im Vergleich zum Grundmodell konstanten Bullwhip-Effekt von null. Daran lässt sich ablesen, dass die Mindestmengenvereinbarung zwischen Großhändler und Hersteller das Verhalten des Einzelhändlers nicht tangiert. Hier ist also ein Unterschied zur obigen Analyse von Konstellation 1 erkennbar.[398] Dort kann eine Rückwirkung auf das Verhalten des Herstellers festgestellt werden, die hier nicht zu beobachten ist. Die untersuchte Mindestmengenvereinbarung berührt also nur Unternehmen, die auf einer vom Endkunden weiter entfernten Stufe agieren. Beteiligte Unternehmen auf einer näher am Endkunden gelegenen Stufe werden nicht beeinflusst.

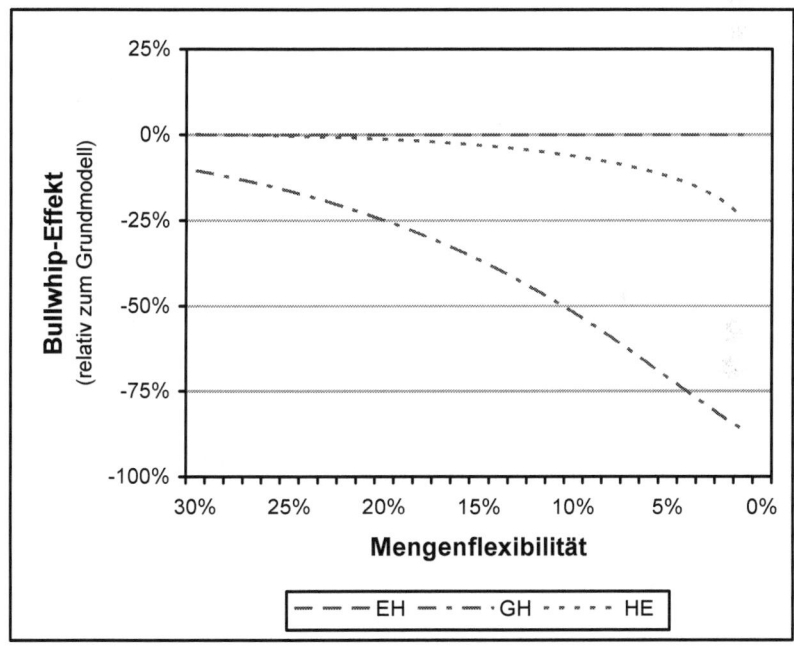

Abbildung 5.18: Bullwhip-Effekt der Einzelunternehmen in Konstellation 2 in Abhängigkeit von der Mengenflexibilität

---

[398] Vgl. Abschnitt 5.2.1.

5.2.4.2   Auswirkung auf die Kosten

Abbildung 5.19 zeigt den Vergleich der Logistikkosten in beiden Konstellationen. Es ist erkennbar, dass Konstellation 2 bei jeder Mengenflexibilität zu insgesamt höheren Logistikkosten führt. Trotz der eben identifizier-
ten großen Potenziale zur Senkung des Bullwhip-Effekts bei einer noch
relativ großen Mengenflexibilität lassen sich bei den untersuchten
Parametern die Logistikkosten nur minimal unter die aus dem Grundmodell ersichtlichen Kosten senken (Reduktionen von unter 0,5 %). Schon
bei relativ großen Mengenflexibilitäten führt die Vereinbarung zwischen
Großhändler und Hersteller im Vergleich zu den Ergebnissen im Grundmodell zu Kostensteigerungen, die bei einer Mindestmengenvereinbarung zwischen Einzelhändler und Großhändler nicht erkennbar sind.

Dieses Resultat bestätigt die Erwartungen. Da die Bestelleingänge
beider Unternehmen geglättet werden,[399] profitierten in Konstellation 1
zwei Unternehmen (Großhändler und Hersteller) von der Koordination
der Supply Chain durch die Mengenbindungsvereinbarung.[400] In Konstellation 2 hingegen profitiert mit dem Hersteller nur ein beteiligtes Unternehmen von den Einsparungen (vgl. Abbildung 5.20), da der Großhändler in der Mindestmengenvereinbarung die Rolle des Abnehmers
übernimmt und folglich Einbußen akzeptieren muss. Die Logistikkosten
des Einzelhändlers ändern sich in Konstellation 2 nicht. Auch bzgl. der
Kosten gilt also, dass lediglich Unternehmen, die weiter vom Endkunden
entfernt sind, von der Mindestmengenvereinbarung beeinflusst werden.
Eine Rückkopplung auf endkundennah agierende beteiligte Unternehmen findet auch hier nicht statt.

---

[399]   Vgl. Abbildung 5.4.
[400]   Vgl. Abschnitt 5.2.2.1.

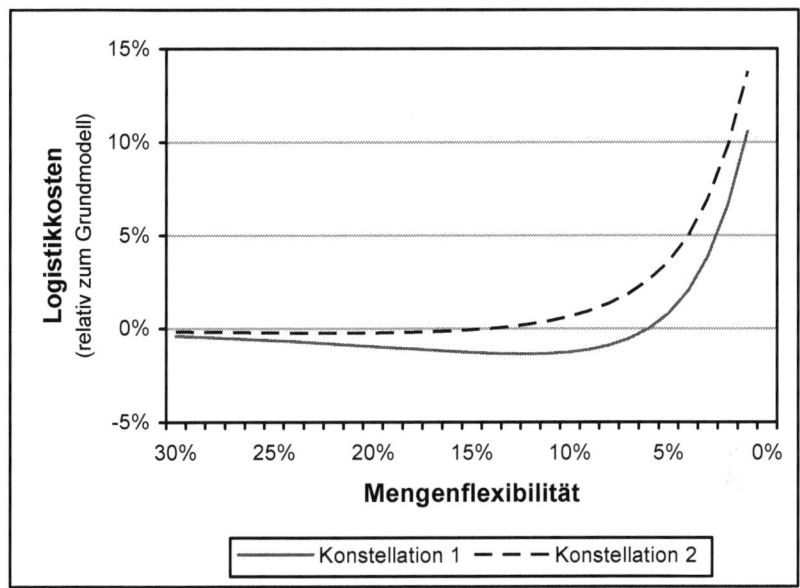

Abbildung 5.19: Logistikkosten in Abhängigkeit von der Mengenflexibilität bei verschiedenen Konstellationen

Aus der Analyse der Zusammenhänge bis hierhin kann formuliert werden, dass eine Mengenbindungsvereinbarung grundsätzlich auf einer endkundennahen Stufe getroffen werden sollte, um bei möglichst vielen Unternehmen der Supply Chain eine Reduktion der Varianz der Bestelleingänge zu erzielen. Der insgesamt geringere Bullwhip-Effekt[401] lässt zunächst jedoch eine Vorteilhaftigkeit von Konstellation 2 vermuten, da der Bullwhip-Effekt der gesamten Supply Chain sinkt. Für die Analyse der Logistikkosten ist die Betrachtung der Bullwhip-Effekte auf allen drei Stufen der Supply Chain relevant. Unter diesem Fokus wird allerdings deutlich, dass in Konstellation 2 nur die Varianz der eingehenden Bestellungen beim Hersteller reduziert werden kann.

Sollte es Rahmenbedingungen geben, die eine Mindestmengenvereinbarung auf einer endkundennahen Stufe verhindern, ist zu überlegen, ob

---

[401] Vgl. Abschnitt 5.2.4.1.

überhaupt eine Mindestmengenvereinbarung geschlossen werden sollte, denn die Einsparpotenziale für alle beteiligten Unternehmen sind dann sehr gering und die Gefahr von Kostensteigerungen bei der Wahl einer zu geringen Mengenflexibilität ist groß.

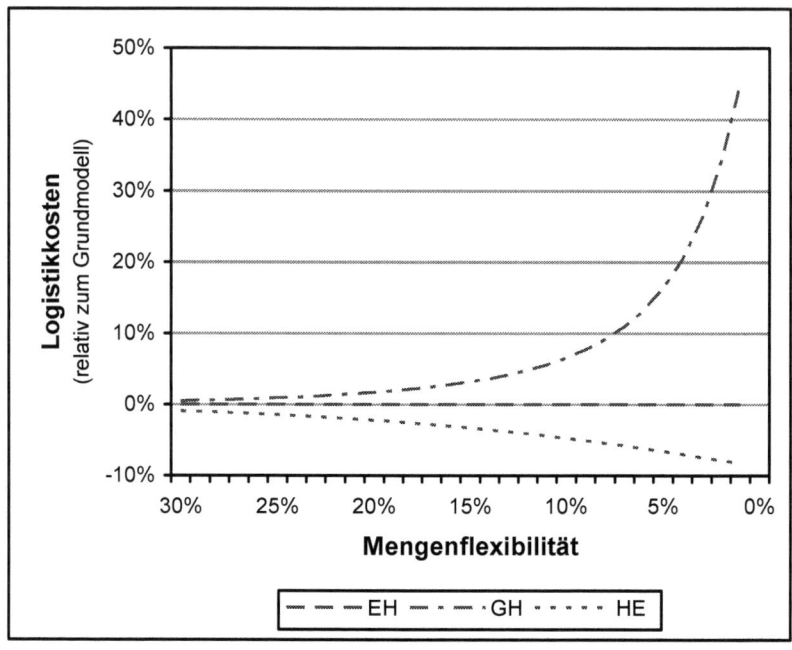

Abbildung 5.20: Logistikkosten der Einzelunternehmen in Konstellation 2 in Abhängigkeit von der Mengenflexibilität

5.2.5   Wie verhalten sich Kosten und Bullwhip-Effekt der gesamten
         Supply Chain bei unterschiedlichen Bindungsdauern in den
         beiden möglichen Konstellationen?

5.2.5.1   Auswirkung auf den Bullwhip-Effekt

Abbildung 5.21 zeigt die Bullwhip-Effekte beider untersuchten Konstellationen unter Fokussierung unterschiedlicher Bindungsdauern jeweils im
Vergleich zur Bindungsdauer von 100 ZE. Die Ordinate wurde gewählt,
um die relativen Änderungen anschaulich gegenüberzustellen. Es sei
auch an dieser Stelle einschränkend darauf hingewiesen, dass bei
einem Vergleich mit dem Grundmodell beide Konstellationen ganz
unterschiedliche Niveaus aufweisen (vgl. z. B. Abbildung 5.17) und sie
daher nur unzureichend direkt miteinander verglichen werden können.

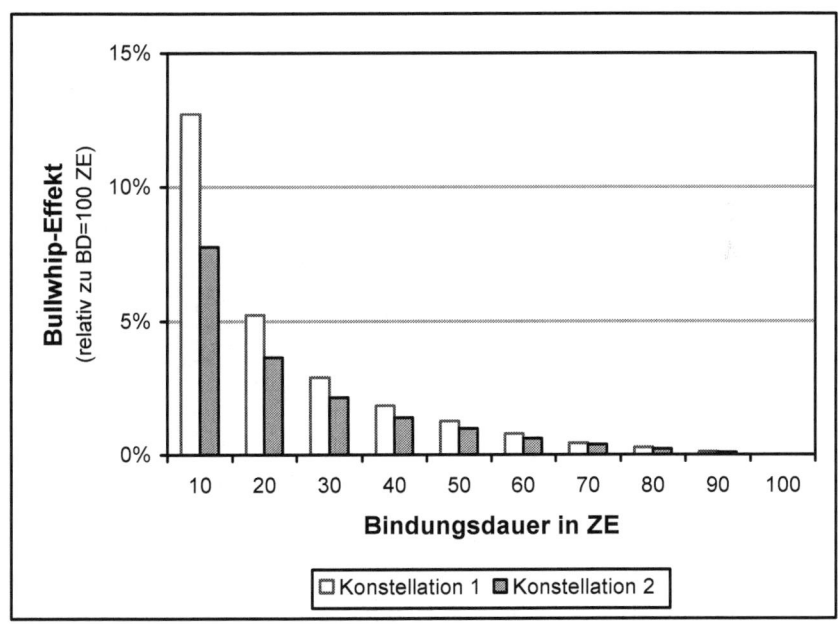

**Abbildung 5.21: Bullwhip-Effekt in Abhängigkeit von der Bindungsdauer bei
verschiedenen Konstellationen**

Es ist erkennbar, dass sich der Bullwhip-Effekt in beiden Konstellationen mit zunehmender Bindungsdauer stärker senken lässt. Die relativen Unterschiede zwischen Mengenbindungsvereinbarungen mit verschiedenen Bindungsdauern fallen bei Konstellation 2 geringer aus als bei Konstellation 1 und sind nur etwas mehr als halb so groß wie bei Konstellation 1. In beiden Konstellationen steigen die Unterschiede mit abnehmender Bindungsdauer überproportional.

Aus dieser geringeren Abhängigkeit des Bullwhip-Effekts von der Bindungsdauer in Konstellation 2 lässt sich direkt ableiten, dass der Bullwhip-Effekt in dieser Konstellation bei jeder Bindungsdauer stärker gesenkt werden kann als in Konstellation 1. Die in den vorangegangenen Abschnitten erläuterten Ausführungen zur Auswahl Konstellation sind also unabhängig von der Bindungsdauer.

5.2.5.2   *Auswirkung auf die Kosten*

Wie bei der Auswertung von Forschungsfrage 4[402] bereits diskutiert, liegen die Logistikkosten in der Konstellation 2 (bei einer Mengenflexibilität von 10 %) über den Kosten im Grundmodell, da die Einsparungen des Herstellers die Kostensteigerungen des Großhändlers nicht kompensieren können. Die eben erläuterte Senkung des Bullwhip-Effekts schlägt sich also auch bei dieser Konstellation nicht in niedrigeren Logistikkosten nieder, da der Großhändler aufgrund der Abnahmeverpflichtung eine große Lagermenge (über dem wirtschaftlichen Lagerbestand) hält, die Kapitalbindungskosten verursacht.

An dieser Stelle soll betrachtet werden, wie die gesamten Logistikkosten bei unterschiedlichen Bindungsdauern variieren. Aus der Betrachtung der Logistikkosten beider Konstellationen im Vergleich zum Grundmodell (vgl. Abbildung 5.22) lässt sich erkennen, dass die Logistikkosten in Konstellation 2 grundsätzlich über den im Grundmodell deutlichen

---

[402]   Vgl. Abschnitt 5.2.4.

Kosten liegen, während sich in Konstellation 1 bei allen Bindungsdauern eine Ersparnis ergibt.

Um eine detailliertere Betrachtung zu ermöglichen, werden nachfolgend die Logistikkosten in beiden Konstellationen im Vergleich zu einer Mindestmengenvereinbarung mit einer Bindungsdauer von 100 ZE auf der jeweiligen Stufe betrachtet (vgl. Abbildung 5.23). Aus diesem Balkendiagramm geht hervor, dass sich die Mehrkosten, die in der Konstellation 2 ohnehin entstehen, durch kurze Bindungsdauern besser eindämmen lassen, als in Konstellation 1 höhere Ersparnisse zu realisieren sind. Die Logistikkosten reagieren in dieser Konstellation also stärker auf Änderungen der Bindungsdauer. Bei beiden Konstellationen steigen die Kosten mit steigender Bindungsdauer unterproportional.

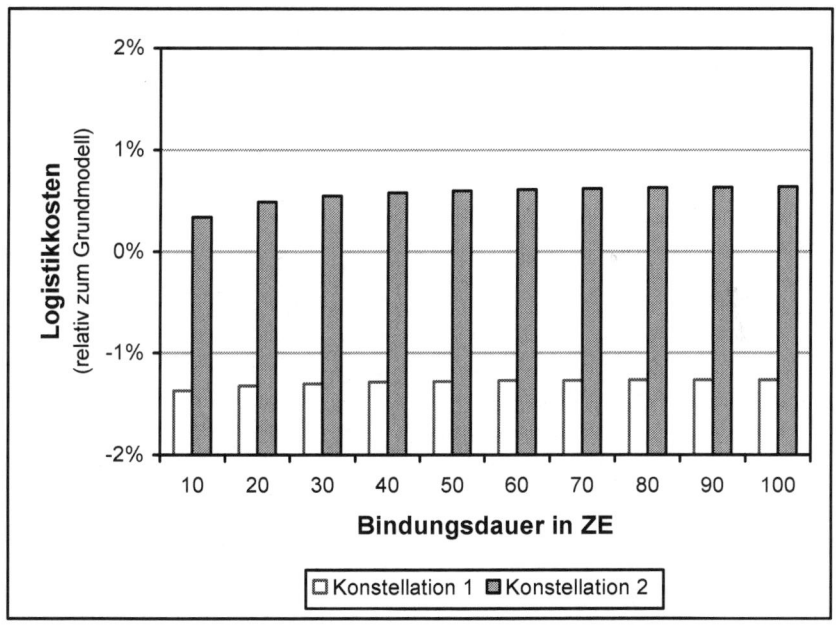

Abbildung 5.22: Logistikkosten in Abhängigkeit von der Bindungsdauer bei verschiedenen Konstellationen im Vergleich zum Grundmodell

Wie oben bereits angesprochen[403] ist der Einfluss der Bindungsdauer auf die Logistikkosten jedoch so gering, dass hier kaum aussagekräftige Rückschlüsse zulässig sind bzw. entsprechende Handlungsempfehlungen abgeleitet werden können. Auch ohne eine Gegenüberstellung von Mengenflexibilität und Bindungsdauer in der Konstellation 2 (analog zu Forschungsfrage 3) lässt sich lediglich die Aussage treffen, dass die Mengenflexibilität der weitaus einflussreichere Vertragsparameter zur Senkung der Logistikkosten in einer dreistufigen Supply Chain ist.

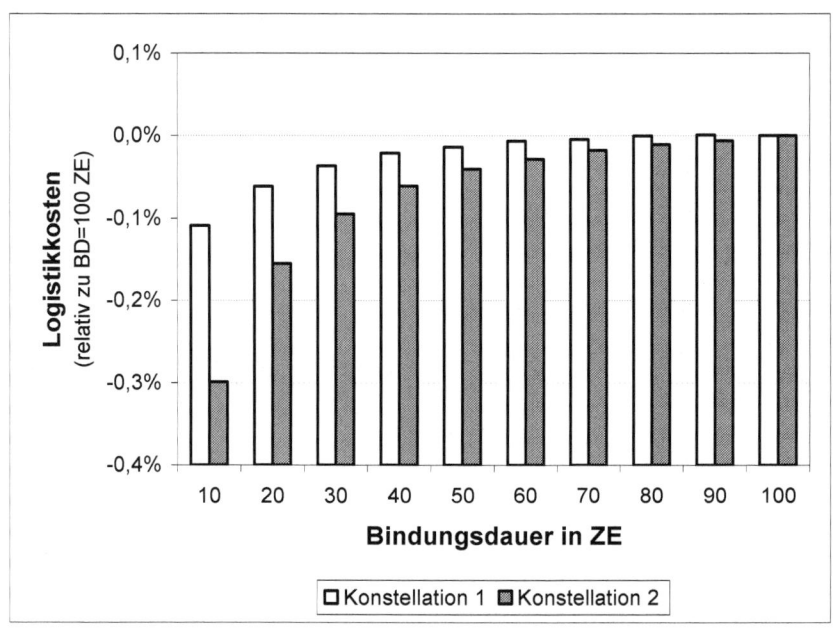

Abbildung 5.23: Logistikkosten in Abhängigkeit von der Bindungsdauer bei verschiedenen Konstellationen im Vergleich zu BD=100 ZE

Ebenso kann nur gefolgert werden, dass auch im Falle einer Mindestmengenvereinbarung auf einer weiter vom Endkunden entfernten Stufe Vereinbarungen mit kürzeren Bindungsdauern getroffen werden sollten, um die Handlungsfreiheit des an der Vereinbarung beteiligten Abneh-

---

[403]   Vgl. Abschnitt 5.2.3.

mers nicht unnötig – also in einem zu hohen Maße – einzuschränken und die Logistikkosten damit in die Höhe zu treiben.

5.2.6 Wie verhalten sich Kosten und Bullwhip-Effekt der gesamten Supply Chain bei unterschiedlichen Autokorrelationskoeffizienten der Nachfrage und unterschiedlichen Mengenflexibilitäten?

5.2.6.1 Auswirkung auf den Bullwhip-Effekt

Nachdem in den Forschungsfragen 1-5 allein die Vertragsparameter im Mittelpunkt der Betrachtung standen, kommen in den folgenden Analysen die Parameter der Endkundennachfrage hinzu. Abbildung 5.24 stellt die relative Abnahme des Bullwhip-Effekts bei unterschiedlichen Autokorrelationen der Nachfrage in Abhängigkeit von der Mengenflexibilität dar. Dabei ist zu beachten, dass die Varianzen der Nachfrage bei unterschiedlichen Autokorrelationen auch im Grundmodell verschieden sind und die Abbildung daher nicht mit den absoluten Bullwhip-Effekten gleichzusetzen ist. Vielmehr senkt eine Mindestmengenvereinbarung den Bullwhip-Effekt ausgehend von der jeweiligen Höhe im Grundmodell in dem dargestellten Ausmaß.

Die Abbildung zeigt, dass der Bullwhip-Effekt bei einer großen Autokorrelation bereits bei größeren Mengenflexibilitäten zu sinken beginnt, während er bei kleinen Autokorrelationen länger auf dem Niveau des jeweiligen Grundmodells bleibt und dann umso steiler sinkt. Betrachtet man eine sehr hohe Mengenflexibilität nähern sich die relativen Bullwhip-Effekte bei unterschiedlichen Autokorrelationen wieder einander an und es wird eine Senkung von ca. 90 % erreicht. Die maximal mögliche relative Senkung des Bullwhip-Effekts bei einer großen Mindestmenge unterscheidet sich hingegen nur wenig bei den verschiedenen untersuchten Autokorrelationen.

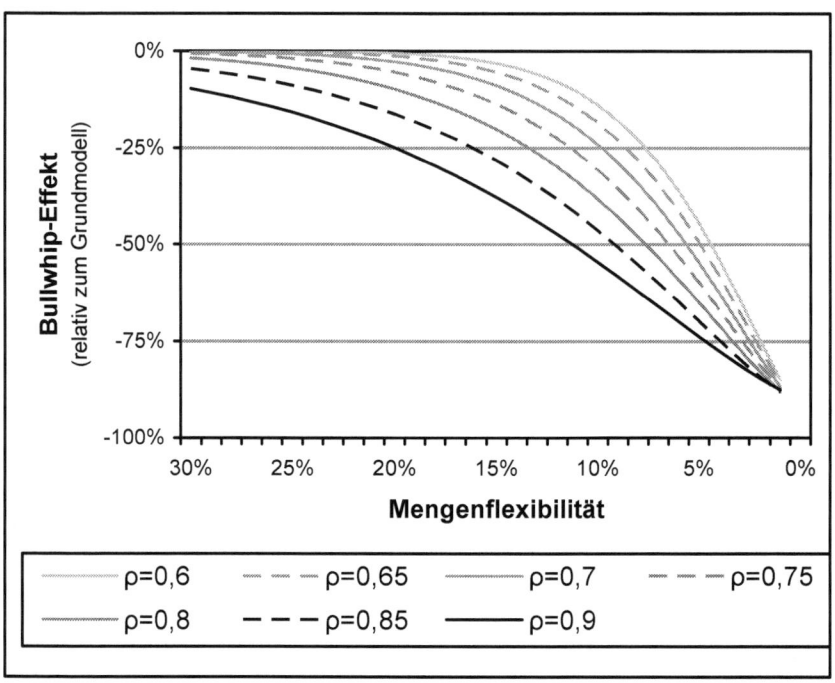

Abbildung 5.24: Relativer Bullwhip-Effekt in Abhängigkeit von der Mengenflexibilität und der Autokorrelation der Endkundennachfrage

Aus der Betrachtung der absoluten Bullwhip-Effekte (vgl. Abbildung 5.25) wird der Grund für die Unterschiede in den relativen Bullwhip-Effekten ersichtlich. Es ist erkennbar, dass er bei allen Autokorrelationen auf einen minimalen Wert von 2 gesenkt werden kann. Der minimale Bullwhip-Effekt ist also unabhängig von der Autokorrelation. Ist der Effekt aufgrund der Autokorrelation nun ohnehin kaum höher als dieser Wert, wird er auch nicht gesenkt. Dieses Phänomen tritt besonders bei mittleren Mengenflexibilitäten zwischen 10 % und 20 % zutage. In diesen Fällen kann der Bullwhip-Effekt bei einer Autokorrelation von 0,9 schon deutlich gesenkt werden, während er bei einer Autokorrelation von 0,6 auch im Grundmodell kaum über dem Wert bei einer Mengenflexibilität von 20 % liegt. Die Bullwhip-Effekte bei einer hohen Autokorrelation sind bei diesen Mengenflexibilitäten bereits nahezu identisch, während sie bei einer geringen Autokorrelation von der Mindestmengenvereinbarung noch nicht tangiert werden und sich auch noch nicht von der jeweiligen Höhe im Grundmodell unterscheiden.

Wird also mit einer Mindestmengenvereinbarung das Ziel verfolgt, den Bullwhip-Effekt zu senken, zeigen sich vor allem bei hohen Autokorrelationen der Nachfrage große Senkungspotenziale. Der gesamte Bullwhip-Effekt in einer dreistufigen Supply Chain reagiert bei diesen Werten der Parameter besonders schnell auf Änderungen der Mengenflexibilität einer zwischen Einzelhändler und Großhändler geschlossenen Vereinbarung.

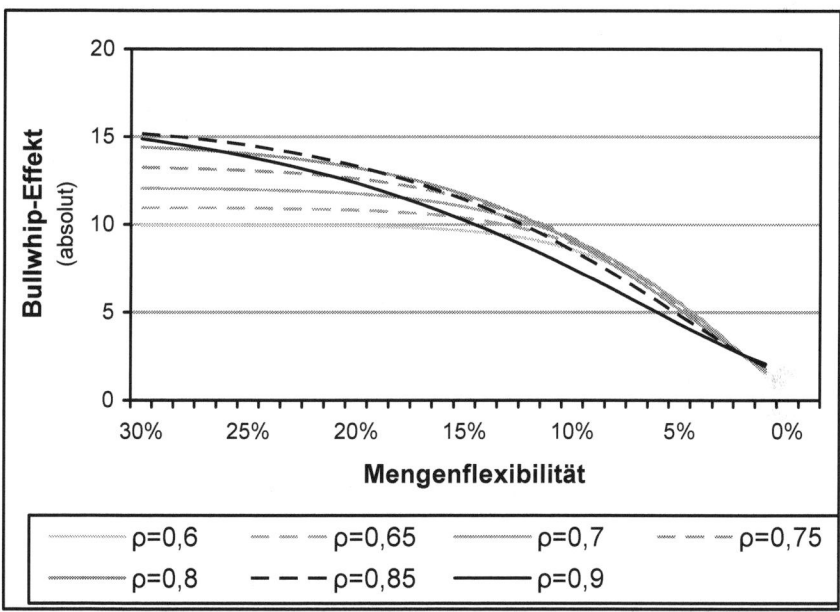

Abbildung 5.25: Absoluter Bullwhip-Effekt in Abhängigkeit von der Mengenflexibilität und der Autokorrelation der Endkundennachfrage

5.2.6.2   Auswirkung auf die Kosten

Abbildung 5.26 stellt die relativen Logistikkosten in Abhängigkeit von der Mindestmenge bei verschiedenen Autokorrelationen im Vergleich zum jeweiligen Grundmodell dar. Auch bei dieser Abbildung gilt es zu beachten, dass im Grundmodell bei verschiedenen Autokorrelationen unterschiedliche Kosten anfallen.

Es wird deutlich, dass die Kosten bei jeder Autokorrelation unter Betrachtung sinkender Mengenflexibilität zunächst leicht abnehmen und dann überproportional zunehmen. Bei jeder Autokorrelation besteht die Gefahr, dass bei einer zu niedrigen Mengenflexibilität die Logistikkosten über den im Grundmodell erkenntlichen Wert steigen. Je größer die Autokorrelation der Endkundennachfrage ist, desto früher, schneller und weiter steigen die Logistikkosten mit sinkender Mengenflexibilität. Außerdem zeigt sich, dass diese Gefahr mit steigender Autokorrelation ebenfalls überproportional zunimmt. Während die Ergebnisse der Autokorrelationen 0,6 und 0,65 noch dicht beieinander liegen, unterscheiden sich die Ergebnisse für $\rho=0,9$ stark von den anderen Resultaten.

Entscheidend ist hier jedoch die Frage, wo sich die Logistikkosten bei verschiedenen Autokorrelationen maximal senken lassen. Da die Unterschiede in Abbildung 5.24 nur schwer identifizierbar sind, werden in Abbildung 5.27 die maximal möglichen relativen Kostensenkungen fokussiert und explizit miteinander verglichen. Es zeigt sich, dass die mögliche Ersparnis mit steigender Autokorrelation zunächst zunimmt und bei $\rho=0,85$ ihr Maximum erreicht. Die Ersparnis bei $\rho=0,9$ liegt geringfügig darunter.

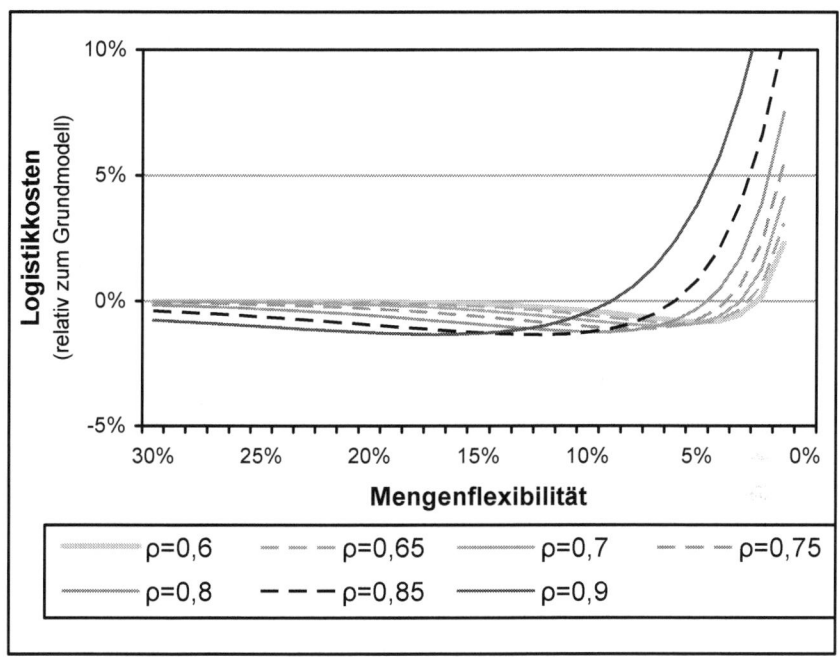

Abbildung 5.26: Relative Logistikkosten in Abhängigkeit von der Mengenflexibilität und der Autokorrelation der Nachfrage

Bei einer größeren Autokorrelation steigen insgesamt also sowohl die Chancen als auch die Risiken einer Mindestmengenvereinbarung in einer dreistufigen Supply Chain über alle beteiligten Unternehmen. Wird die Mindestmenge zwischen Einzelhändler und Großhändler mit Bedacht (und eher moderat) gewählt, können bei einer großen Autokorrelation der Nachfrage relativ große Kostenreduktionen erzielt werden, da Großhändler und Hersteller ihre wirtschaftlichen Lagerbestände aufgrund der verlässlicheren Nachfrageprognosen weiter senken können. Wird die Handlungsfreiheit des Einzelhändlers jedoch in einem zu großen Maße eingeschränkt, vergrößert sich auch die Gefahr, dass seine Verluste nicht mit Kostenersparnissen der anderen beiden Unternehmen kompensiert werden können. Betrachtet man also eine exogen gegebene Autokorrelation, so sollte eine Supply Chain, die auf einem Markt mit großer Autokorrelation agiert, eher eine Mindestmengenvereinbarung in Erwägung ziehen. Liegt eine geringe Autokorrelation vor, so kann mit einer Mindestmengenvereinbarung nur eine geringe Kostenersparnis erreicht werden.

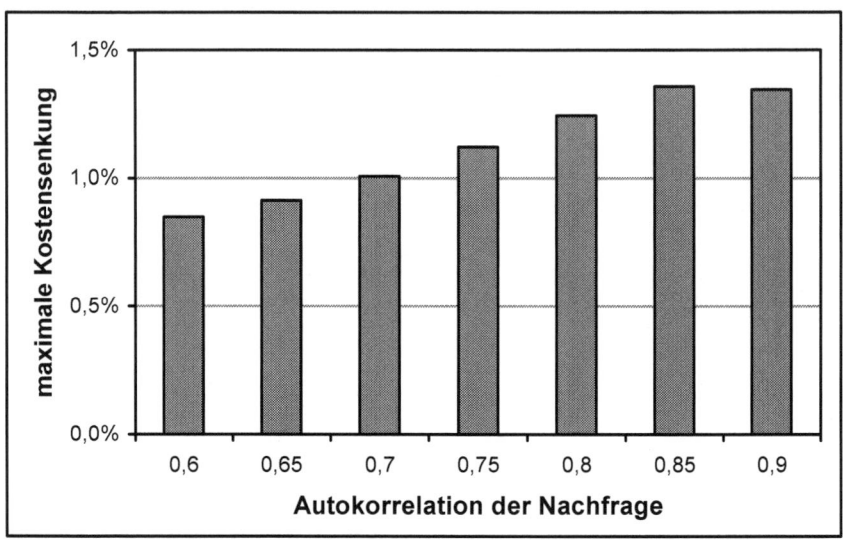

Abbildung 5.27: Maximale Ersparnis der Logistikkosten in Abhängigkeit von der Autokorrelation der Nachfrage

Vergleicht man abschließend die absoluten Logistikkosten (vgl. Abbildung 5.28) zeigt sich ein ganz ähnliches Bild wie bei der Analyse des Bullwhip-Effekts: Größere Autokorrelationen führen zu höheren Kosten, die durch eine Mindestmengenvereinbarung nicht kompensiert werden können.

Diese Ergebnisse decken sich im Wesentlichen mit denen von Lee/Padmanabhan/Whang,[404] die eine große Autokorrelation für den Bullwhip-Effekt identifizieren. Auch die hier durchgeführte Untersuchung zeigt, dass die Logistikkosten mit steigender Autokorrelation überproportional zunehmen.

---

[404] Lee et al. (1997).

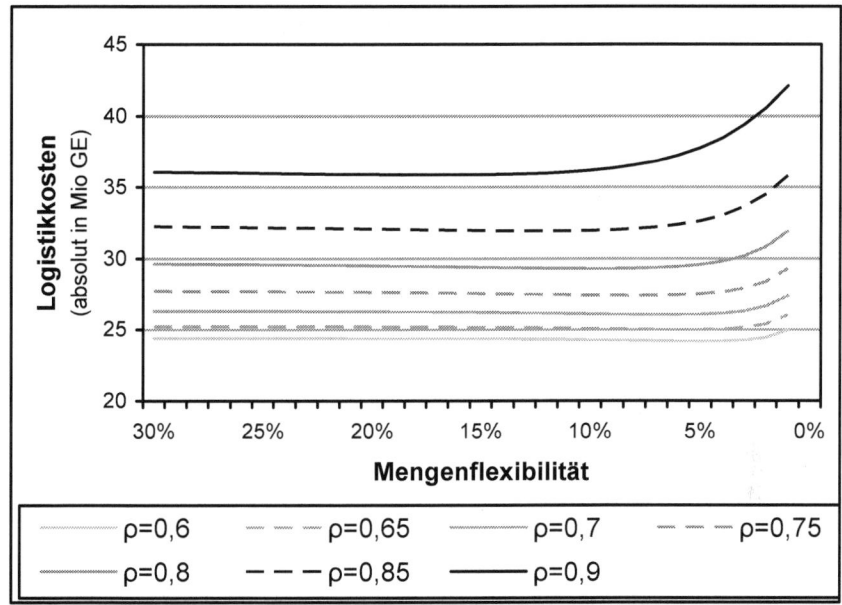

Abbildung 5.28: Absolute Logistikkosten in Abhängigkeit von der Mengenflexibilität und der Autokorrelation der Nachfrage

Es kann festgehalten werden, dass die Autokorrelation der Nachfrage einen so großen Einfluss auf die Kosten hat, dass bereits eine Änderung der Autokorrelation um nur 0,05 nicht mehr durch eine Mindestmengen-vereinbarung kompensiert werden kann. Als Handlungsempfehlung ist also stets vor dem Abschluss einer Mindestmengenvereinbarung zu prüfen, ob durch andere Instrumente (etwa aus dem Bereich Marketing) die Nachfrage so gesteuert werden kann, dass die Autokorrelation abnimmt. So ließen sich vor dem Hintergrund des Bullwhip-Effekts größere Kosteneinsparungen realisieren als mit dem Abschluss einer Mindestmengenvereinbarung.

5.2.7   Wie verhalten sich Kosten und Bullwhip-Effekt der gesamten
         Supply Chain bei unterschiedlichen
         Autokorrelationskoeffizienten der Nachfrage und
         unterschiedlichen Bindungsdauern?

5.2.7.1   Auswirkung auf den Bullwhip-Effekt

Abbildung 5.29 zeigt, wie sich der Bullwhip-Effekt in Abhängigkeit von
der Bindungsdauer bei verschiedenen Autokorrelationen in einer
dreistufigen Supply Chain ändert. Zur besseren Vergleichbarkeit wurde
auch in dieser Abbildung eine Bindungsdauer von 100 ZE als Maßstab
gewählt, da die Unterschiede bei einem Vergleich mit dem Grundmodell
nicht klar erkennbar sein würden.

Das Balkendiagramm veranschaulicht, dass der Bullwhip-Effekt in
Abhängigkeit von der Bindungsdauer sehr viel stärker variiert, wenn eine
große Autokorrelation der Nachfrage vorliegt. Während sich die Bullwhip-Effekte einer Autokorrelation von 0,6 lediglich um 5 % unterscheiden, liegt der relative Unterschied bei einer Autokorrelation von 0,9 bei
fast 17 %. Bei allen untersuchten Autokorrelationen zeigen sich im
Hinblick auf lange Bindungsdauern geringe und bei kurzen Bindungsdauern relativ große Unterschiede.

Bedient die Supply Chain also eine Endkundennachfrage mit geringer
Autokorrelation, können die Vertragsparteien bei ihrer Vertragsgestaltung die Bindungsdauer vernachlässigen. Bei großen Autokorrelationen
hingegen sollten die beteiligten Unternehmen der Supply Chain lange
Bindungsdauern vereinbaren, wenn das gemeinsame Ziel darin besteht,
den Bullwhip-Effekt über alle drei Stufen hinweg zu senken. Anders
gesagt: Mit kurzen Bindungsdauern kann nur eine sehr viel geringere
Senkung erreicht werden. Nach wie vor gilt jedoch, dass im Verhältnis
zur Mengenflexibilität die Unterschiede –auch bei einer großen Autokorrelation – relativ gering sind.

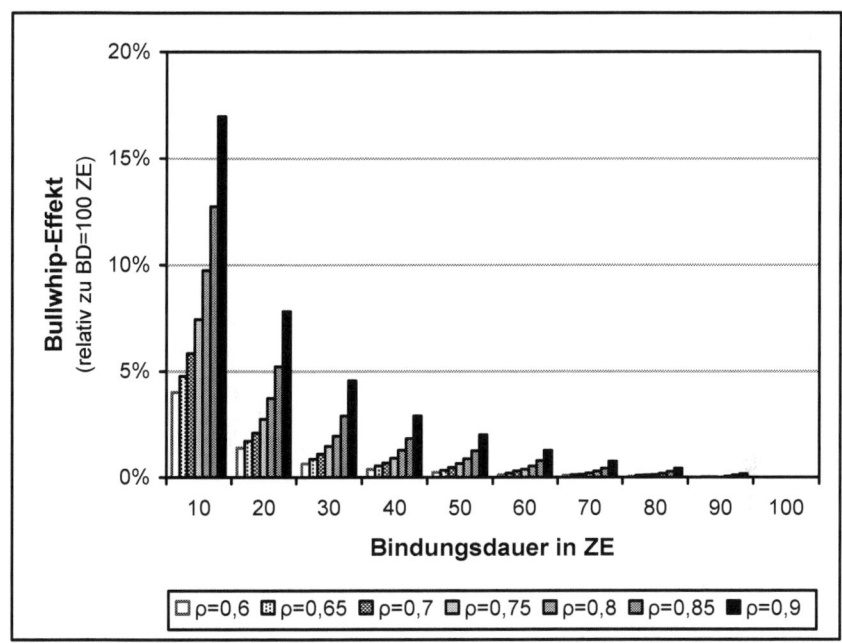

Abbildung 5.29: Bullwhip-Effekt in Abhängigkeit von Bindungsdauer und Autokorrelation der Nachfrage

5.2.7.2 Auswirkung auf die Kosten

Betrachtet man die Auswirkungen der Bindungsdauer auf die Kosten bei unterschiedlichen Autokorrelationen, zeigt sich ein stark differenziertes Bild (vgl. Abbildung 5.30). Bei relativ kleinen Autokorrelationen steigen die Kosten bei abnehmender Bindungsdauer. Analog hat in diesen Fällen eine Mindestmengenvereinbarung mit langer Bindungsdauer also ein größeres Potenzial zur Senkung der Kosten als eine Vereinbarung mit kurzer Bindungsdauer. Dieser Effekt wird mit steigender Autokorrelation zunächst größer, sinkt ab einer Autokorrelation von 0,75 aber wieder mit zunehmender Geschwindigkeit. Erst bei einer Autokorrelation von 0,85 zeigt sich die oben diskutierte Wirkung: Vereinbarungen mit einer kürzeren Bindungsdauer senken die Kosten stärker als Vereinbarungen mit einer langen Bindungsdauer.

Die aus der Fragestellung 2 resultierende Handlungsempfehlung, eher Mindestmengenvereinbarungen mit kurzen Bindungsdauern abzuschließen, kann also nur bei großen Autokorrelationen aufrechterhalten werden. Bei kleineren Autokorrelationen macht es durchaus Sinn, lange Bindungsdauern zu vereinbaren. In diesen Fällen korrelieren Bullwhip-Effekt und Kosten. Die Aussage aus der Forschungsfrage 3 zur Relation von Bindungsdauer und Mengenflexibilität gilt bei allen Autokorrelationen. Obwohl der Einfluss der Bindungsdauer bei einer hohen Autokorrelation verglichen mit kleinen Autokorrelationen groß ist, bleibt er bei allen Autokorrelationen weit hinter dem Einfluss der Mengenflexibilität zurück.

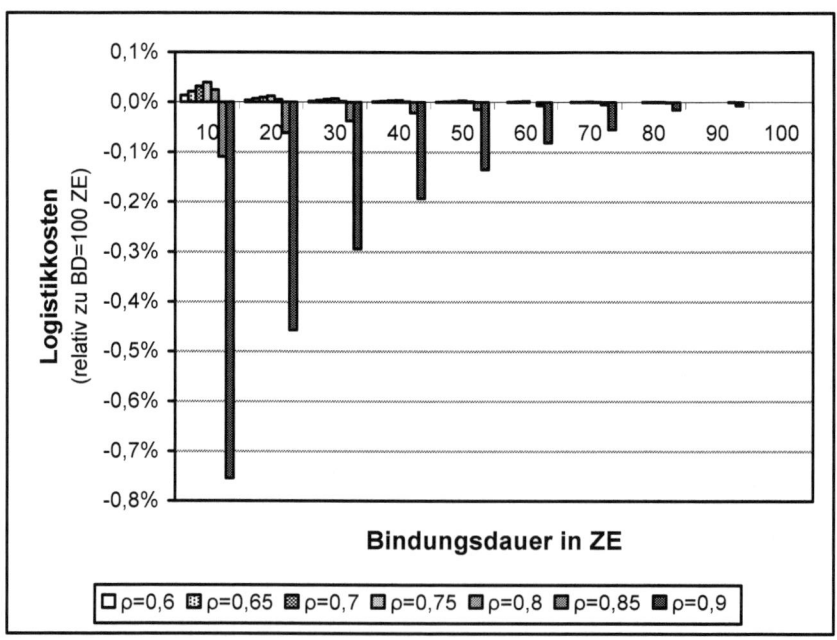

Abbildung 5.30: Logistikkosten in Abhängigkeit von der Bindungsdauer und der Autokorrelation der Nachfrage

5.2.8   Wie verhalten sich Kosten und Bullwhip-Effekt der gesamten
        Supply Chain bei unterschiedlichen Standardabweichungen des
        Zufallsterms der Nachfrage und unterschiedlichen
        Mengenflexibilitäten?

5.2.8.1   Auswirkung auf den Bullwhip-Effekt

Nach der Autokorrelation wird nun der zweite Nachfrageparameter, die
Standardabweichung des Zufallsterms $\sigma(\varepsilon)$ (in den folgenden Ausfüh-
rungen kurz als Zufallsschwankungen bezeichnet) untersucht.[405]
Abbildung 5.31 stellt den Bullwhip-Effekt relativ zum Grundmodell in
Abhängigkeit von den Zufallsschwankungen und der Mengenflexibilität
dar.

Wie hier ersichtlich kann der Bullwhip-Effekt bei großen Zufallsschwankungen schon gesenkt werden, wenn Mindestmengenvereinbarungen
mit relativ großen Mengenflexibilitäten getroffen werden. Mit abnehmenden Zufallsschwankungen müssen kleinere Mengenflexibilitäten vereinbart werden, um den Bullwhip-Effekt überhaupt zu beeinflussen. Betrachtet man sehr hohe Mengenflexibilitäten, nähern sich die Ergebnisse
der unterschiedlichen Standardabweichungen wieder einander an, da
bei kleinen Zufallsschwankungen und niedrigen Mengenflexibilitäten der
Bullwhip-Effekt sehr viel schneller gesenkt werden kann. Bei großen
Zufallsschwankungen hingegen sinkt der Bullwhip-Effekt mit sinkender
Mengenflexibilität fast linear.

---

[405]   Vgl. Abschnitt 3.1.1.2.

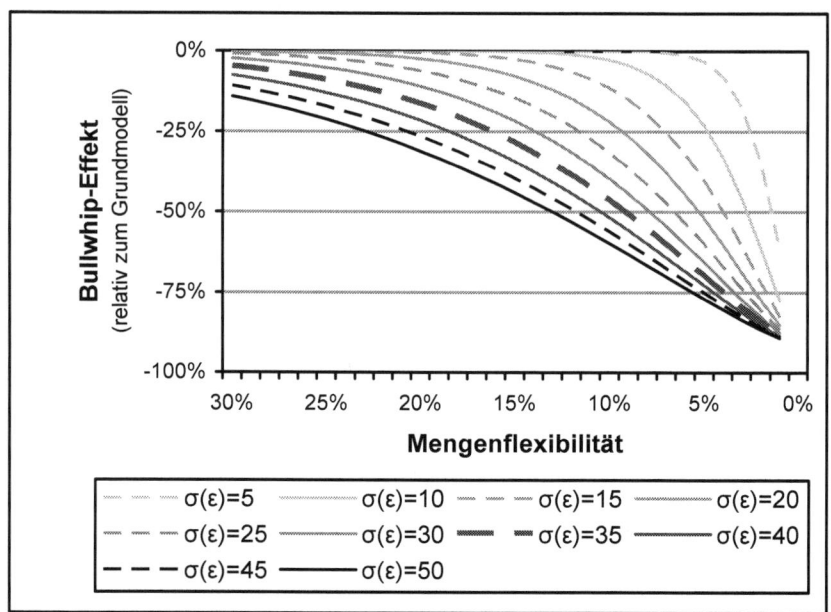

Abbildung 5.31: Relativer Bullwhip-Effekt in Abhängigkeit von der Mengenflexibilität und der Standardabweichung des Zufallsterms der Nachfrage

Analysiert man den absoluten Bullwhip-Effekt (vgl. Abbildung 5.32), zeigt sich ein ganz ähnliches Bild. Bei einer großen Zufallsschwankung wird der Bullwhip-Effekt schon mit einer hohen Mengenflexibilität reduziert. Bei einer kleinen Schwankung hingegen wird der absolute Bullwhip-Effekt erst bei einer geringen Mengenflexibilität gesenkt. Die absolute Reduktion erreicht nie das Ausmaß, wie es bei großen Schwankungen zutage tritt, obwohl nach den Ergebnissen im Grundmodell bereits ein niedrigerer Bullwhip-Effekt bei geringen Zufallsschwankungen vorliegt.

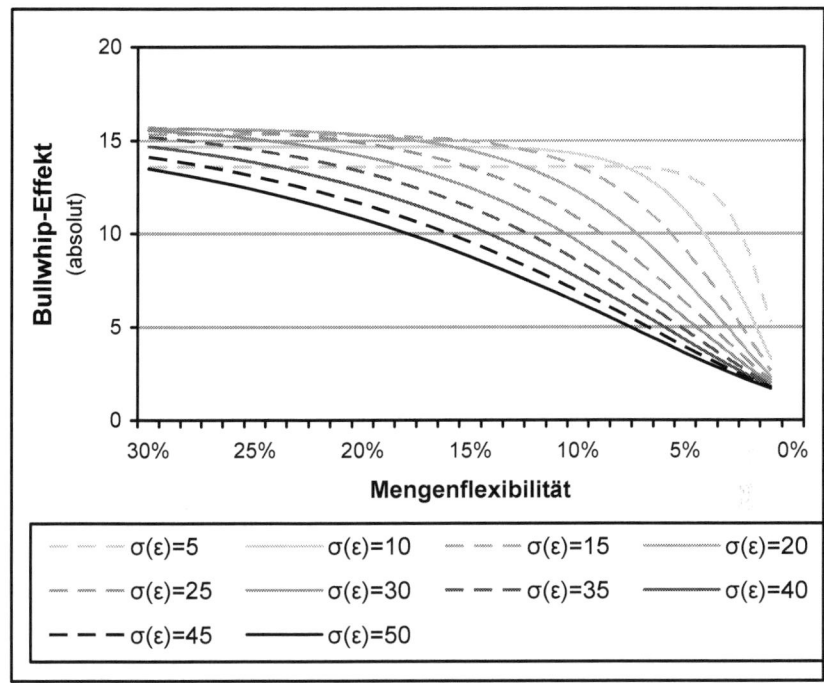

Abbildung 5.32: Absoluter Bullwhip-Effekt in Abhängigkeit von der Mengenflexibilität und der Standardabweichung des Zufallsterms der Nachfrage

Hieraus ergibt sich als Handlungsempfehlung, dass insbesondere bei großen zufälligen Schwankungen der Endkundennachfrage eine Mindestmengenvereinbarung zur Senkung des Bullwhip-Effekts über die betrachteten drei Stufen der Supply Chain geeignet ist. Der im Grund-modell ersichtliche relativ hohe Bullwhip-Effekt lässt sich durch diese Vereinbarung signifikant senken. Bei allen Ausprägungen der Zufalls-schwankungen sinkt der Effekt stetig, sodass eine möglichst niedrige Mengenflexibilität die maximale Reduktion des Bullwhip-Effekts bewirkt.

Wie die Ergebnisse zur Autokorrelation bestätigen auch die Ergebnisse in diesem Abschnitt die Berechnungen von Lee/Padman-abhan/Whang.[406] Auch in ihren Berechnungen einer zweistufigen Supply

---

[406] Lee et al. (1997).

Chain wurde die Standardabweichung des Zufallsterms der Endkundennachfrage als Determinante des Bullwhip-Effekts ermittelt. Als Ergebnis
im Kontext der vorliegenden Arbeit kann festgestellt werden, dass auch
in einer dreistufigen Supply Chain der Bullwhip-Effekt mit steigender
Zufallsschwankung zunimmt.

5.2.8.2 Auswirkung auf die Kosten

Abbildung 5.33 stellt die relative Veränderung der Logistikkosten
gegenüber den im Grundmodell ermittelten Werten bei unterschiedlichen
Standardabweichungen dar. Hier zeigt sich ein ähnliches Bild wie bei der
Betrachtung der Autokorrelation der Endkundenachfrage.

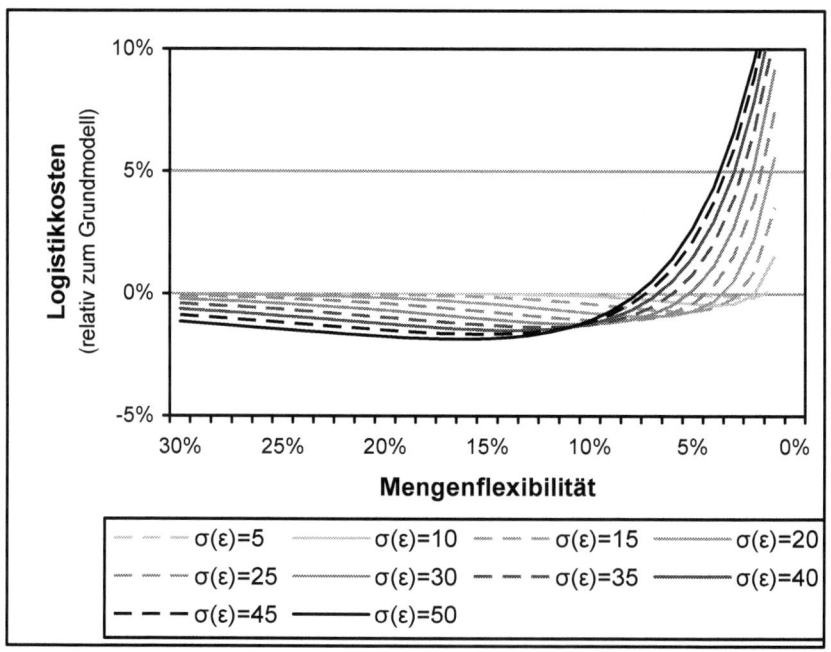

Abbildung 5.33: Relative Logistikkosten in Abhängigkeit von der Mengenflexibilität
und der Standardabweichung des Zufallsterms der Nachfrage

Bei allen untersuchten Ausprägungen der Zufallsschwankungen können die Logistikkosten zunächst reduziert werden. Bei einer geringen Mengenflexibilität besteht jedoch stets die Gefahr von Kostenerhöhungen gegenüber den Werten im Grundmodell. Je größer die Standardabweichung des Zufallsterms der Nachfrage ist, desto größer ist auch die kostenminimale Mengenflexibilität. Außerdem nimmt mit steigenden Zufallsschwankungen die Gefahr von Kostenerhöhungen zu.

Wenn also eine dreistufige Supply Chain einen Markt bedient, dessen Endkundennachfrage mit einer großen Standardabweichung des Zufallsterms verbunden ist, sollten eher größere Mengenflexibilitäten vereinbart werden. Dem Einzelhändler wäre demnach die Möglichkeit einzuräumen, einen Teil der Unsicherheit an Großhändler und Hersteller weiterzugeben. Anders als beim Bullwhip-Effekt sinken die Kosten hier jedoch nicht linear, sondern es gilt wie bei den oben untersuchten Fragestellungen zur Mengenflexibilität, dass in Abhängigkeit von der Nachfrage die optimale Mengenflexibilität gefunden werden muss. Wird diese Mengenflexibilität unterschritten, kann keine Kompensation der Mehrkosten des Einzelhändlers durch Großhändler und Hersteller erfolgen.

Da in jedem Fall die maximal mögliche Kostenreduktion sehr gering und in der eben gewählten Darstellung nicht erkennbar ist, wird genau diese Kennzahl in Abbildung 5.34 fokussiert. Hier zeigt sich, dass die maximal mögliche Kostenreduktion mit steigenden Zufallsschwankungen nahezu linear steigt. Liegt also eine Endkundennachfrage vor, die stark vom Zufall beeinflusst wird, haben Mindestmengenvereinbarungen ein relativ großes Potenzial, die Logistikkosten, die durch die Unsicherheit der Bedarfsprognosen entsteht, zu senken. Werden Schwankungen hingegen nur durch die Autokorrelation ausgelöst, kann kaum eine Kostensenkung erreicht werden.

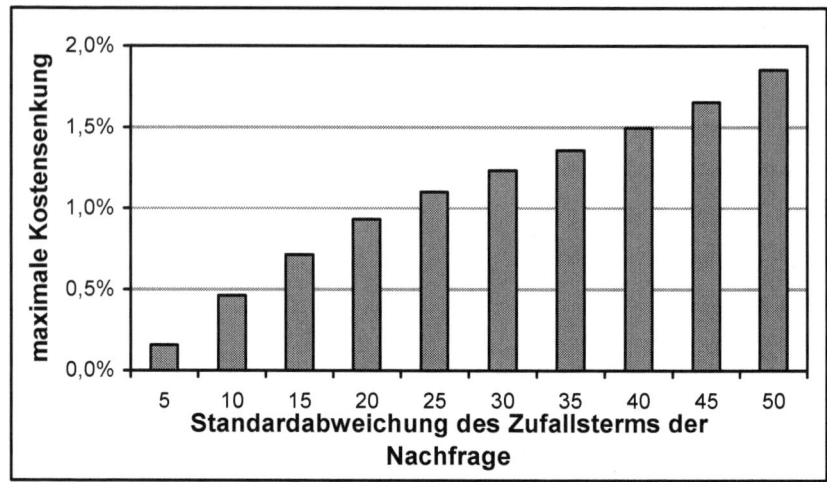

Abbildung 5.34: Maximale Ersparnis der Logistikkosten in Abhängigkeit von der Standardabweichung des Zufallsterms der Nachfrage

Abbildung 5.35 zeigt die Potenziale einer Mindestmengenvereinbarung mit verschiedenen Mengenflexibilitäten und unterschiedlichen Standardabweichungen anhand der absoluten Kosten. Der Verlauf ähnelt dem der Graphen in Abbildung 5.28. Die Standardabweichung des Zufallsterms der Nachfrage kann – genau wie die Autokorrelation –[407] als ein wesentlicher Kostentreiber in dem hier betrachteten Modell herausgestellt werden. Die Kosten nehmen bei jeder Mindestmenge mit steigenden Zufallsschwankungen so stark zu, dass schon bei sehr kleinen Änderungen der Zufallsschwankungen – also um wenige Einheiten – eine Kompensation der Kosten durch eine Mindestmengenvereinbarung kaum möglich ist.

Es können daher ganz ähnliche Handlungsempfehlungen wie im Abschnitt 5.2.6.2 formuliert werden: Bei einer gegebenen Nachfragestruktur, die in diesem Modell annahmegemäß nicht beeinflusst werden kann, ist eine Mindestmengenvereinbarung ein adäquates Mittel zur Senkung der Logistikkosten über alle drei Unternehmen der Supply

---

[407]   Vgl. Abschnitt 5.2.6.2.

Chain. Besonders bei einer hohen Zufallsschwankung sollte sie genutzt werden, um hohe Lagerbestände seitens des Herstellers und des Großhändlers zu vermeiden und entsprechende Logistikkosten einzusparen. Bestehen jedoch Möglichkeiten, die Zufallsschwankungen mit anderen Instrumenten zu senken[408], ist das Einsparpotenzial einer solchen Senkung sehr viel größer. Selbstverständlich sind dabei die Kosten einer Beeinflussung der Nachfragestruktur in die Entscheidung über ein geeignetes Instrument einzubeziehen.

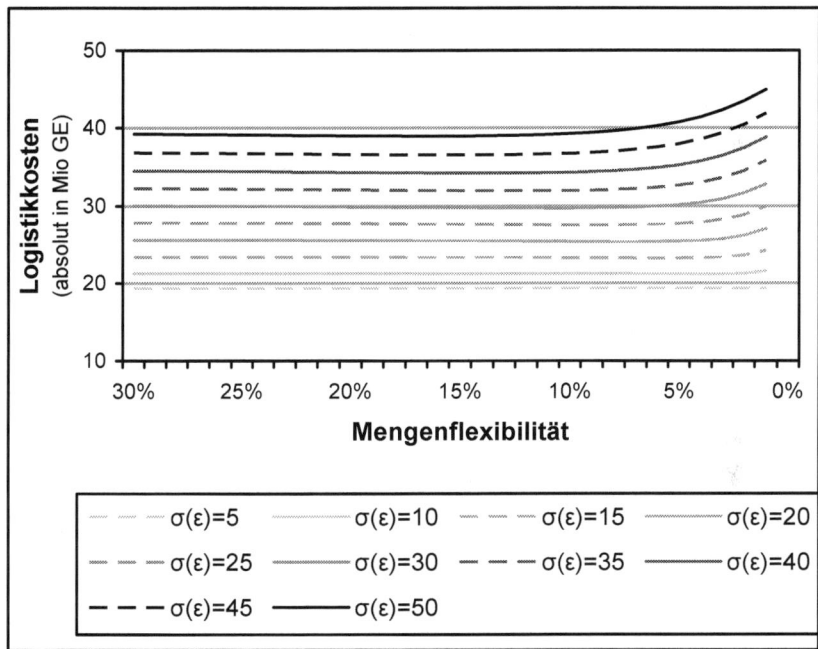

Abbildung 5.35: Absolute Logistikkosten in Abhängigkeit von der Mengenflexibilität und der Standardabweichung des Zufallsterms der Nachfrage

---

[408] Vgl. Abschnitt 2.3.6.3.

5.2.9   Wie verhalten sich Kosten und Bullwhip-Effekt der gesamten
         Supply Chain bei unterschiedlichen Standardabweichungen des
         Zufallsterms der Nachfrage und unterschiedlichen
         Bindungsdauern?

5.2.9.1   Auswirkung auf den Bullwhip-Effekt

Abbildung 5.36 stellt den Bullwhip-Effekt bei unterschiedlichen Standardabweichungen des Zufallsterms der Nachfrage in Abhängigkeit von
der Bindungsdauer dar. Um auch hier einen anschaulichen und reliablen
Vergleich zu ermöglichen, wurde erneut ein Vertrag mit einer Bindungsdauer von 100 ZE Maßstab zugrunde gelegt.

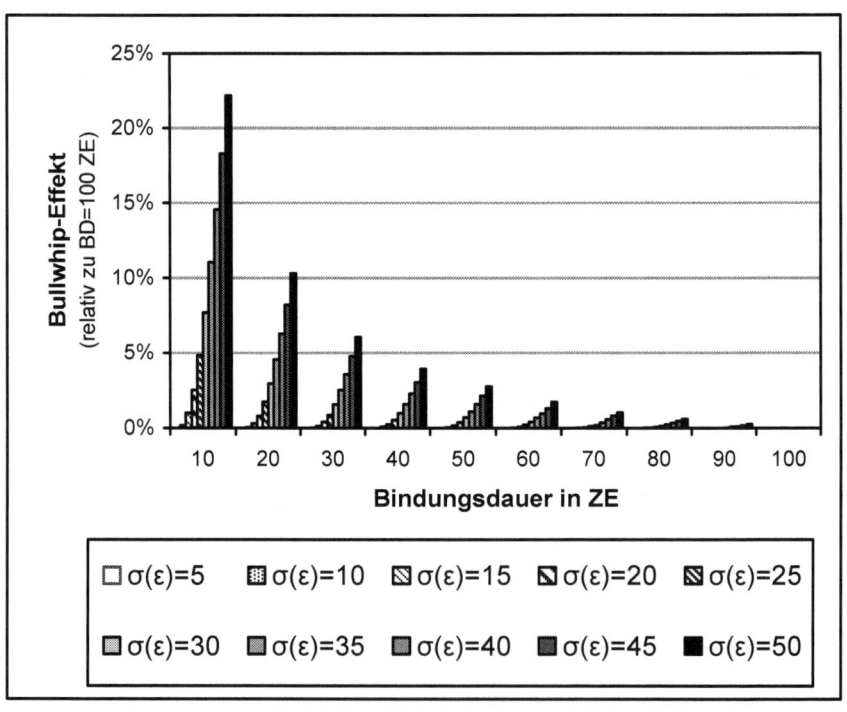

**Abbildung 5.36: Bullwhip-Effekt in Abhängigkeit von der Bindungsdauer und der
Standardabweichung des Zufallsterms der Nachfrage**

Auch die hier ermittelten Ergebnisse korrespondieren mit den Erläuterungen in den vorangegangenen Abschnitten. Bei jeder untersuchten Zufallsschwankung kann der Bullwhip-Effekt mit steigender Bindungsdauer stärker reduziert werden. Betrachtet man jedoch Supply Chains, die in Märkten mit niedriger Zufallsschwankung agieren, sind kaum Unterschiede bzgl. der Bullwhip-Effekte zwischen den Bindungsdauern erkennbar. Mit steigender Standardabweichung nehmen die Unterschiede überproportional zu. Wie auch im Kontext von Forschungsfrage 2 erläutert, unterscheiden sich bei allen Standardabweichungen die Ergebnisse hinsichtlich der Bindungsdauern bei kurzen Bindungsdauern deutlicher von einander als bei langen. So macht es kaum einen Unterschied, ob eine Mindestmengenvereinbarung mit einer Bindungsdauer von 90 oder 100 ZE geschlossen wird.

Als Handlungsempfehlung kann hier formuliert werden, dass die Vereinbarung einer langen Bindungsdauer zwischen Einzelhändler und Großhändler insgesamt nur auf Märkten mit hoher Unsicherheit sinnvoll ist, vorausgesetzt ein möglichst niedriger Bullwhip-Effekt ist das Ziel einer Mindestmengenvereinbarung. Liegt eine niedrige Unsicherheit aufgrund geringer zufälliger Schwankungen der Endkundennachfrage vor, erscheint die Vereinbarung einer geringeren Mengenflexibilität als die einzige Möglichkeit, den Bullwhip-Effekt über alle beteiligten Unternehmen der Supply Chain zu senken.[409] Die Entscheidung für eine bestimmte Bindungsdauer ist in diesen Fällen irrelevant.

5.2.9.2   Auswirkung auf die Kosten

Vergleicht man die mögliche Reduktion der Logistikkosten bei unterschiedlichen Zufallsschwankungen und Bindungsdauern (vgl. Abbildung 5.37), zeigen sich ähnliche Ergebnisse wie bei der Autokorrelation der Nachfrage.[410]

---

[409] Vgl. Abschnitt 5.2.8.1.
[410] Vgl. Abschnitt 5.2.7.2.

Bei der Betrachtung der zufälligen Schwankungen der Endkundennachfrage ist erkennbar, dass die Kosten bei einer sehr niedrigen Zufallsschwankung bei jeder Bindungsdauer identisch sind. Mit zunehmenden
Zufallsschwankungen steigen die Kosten bei einer kurzen Bindungsdauer im Vergleich zu einer Bindungsdauer von 100 ZE zunächst an und
nehmen dann bei großen Zufallsschwankungen wieder ab.

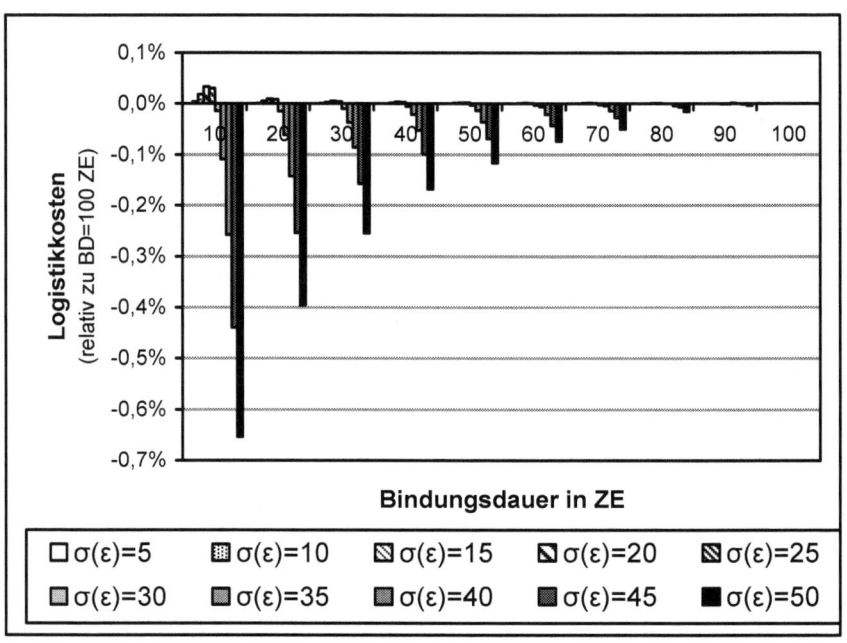

**Abbildung 5.37: Logistikkosten in Abhängigkeit von der Bindungsdauer und der
Standardabweichung des Zufallsterms der Nachfrage**

Hieraus kann als Handlungsempfehlung wie folgt abgeleitet werden:
Besteht auf einem Markt eine große Unsicherheit bzgl. der zukünftigen
Endkundennachfrage, sollte eine kurze Bindungsdauer gewählt werden,
um die Logistikkosten über die gesamte Supply Chain zu reduzieren.
Aufgrund der großen Unsicherheit muss dem Abnehmer die Möglichkeit
eingeräumt werden, die konkrete Mindestmenge den aktuellen Marktge-
gebenheiten – also je nach Bedarf entsprechend häufig – anzupas-

sen.[411] Kann vereinbarungsgemäß nur selten eine Anpassung erfolgen, besteht bei dieser Parameterkombination die Gefahr von hohen Beständen beim Einzelhändler, die durch die Vorteile seitens des Großhändlers und des Herstellers einer dreistufigen Supply Chain nicht kompensiert werden können.

Die geringen Kosten bei großen Zufallsschwankungen und einer kurzen Bindungsdauer gehen also mit einem großen Bullwhip-Effekt einher. Bei diesen Modellparametern besteht eine negative Korrelation zwischen Kosten und Bullwhip-Effekt, während bei kleinen Zufallsschwankungen eine positive Korrelation festzustellen ist. Bezogen auf alle analysierten Bindungsdauern und Standardabweichungen des Zufallsterms ist der Einfluss der Mengenflexibilität außerdem bedeutend größer als der Einfluss der Bindungsdauer.[412] Die Aussage, dass bei Vertragsverhandlungen auf diesen Parameter mehr Wert zu legen ist, relativiert sich hier folglich nicht.

---

[411] Vgl. Abschnitt 3.3.1.3.
[412] Vgl. auch Abschnitt 5.2.3.

6 Schlussbetrachtung

6.1 Zusammenfassung

In dieser Arbeit wurde untersucht, inwieweit Mindestmengenvereinbarungen in der Lage sind, eine dreistufige Supply Chain zu koordinieren. Nach der Erläuterung relevanter begrifflicher Grundlagen[413] und der in der Forschung diskutierten Ursachen des Bullwhip-Effekts[414] wurde dargelegt, welch hohe Bedeutung der Koordination von Supply Chains überhaupt zukommt und welche Möglichkeiten der Koordination in der Literatur bisher expliziert wurden.[415] In diesem Zusammenhang wurde die Flexibilität der endkundennahen Unternehmen bei der Festlegung der Bestellmenge in Kombination mit einer Lieferverpflichtung des Zulieferers als ein entscheidender Auslöser für den Bullwhip-Effekt in Supply Chains identifiziert. Anschließend wurden die in der Literatur erläuterten vertragliche Regelungen daraufhin hinterfragt, inwieweit sie in der Lage sind, eine Supply Chain zu koordinieren, indem sie die Flexibilität der endkundennahen Stufe einschränken.[416] Auf der Basis dieser Erläuterungen wurde die Mindestmengenvereinbarung pro Periode als aussichtsreichste Maßnahme weiterverfolgt.[417] In dieser Vereinbarung sind Mengenflexibilität und Bindungsdauer die relevanten Flexibilitätsmaße.

Um detaillierter zu untersuchen, inwieweit diese Mindestmengenvereinbarung eine Supply Chain tatsächlich koordiniert, wurde zunächst ein Grundmodell entworfen, das auf die Überlegungen von Lee/Padmanabhan/Whang[418] zurückgeht. Da im Gegensatz zu ihren

---

[413] Vgl. Abschnitte 2.1 und 2.2.
[414] Vgl. Abschnitt 2.3.4.
[415] Vgl. Abschnitt 2.3.6.3.s
[416] Vgl. Abschnitt 2.4.
[417] Vgl. Abschnitt 2.4.3.3.2.
[418] Lee et al. (1997).

Überlegungen in dieser Arbeit eine dreistufige Supply Chain fokussiert werden sollte, musste das Grundmodell u. a. um eine Nachfrageprognose zur Schätzung der Parameter der autokorrelierten Nachfrage erweitert werden.[419] Dem Grundmodell wurde dann ein Modell gegenübergestellt, in dem sich eines der in der Supply Chain beteiligten Unternehmen verpflichtet, in jeder Periode eine bestimmte Mindestmenge des gehandelten Produkts zu bestellen (aufbauend auf verschiedenen Beiträgen von Bassok/Anupindi[420]). Eine wesentliche Modellerweiterung gegenüber den in der Literatur explizierten Annahmen besteht außerdem darin, dass die Mindestmenge hier nur für eine bestimmte Zeit gilt und dann in Abhängigkeit von der Nachfrageprognose neu festgelegt wird.[421]

Nach einer detaillierten Diskussion des neuen, dreistufigen Modells und eines Modells mit einer flexiblen Mindestmengenvereinbarung wurde herausgearbeitet, mit welcher Untersuchungsmethode die signifikanten Konstellationen und Spezifika beider Modelle am besten analysiert werden können.[422] Da es sich bei einer dreistufigen Supply Chain um eine sehr komplexe Modellstruktur handelt und die Ergebnisse bei einer analytischen Betrachtung aufgrund der notwendigen Vereinfachungen verfälscht würden, konnte die Simulation als geeignete Methode herausgestellt werden. Im Rahmen einer detaillierten Betrachtung dieser Untersuchungsmethode wurde gezeigt, dass sich eine stochastische ereignisdiskrete Simulation zur Analyse beide Modelle am besten eignet. Weiterhin wurden die Parameter, Faktoren und Erfolgskennzahlen sowie die Länge und die Anzahl der Repliken diskutiert.

Anhand der Simulationsergebnisse konnte gezeigt werden, dass eine Mindestmengenvereinbarung geeignet ist, Supply Chains wirksam zu koordinieren. Nach diesen Ergebnissen ist diese Vereinbarung in der Lage, die negativen Folgen des Bullwhip-Effekts für die Unternehmen zu mindern, die auf einer vom Endkunden weiter entfernten Stufe agieren,

---

[419] Vgl. Abschnitt 3.2.2.
[420] Vgl. Bassok, Anupindi (1997); Anupindi, Bassok (1999).
[421] Vgl. Abschnitt 3.3.
[422] Vgl. Kapitel 4.

indem die Flexibilität für die Unternehmen auf einer endkundennahen Stufe eingeschränkt wird.[423] Aufgrund der Einschränkung in der Bestellmenge kann diese Stufe nun nicht mehr die Schwankungen der Bestellmenge auf die Zulieferer übertragen, sodass die Zulieferer auf allen Stufen von der Vereinbarung profitieren. Insgesamt wird also die Nachfrage des Einzelhändlers geglättet, was einen Vorteil für Großhändler und Hersteller darstellt.

In der Auswertung wurde detailliert untersucht, welchen Einfluss die beiden Flexibilitätsmaße Mengenflexibilität und Bindungsdauer auf die Erfolgskennzahlen der Supply Chain haben. Außerdem wurde analysiert, welchen Einfluss die Stufe, auf der die Vereinbarung getroffen wird (Konstellation), auf die Kennzahlen hat. Ergänzend wurde der Einfluss der Parameter der Endkundennachfrage untersucht. Abbildung 6.1 fasst die gewonnenen Ergebnisse tabellarisch zusammen. Im Wesentlichen zeigen alle Ergebnisse, dass der Bullwhip-Effekt mit sinkender Flexibilität, d. h. sowohl bei sinkender Mengenflexibilität als auch bei steigender Bindungsdauer, abnimmt. Die Kosten hingegen nehmen bei einer sinkenden Mengenflexibilität zunächst ab und dann wieder zu, sodass bei einer moderaten Flexibilität ein Kostenminimum identifiziert werden kann. Außerdem ist ein genereller Kostenanstieg bei steigender Bindungsdauer zu erkennen. Stellt man die Auswirkungen von Änderungen der Mengenflexibilität und der Bindungsdauer gegenüber, ist ersichtlich, dass die Mengenflexibilität auf beide Erfolgskennzahlen einen größeren Einfluss hat als die Bindungsdauer. Eine Kompensation von negativen Auswirkungen bei der Änderung der Mengenflexibilität mit Änderungen der Bindungsdauer ist daher fast unmöglich. Vergleicht man die Einführung einer Mindestmengenvereinbarung auf der Stufe von Einzelhändler und Großhändler mit der Einführung dieser Vereinbarung zwischen Großhändler und Hersteller, wird deutlich, dass die Einführung auf einer endkundennahen Stufe die Kosten stärker senkt, den gesamten Bullwhip-Effekt aber nicht besonders tangiert.

---

[423] Vgl. Kapitel 5.

	Bullwhip-Effekt		Kosten	
	MF	BD	MF	BD
Keine Kombination	MF ↓ BWE ↓	BD ↑ BWE ↓	MF ↓ Kosten zunächst ↓ dann ↑	BD ↑ Kosten ↑
Kombination MF und BD	Einfluss BD < Einfluss MF			
Konstellation	K=2: stärkere Senkung als K=1		K=1 > K=2: Mehrkosten, K=1: Kostenersparnis	
Nachfrage-parameter ρ	bei großem ρ: Senkung bereits bei großen MF	bei großem ρ Verstärkung des Effekts	ρ ↑ maximale Kosten-senkung ↑	bei kleinem ρ: Umkehr des Effekts, bei großem ρ: Verstärkung des Effekts
Nachfrage-parameter σ(ε)	Bei großem σ(ε): Senkung schon bei großen MF	Bei großem σ(ε): Verstärkung des Effekts	σ(ε) ↑ maximale Kosten-senkung ↑	bei kleinem σ(ε): Umkehr des Effekts, bei großem σ(ε): Verstärkung des Effekts

↑ Anstieg des Parameters oder der Kennzahl
↓ Rückgang des Parameters oder der Kennzahl

Abbildung 6.1: Übersicht über die Ergebnisse der Studie

Die beiden Nachfrageparameter ρ und $\sigma(\varepsilon)$ liefern recht ähnliche Ergebnisse: Steigt einer der beiden Parameter, kann schon mit relativ großen Mengenflexibilitäten der Bullwhip-Effekt gesenkt werden. Auch die zu beobachtende Tatsache, dass der Bullwhip-Effekt mit steigender Bindungsdauer abnimmt, verstärkt sich, wenn einer der beiden Parameter zunimmt. Bzgl. der Kosten zeigen sich ähnliche Ergebnisse. Mit steigenden Nachfrageparametern lässt sich eine zunehmende Kostensenkung identifizieren, und bei geringen Nachfrageparametern sinken die Kosten mit steigender Bindungsdauer, während sie bei großen Werten für ρ und $\sigma(\varepsilon)$ noch zunehmen.

6.2   Ausblick

Insgesamt ist das Potenzial von Mindestmengenvereinbarungen vielversprechend. Der Bullwhip-Effekt lässt sich mit diesem Instrument gut senken und es resultieren – wenn auch geringe – Kosteneinsparungen. Die neuen Erkenntnisse dieser Arbeit werfen viele weiterführende Fragen auf, deren Antworten im Rahmen künftiger wissenschaftlicher Untersuchungen diskutiert werden sollten. In diesem Ausblick werden einige der potenziellen Stoßrichtungen kurz angesprochen.

Obwohl hier nur eine dreistufige Supply Chain modelliert und per Simulation analysiert wurde, können aus den Analyseergebnissen Rückschlüsse auf eine Supply Chain mit mehr als drei Stufen gezogen werden. Insbesondere die Beantwortung der Forschungsfragen, in denen die Konstellation 1 betrachtet wurde, hat gezeigt, dass auch die vom Endkunden weiter entfernt agierenden Unternehmen (in dem hier vorliegenden Modell der Hersteller) von der Vereinbarung profitieren. Es kann deshalb davon ausgegangen werden, dass sich die Einsparpotenziale – in der Summe über alle Unternehmen – mit zunehmender Länge der Supply Chain noch vergrößern, da mehrere Unternehmen von der Mindestmengenvereinbarung profitieren.

In dieser Arbeit konnte außerdem – im Rahmen der Simulationsanalyse – nachgewiesen werden, dass der Bullwhip-Effekt gemäß der Annahmen im Grundmodell mit zunehmender Entfernung vom Endkunden nicht, wie aufgrund einiger analytischer Arbeiten vermutet werden könnte, linear steigt.[424] Aus diesem Grund ist in jedem Fall die Simulation noch stärker erweiterter Supply Chains interessant. Ziel wäre es zu untersuchen, wie sich der Bullwhip-Effekt bei vom Endkunden weiter entfernt agierenden Unternehmen entwickelt und wie sich die zu erwartenden Einsparpotenziale dieser Unternehmen ganz konkret entwickeln. In diesem Zusammenhang ließe sich auch untersuchen, inwieweit Verbesserungen möglich sind, wenn verschiedene Mindestmengenvereinbarungen auf unterschiedlichen Stufen einer Supply Chain geschlossen werden. So könnte evtl. der Bullwhip-Effekt auf jeder Stufe verringert werden und die Einsparpotenziale könnten sich noch weiter vergrößern.

Die in der vorliegenden Arbeit entwickelten Forschungsfragen und die Auswertung der Simulationsergebnisse für das neu entwickelte Modell einer dreistufigen Supply Chain hat im Kern herausgestellt, dass die optimale Mengenflexibilität vor allem von der Konstellation und der Nachfragestruktur bezogen auf den Endkunden abhängt. Ein Einfluss der Bindungsdauer auf die optimale Mengenflexibilität wurde nicht nachgewiesen. Im Hinblick auf weiterführende Untersuchungen könnte daher der Frage nachgegangen werden, inwieweit sich eine, von den diversen relevanten Umweltparametern abhängige kostenoptimale Mengenflexibilität analytisch ermitteln lässt.

Alle hier untersuchten Fragestellungen haben ergeben, dass der an der Mengenbindung beteiligte Abnehmer schlechter gestellt ist, als er es ohne eine entsprechende Regelung wäre, denn unabhängig von den Umweltparametern und Vertragsparametern baut der Abnehmer mit hoher Wahrscheinlichkeit Lagerbestände auf, die er nicht zur Deckung seiner Nachfrage benötigt. Um dem Abnehmer einen Anreiz zu bieten, einer Mindestmengenvereinbarung und der daraus resultierenden

---

[424] Vgl. Abschnitt 5.2.1.1.

Einschränkung bei der Wahl der Bestellmenge zuzustimmen, könnte der Zulieferer ihm eine Preisreduktion beim Einkaufspreis zur Kompensation der gestiegenen Lagerkosten anbieten. Die prozentuale Preisreduktion (hier als n bezeichnet) müsste umso höher sein, je geringer die Mengenflexibilität ist, denn eine geringe Mengenflexibilität bedeutet für den Abnehmer eine große Einschränkung der Bestellmenge. Weiterhin nimmt die Preisreduktion mit steigender Bindungsdauer zu, da auch in diesem Fall die Flexibilität des Abnehmers abnimmt. Der reduzierte Preis wird hier als c_{MM} bezeichnet.

$$(6.1) \quad c_{MM} = c \cdot (1 - n)$$

Weiterhin gilt:

$$(6.2) \quad \frac{dn}{dMF} < 0$$

und

$$(6.3) \quad \frac{dn}{dBD} > 0 \,.$$

Mit diesen Ausgleichszahlungen entstünde eine Situation, in der beide in der Supply Chain agierende Unternehmen tatsächlich als Partner von der Vereinbarung profitieren. Weiterhin wäre es möglich, ein Modell zu entwerfen, in dem alle Unternehmen, die auf vom Endkunden weiter entfernten Stufen agieren, dem Abnehmer der Mindestmengenvereinbarung einen Ausgleich zahlen, da auch die Unternehmen, die in keiner direkten Beziehung mit dem an der Vereinbarung beteiligen Abnehmer stehen, von der Vereinbarung profitieren.

In diesem Zusammenhang könnte es auch das Ziel weiterer Untersuchungen sein, einen Verteilungsschlüssel zu entwerfen, der die gesamte Kostenersparnis durch geeignete Ausgleichszahlungen gleichmäßig (oder entsprechend eines exogen gegebenen Schlüssels, der zwischen den Unternehmen ausgehandelt wurde) auf alle Unternehmen der Supply Chain verteilt.

Ein ganz anderes Forschungsfeld, auf dem weitere Untersuchungen möglich wären, ist die Frage nach einer Prognosemethode zur Schätzung der Nachfrage bei jedem in der Supply Chain beteiligten Unternehmen. In der vorliegenden Arbeit wurde angenommen, dass die Unternehmen von einer autoregressiven Nachfrage ausgehen. Wird diese Annahme modifiziert, können möglicherweise größere Reduktionen in den wirtschaftlichen Lagerbeständen und damit größere Kosteneinsparungen erreicht werden.

Außerdem werden in dem hier vorliegenden Modell alle Nachfragedaten aus der Vergangenheit genutzt, um die Prognosen für die zukünftige Nachfrage zu erstellen.[425] Es könnte hier weiterführend geprüft werden, inwieweit die Ergebnisse variieren, wenn nur ein begrenzter Zeithorizont in der Vergangenheit betrachtet wird. Ebenso könnte das Verfahren zur Berücksichtigung der aktuellen Mindestmenge bei der Prognose der Nachfrage beim Zulieferer der Mindestmengenvereinbarung[426] modifiziert werden.

Der gesamte Themenkomplex der Endkundennachfrage[427] bietet weiterhin zahlreiche Anregungen für neue Untersuchungen. So könnte die Wirkung der Mindestmengenvereinbarung bei anders strukturierten Nachfragen (normalverteilt, saisonal schwankend etc.) untersucht werden. In zahlreichen Arbeiten zur Untersuchung des Bullwhip-Effekts nach Sterman[428] und einigen Veröffentlichungen dazu nach Lee[429] wird ein einmaliger Nachfragesprung modelliert. Im Kontext der Mindestmengenvereinbarung wäre dabei in erster Linie interessant, wie sich die Mindestmengenvereinbarung auf einen relativ abrupten Nachfragerückgang (wie er bspw. im Jahr 2009 in der Folge der Finanz- und Wirt-

---

[425] Vgl. Abschnitt 3.2.2.
[426] Vgl. Abschnitt 3.3.1.4.
[427] Vgl. Abschnitt 3.1.1.2.
[428] Vgl. Sterman (1989b).
[429] Vgl. Tiedemann, Waage (2011).

schaftskrise zu beobachten war) oder andere signifikante, dauerhafte Änderungen der Nachfragestruktur auswirkt.

In der vorliegenden Arbeit wurden verschiedene Vereinbarungen im Hinblick darauf untersucht, welchen Einfluss sie auf die Flexibilität haben.[430] Eine exakte analytische Untersuchung der Potenziale dieser Vereinbarungen könnte Inhalt weiterer Arbeiten sein. Gerade im Zusammenhang mit einer normalverteilten Nachfrage oder einem sprunghaften Nachfragerückgang wäre auch von hohem Interesse zu untersuchen, inwieweit eine Rolling-Horizon-Flexibility-Vereinbarung[431] eine glättende Wirkung zeigt. Diese Vereinbarung ist flexibler bzgl. der Anpassung der Bestellmenge an langfristige Trends und unterbindet dennoch kurzfristige abrupte Änderungen, die den Bullwhip-Effekt im Wesentlichen auslösen.

Außerdem wurde gezeigt, dass die Struktur der Endkundennachfrage einen so wesentlichen Einfluss auf die Kosten hat, dass die Kosten, die durch geänderte Endkundennachfrageparameter entstehen, nur in sehr geringem Maß durch eine Mindestmengenvereinbarung kompensiert werden können.[432] Weiterführende Untersuchungen könnten der Forschungsfrage nachgehen, mit welchen Kosten es verbunden ist, die Endkundennachfrage bspw. mit Mitteln des Marketings zu beeinflussen, und inwieweit diese Einflussnahme ein geeignetes Instrument zur Senkung des Bullwhip-Effekts darstellt.

Weiterhin könnte in nachfolgenden Untersuchungen ein Vergleich von Mindestmengenvereinbarungen mit dem Instrument des viel diskutierten Information Sharings[433] oder anderen Möglichkeiten vorgenommen werden, die in der Literatur zur Koordination von Supply Chains diskutiert sind. Hier wäre die Antwort auf die Frage interessant, inwieweit eine Mengenbindung relativ zu bekannten Instrumenten[434] in der Lage ist,

---

[430] Vgl. Abschnitt 2.4.3.
[431] Vgl. Abschnitt 2.4.3.3.3.
[432] Vgl. Abschnitte 5.2.6 bis 5.2.9.
[433] Vgl. Abschnitt 2.3.6.3.
[434] Vgl. Abschnitt 2.3.6.3.

den Bullwhip-Effekt zu senken. Auch Modelle, in denen Mindestmengen-vereinbarungen auf mehreren Stufen geschlossen werden oder mit Information Sharing kombiniert werden, sind denkbar und bedürfen einer detaillierten Betrachtung, um Aussagen über den Einfluss auf Bullwhip-Effekt und Kosten zu treffen.

Quellenverzeichnis

Aderhold, Jens; Wetzel, Ralf (2005): Netzwerkmoderation. Grundprobleme und Gestaltungsvorschläge für ein handlungsfähiges Netzwerkmanagement. In: Zeitschrift Führung + Organisation, Jg. 74, H. 1, S. 18-24.

Agrawal, Sunil; Sengupta, Raghu N.; Shanker, Kripa (2009): Impact of Information Sharing and Lead Time on Bullwhip Effect and On-Hand Inventory. In: European Journal of Operational Research, Jg. 192, H. 2, S. 576-593.

Akkermans, Henk; Bogerd, Paul; Vos, Bart (1999): Virtuous and Vicious Cycles on the Road towards International Supply Chain Management. In: International Journal of Operations & Production Management, Jg. 19, H. 5-6, S. 565-581.

Akkermans, Henk; Dellaert, Nico (2005): The Rediscovery of Industrial Dynamics: The Contribution of System Dynamics to Supply Chain Management in a Dynamic and Fragmented World. In: System Dynamics Review, Jg. 21, H. 3, S. 173-186.

Alard, Robert (1999): Innovationstreiber im Supply Chain Management - Nach Reengineering, TQM und Lean Management soll jetzt das Supply Chain Management die Wettbewerbsfähigkeit langfristig sichern. In: IO-Management, Jg. 68, H. 5, S. 64.

Alexopoulos, Christos; Seila, Andrew F. (1998): Output Data Analysis. In: Banks, Jerry (Hg.): Handbook of Simulation. Principles, Methodology, Advances, Applications, and Practice. New York, NY, S. 225-272.

Almeder, Christian; Preusser, Margaretha; Hartl, Richard F. (2009): Simulation and Optimization of Supply Chains: Alternative or Complementary Approaches? In: OR Spectrum, Jg. 31, H. 1, S. 95-119.

Altintas, Nihat; Erhun, Feryal; Tayur, Sridhar R. (2008): Quantity Discounts Under Demand Uncertainty. In: Management Science, Jg. 54, H. 4, S. 777-792.

Amini, Mehdi; Otondo, Robert F.; Janz, Brian D.; Pitts, Mitzi G. (2007): Simulation Modeling and Analysis: A Collateral Application and Exposition of RFID Technology. In: Production and Operations Management, Jg. 16, H. 5, S. 586-598.

Anupindi, Ravi; Bassok, Yehuda (1999): Supply Contracts with Quantity Comitments and Stochastic Demand. In: Tayur, Sridhar R.; Ganeshan, Ram; Magazine, Michael J. (Hg.): Quantitative Models for Supply Chain Management. Boston, MA.

Arnold, Dieter; Furmans, Kai; Isermann, Heinz; Kuhn, Axel; Tempelmeier, Horst (2008): Handbuch Logistik. 3., neu bearb. Aufl. Berlin, Heidelberg.

Bäck, Sabine; Tiefenbrunner, Martin; Gössler, Gernot (2008): Optimierung von logistischen Prozessen durch die Kombination von Simulation und neuronalen Netzen. In: Engelhardt-Nowitzki, Corinna; Krenn, Barbara; Nowitzki, Olaf (Hg.): Management komplexer Materialflüsse mittels Simulation. State-of-the-Art und innovative Konzepte. Wiesbaden, S. 163-181.

Baker, George; Gibbons, Robert; Murphy, Kevin J. (2002): Relational Contracts and the Theory of the Firm. In: The Quarterly Journal of Economics, Jg. 117, H. 1, S. 39-84.

Bandinelli, Romeo; Rapaccini, Mario; Tucci, Mario; Visintin, Francesco (2006): Using Simulation for Supply Chain Analysis: Reviewing and Proposing Distributed Simulation Frameworks. In: Production Planning & Control, Jg. 17, H. 2, S. 167-175.

Banerjee, Avijit (1986): On "A Quantity Discount Pricing Model to Increase Vendor Profit". In: Management Science, Jg. 32, H. 11, S. 1513-1517.

Banks, Jerry (1998): Principles of Simulation. In: Banks, Jerry (Hg.): Handbook of Simulation. Principles, Methodology, Advances, Applications, and Practice. New York, NY, S. 3-30.

Barnes-Schuster, Dawn; Bassok, Yehuda; Anupindi, Ravi (2002): Coordination and Flexibility in Supply Contracts with Options. In: Manufacturing & Service Operations Management, Jg. 4, H. 3, S. 171-207.

Bassok, Yehuda; Anupindi, Ravi (1997): Analysis of Supply Contracts with Total Minimum Commitment. In: Institute of Industrial Engineers, Jg. 29, H. 5, S. 373-382.

Bassok, Yehuda; Anupindi, Ravi (2008): Analysis of Supply Contracts with Commitments and Flexibility. In: Naval Research Logistics, Jg. 55, H. 5, S. 459-477.

Bassok, Yehuda; Bixby, Ann; Srinivasan, Ashok; Wiesel, Harry Z. (1997): Design of Component-Supply Contract with Commitment-Revision Flexibility. In: IBM Journal of Research & Development, Jg. 41, H. 6, S. 1-14.

Beamon, Benita M. (1998): Supply Chain Design and Analysis: Models and Methods. In: International Journal of Production Economics, Jg. 55, H. 3, S. 281-294.

Berends, Peter; Romme, Georges (1999): Simulation as a Research Tool in Management Studies. In: European Management Journal, Jg. 17, H. 6, S. 576-583.

Binder, Kurt; Heermann, Dieter W. (2010): Monte Carlo Simulation in Statistical Physics. An Introduction. Berlin, Heidelberg.

Blakley, Bob; McDermott, Ellen; Geer, Dan (2001): Information Security is Information Risk Management: Proceedings. September 10th - 13th, Cloudcroft, NM, USA. New York, NY, S. 97-104.

Blanchard, Olivier J. (1983): The Production and Inventory Behavior of the American Automobile Industry. In: The Journal of Political Economy, Jg. 91, H. 3, S. 365-400.

Bossel, Hartmut (1992): Simulation dynamischer Systeme. Grundwissen, Methoden, Programme. Braunschweig, Wiesbaden.

Bratley, Paul; Fox, Bennett L.; Schrage, Linus E. (1987): A Guide to Simulation. 2nd ed. New York, NY.

Burgess, Kevin; Singh, Prakash J.; Koroglu, Rana (2006): Supply Chain Management: A Structured Literature Review and Implications for Future Research. In: International Journal of Operations & Production Management, Jg. 26, H. 7, S. 703-729.

Burmann, Christoph (2005): Strategische Flexibilität und der Marktwert von Unternehmen. In: Kaluza, Bernd; Behrens, Stefan (Hg.): Erfolgsfaktor Flexibilität. Strategien und Konzepte für wandlungsfähige Unternehmen. Berlin, S. 29-53.

Cachon, Gérard P. (2003): Supply Chain Coordination with Contracts. In: Kok, Antonius Gerlacus de; Graves, Stephen C. (Hg.): Supply

Chain Management. Design, Coordination and Operation. 1st ed. Amsterdam.

Cachon, Gérard P.; Fisher, Marshall (2000): Supply Chain Inventory Management and the Value of Shared Information. In: Management Science, Jg. 46, H. 8, S. 1032-1048.

Carranza Torres, Octavio A.; Villegas Morán, Felipe A. (Hg.) (2006): The Bullwhip Effect in Supply Chains. A Review of Methods, Components, and Cases. Basingstoke.

Carrie, Allan (1992): Simulation of Manufacturing Systems. Reprint. Chichester.

Chan, Felix T. S.; Bhagwat, Rajat; Wadhwa, Subhash (2009): Study on Suppliers' Flexibility in Supply Chains: is Real-time Control Necessary? In: International Journal of Production Research, Jg. 47, H. 4, S. 965-987.

Chan, Felix T. S.; Chan, Hing K. (2006): A Simulation Study with Quantity Flexibility in a Supply Chain Subjected to Uncertainties. In: International Journal of Computer Integrated Manufacturing, Jg. 19, H. 2, S. 148-160.

Chatfield, Dean C.; Kim, Jeon G.; Harrison, Terry P.; Hayya, Jack C. (2004): The Bullwhip Effect - Impact of Stochastic Lead Time, Information Quality, and Information Sharing - A Simulation Study. In: Production and Operations Management, Jg. 13, H. 4, S. 340-353.

Chen, Fangruo; Ryan, Jennifer K.; Simchi-Levi, David (2000a): The Impact of Exponential Smoothing Forecasts on the Bullwhip Effect. In: Naval Research Logistics, Jg. 47, H. 4, S. 269-286.

Chen, Fangruo; Samroengraja, Rungson (2000): The Stationary Beer Game. In: Production and Operations Management, Jg. 9, H. 1, S. 19-30.

Chen, Fangruo; Samroengraja, Rungson (2004): Order Volatility and Supply Chain Costs. In: Operations Research, Jg. 52, H. 5, S. 707-722.

Chen, Frank Y.; Drezner, Zvi; Ryan, Jennifer K.; Simchi-Levi, David (2000b): Quantifying the Bullwhip Effect in a Simple Supply Chain The Impact of Forecasting, Lead Times, and Information. In: Management Science, Jg. 46, H. 3, S. 436-443.

Chen, Frank Y.; Krass, Dmitry (2001): Analysis of Supply Contracts with Minimum Total Order Quantity Commitments and Non-Stationary Demands. In: European Journal of Operational Research, Jg. 131, H. 2, S. 309-323.

Chung, Christopher A. (2004): Simulation Modeling Handbook. A Practical Approach. Boca Raton, Fla.

Claus, Thorsten (1999): Objektorientierte Simulation und evolutionäre Parameteroptimierung. In: Biethahn, Jörg; Hummeltenberg, Wilhelm; Schmidt, Bernd; Stähly, Paul; Witte, Thomas (Hg.): Simulation als betriebliche Entscheidungshilfe. State of the Art und neuere Entwicklungen; mit 20 Tabellen. Heidelberg, S. 126-148.

Cooper, Darren P.; Tracey, Michael (2005): Supply Chain Integration via Information Technology Strategic Implications and Future Trends. In: International Journal of Integrated Supply Management, Jg. 1, H. 3, S. 237-257.

Cooper, Martha C.; Ellram, Lisa M. (1993): Characteristics of Supply Chain Management and the Implications for Purchasing and Logistics Strategy. In: The International Journal of Logistics Management, Jg. 4, H. 2, S. 13-24.

Cooper, Martha C.; Lambert, Douglas M.; Pagh, Janus D. (1997): Supply Chain Management. More Than a New Name for Logistics. In: The International Journal of Logistics Management, Jg. 8, H. 1, S. 1-14.

Corbett, Charles J.; Groote, Xavier de (2000): A Supplier's Optimal Quantity Discount Policy Under Asymmetric Information. In: Management Science, Jg. 46, H. 3, S. 444-450.

Corbett, Charles J.; Tang, Christopher S. (1999): Designing Supply Contracts: Contract Type and Information Asymmetry. In: Tayur, Sridhar R.; Ganeshan, Ram; Magazine, Michael J. (Hg.): Quantitative Models for Supply Chain Management. Boston, MA, S. 269-297.

Corsten, Hans (2001): Gestaltungsfelder des internationalen Supply Chain Management. Kaiserslautern.

Corsten, Hans; Gössinger, Ralf (2001): Einführung in das Supply Chain Management. München.

Croson, Rachel; Donohue, Karen (2003): Impact of POS Data Sharing on Supply Chain Management: An Experimental Study. In: Production and Operations Management, Jg. 12, H. 1, S. 1-11.

Croson, Rachel; Donohue, Karen (2006): Behavioral Causes of the Bullwhip Effect and the Observed Value of Inventory Information. In: Management Science, Jg. 52, H. 3, S. 323-336.

D'Amours, Sophie; Montreuil, Benoit; Lefrançois, Pierre; Soumis, François (1998): Networked Manufacturing: The Impact of Information Sharing. In: International Journal of Production Economics, Jg. 58, H. 1, S. 63-80.

Dana, James D., JR.; Petruzzi, Nicholas C. (2001): The Newsvendor Model with Endogenous Demand. In: Management Science, Jg. 47, H. 11, S. 1488-1497.

Daniel, Jan (2007): Management von Zuliefererbeziehungen. Einfluss-faktoren der zwischenbetrieblichen Zusammenarbeit in Deutsch-land. Wiesbaden.

Davis, Jason P.; Eisenhardt, Kathleen M.; Bingham, Christopher B. (2007): Developing Theory through Simulation Methods. In: Academy of Management Review, Jg. 32, H. 2, S. 480-499.

Dejonckheere, Johan; Disney, Stephen M.; Lambrecht, Marc R.; Towill, Denis R. (2003): Measuring and Avoiding the Bullwhip Effect: A Control Theoretic Approach. In: European Journal of Operational Research, Jg. 147, H. 3, S. 567-590.

Dejonckheere, Johan; Disney, Stephen M.; Lambrecht, Marc R.; Towill, Denis R. (2004): The Impact of Information Enrichment on the Bullwhip Effect in Supply Chains: A Control Engineering Perspec-tive. In: European Journal of Operational Research, Jg. 153, H. 3, S. 727-750.

Disney, Stephen M.; Towill, Denis R. (2003a): On the Bullwhip and Inventory Variance Produced by an Ordering Policy. In: Omega, Jg. 31, S. 157-167.

Disney, Stephen M.; Towill, Denis R. (2003b): Vendor-Managed Invento-ry and Bullwhip Reduction in a Two-Level Supply Chain. In: Inter-national Journal of Operations & Production Management, Jg. 23, H. 6, S. 625-651.

Domschke, Wolfgang; Drexl, Andreas (2005): Einführung in Operations Research. Sechste, überarbeitete und erweiterte Auflage. Berlin, Heidelberg.

Eppen, Gary D.; Iver, Ananth V. (1997): Backup Agreements in Fashion Buying - The Value of Upstream Flexibility. In: Management Science, Jg. 43, H. 11, S. 1469-1484.

Faißt, Bernd (2003): Dynamische Effekte in Supply Chains. Der Bullwhip-Effekt als Ursache von Beständen bei Informationsdefiziten. Karlsruhe.

Forrester, Jay W. (1958): Industrial Dynamics, a Major Breakthrough for Decision Makers. In: Harvard Business Review, Jg. 36, H. 4, S. 37-66.

Forrester, Jay W. (1961): Industrial Dynamics. 4. Aufl. Cambridge, MA.

Forrester, Jay W. (1968): Industrial Dnamics, after the First Decade. In: Management Science, Jg. 14, H. 7, S. 398-415.

Forrester, Jay W. (1989): The System Dynamics National Model: Macrobehavior from Microstructure. In: Milling, Peter M. (Hg.): Computer-Based Management of Complex Systems. Berlin, S. 3-12.

Frank, Martin (1999): Modellierung und Simulation - Terminologische Probleme. In: Biethahn, Jörg; Hummeltenberg, Wilhelm; Schmidt, Bernd; Stähly, Paul; Witte, Thomas (Hg.): Simulation als betriebliche Entscheidungshilfe. State of the Art und neuere Entwicklungen; mit 20 Tabellen. Heidelberg, S. 50-64.

Garcia Sanz, Francisco J.; Semmler, Klaus; Walther, Johannes (2007): Die Automobilindustrie auf dem Weg zur globalen Netzwerkkompetenz. Effiziente und flexible Supply Chains erfolgreich gestalten. Berlin, Heidelberg.

Gass, Saul I.; Assad, Arjang A. (2005): Model World: Tales from the Time Line - The Definition of OR and the Origins of Monte Carlo Simulation. In: Interfaces, Jg. 35, H. 5, S. 429-435.

Geary, Steve; Disney, Stephen M.; Towill, Denis R. (2006): On Bullwhip in Supply Chains. Historical Review, Present Practice and Expected Future Impact. In: International Journal of Production Economics, Jg. 101, H. 1, S. 2-18.

Giannakis, Mihalis; Croom, Simon; Slack, Nigel (2004): Supply Chain Paradigms. In: New, Steve (Hg.): Understanding Supply Chains. Concepts, Critiques, and Futures. Oxford, S. 1-21.

Giannoccaro, Ilaria; Pontrandolfo, Pierpaolo (2004): Supply Chain Coordination by Revenue Sharing Contracts. In: International Journal of Production Economics, Jg. 89, H. 2, S. 131-140.

Göhler, Wilhelm; Ralle, Barbara (2007): Formelsammlung höhere Mathematik. Nachdr. der 16., überarb. Aufl. Frankfurt am Main.

Goldsman, David; Nelson, Barry L. (1998): Comparing Systems via Simulation. In: Banks, Jerry (Hg.): Handbook of Simulation. Principles, Methodology, Advances, Applications, and Practice. New York, NY, S. 273-306.

Goyal, Suresh K. (1987): Comment on: A Generalized Quantity Discount Pricing Model to Increase Supplier's Profit. In: Management Science, Jg. 33, H. 12, S. 1635-1636.

Graf, Karl-Robert; Klingler, Felix (2008): Ein Simulationskonzept für die Supply Chain im World Wide Web. In: Engelhardt-Nowitzki, Corinna; Krenn, Barbara; Nowitzki, Olaf (Hg.): Praktische Anwendung der Simulation im Materialflussmanagement. Erfolgsfaktoren und Implementierungsszenarien. 1. Aufl. Wiesbaden, S. 21-33.

Guo, Zhiling; Fang, Fang; Whinston, Andrew B. (2007): Supply Chain Information Sharing in a Macro Prediction Market. In: Decision Support Systems, Jg. 42, H. 3, S. 1944-1958.

Hahn, Dietger (2000): Problemfelder des Supply Chain Managements. In: Wildemann, Horst (Hg.): Supply Chain Management. München: TCW Transfer-Centrum-Verl.

Hewitt, Fred (1994): Supply Chain Redesign. In: The International Journal of Logistics Management, Jg. 5, H. 2, S. 1-10.

Heyman, Daniel P.; Sobel, Matthew J. (1984): Stochastic Optimization. New York.

Houlihan, John B. (1987): International Supply Chain Management. In: International Journal of Physical Distribution & Logistics Management, Jg. 17, H. 2, S. 51-66.

Huang, George Q.; Lau, Jason S. K.; Mak, Kai L. (2003): The Impacts of Sharing Production Information on Supply Chain Dynamics: A Review of the Literature. In: International Journal of Production Research, Jg. 41, H. 7, S. 1483-1517.

Hwarng, H.Brian; Chong, C. S. P.; Xie, Na; Burgess, Tom F. (2005): Modelling a Complex Supply Chain: Understanding the Effect of Simplified Assumptions. In: International Journal of Production Research, Jg. 43, H. 13, S. 2829-2872, zuletzt geprüft am 08.09.2010.

Jayaram, Jayanth; Vickery, Shawnee K.; Dröge, Cornelia (2000): The Effects of Information System Infrastructure and Process Improvements on Supply-Chain Time Performance. In: International Journal of Physical Distribution & Logistics Management, Jg. 30, H. 3-4, S. 314-330.

Jucker, James V.; Rosenblatt, Meir J. (1985): Single-Period Inventory Models with Demand: Uncertainty and Quantity Discounts: Behavioral Implications and a New Solution Procedure. In: Naval Research Logistics, Jg. 32, S. 537-550.

Jung, Hosang; Jeong, Bongju; Lee, Chi-Guhn (2008): An Order Quantity Negotiation Model for Distributor-Driven Supply Chains. In: International Journal of Production Economics, Jg. 111, H. 1, S. 147-158.

Kaczmarek, Michael (2006): Modellbasierte Gestaltung von Supply Chains. Ein prozess- und simulationsorientierter Ansatz. Hamburg.

Kahn, James A. (1987): Inventories and the Volatility of Production. In: The American Economic Review, Jg. 77, H. 4, S. 667-679.

Kaluza, Bernd; Blecker, Thorsten (2005): Flexibilität - State of the Art und Entwicklungstrends. In: Kaluza, Bernd; Behrens, Stefan (Hg.): Erfolgsfaktor Flexibilität. Strategien und Konzepte für wandlungsfähige Unternehmen. Berlin, S. 1-27.

Kelle, Peter; Milne, Alistair (1999): The Effect of (s, S) Ordering Policy on the Supply Chain. In: International Journal of Production Economics, Jg. 59, H. 1-3, S. 113-122.

Keller, Susanne (2004): Die Reduzierung des Bullwhip-Effektes. Eine quantitative Analyse aus betriebswirtschaftlicher Perspektive. 1. Aufl. Wiesbaden.

Kellermanns, Franz W.; Floyd, Steven W. (2005): The Effect of Strategic Consensus on Organizational Flexibility. In: Kaluza, Bernd; Behrens, Stefan (Hg.): Erfolgsfaktor Flexibilität. Strategien und Konzepte für wandlungsfähige Unternehmen. Berlin, S. 55-70.

Khouja, Moutaz (1999): The Single-Period (News-Vendor) Problem: Literature Review and Suggestions for Future Research. In: Omega, Jg. 27, S. 537-553.

Kim, Jeon G.; Chatfield, Dean C.; Harrison, Terry P.; Hayya, Jack C. (2006): Quantifying the Bullwhip Effect in a Supply Chain with Stochastic Lead Time. In: European Journal of Operational Research, Jg. 173, S. 617-636.

Kleijnen, Jack P. C. (1998): Experimental Design for Sensitivity Analysis, Optimization, and Validation of Simulation Models. In: Banks, Jerry (Hg.): Handbook of Simulation. Principles, Methodology, Advances, Applications, and Practice. New York, NY, S. 173-223.

Küll, Roland; Stähly, Paul (1999): Zur Planung und effizienten Abwicklung von Simulationsexperimenten. In: Biethahn, Jörg; Hummeltenberg, Wilhelm; Schmidt, Bernd; Stähly, Paul; Witte, Thomas (Hg.): Simulation als betriebliche Entscheidungshilfe. State of the Art und neuere Entwicklungen; mit 20 Tabellen. Heidelberg, S. 1-21.

Lambert, Douglas M.; Cooper, Martha C. (2000): Issues in Supply Chain Management. In: Industrial Marketing Management, Jg. 29, H. 1, S. 65-84.

Lariviere, Martin A. (1999): Supply Chain Contracting and Coordination with Stochastic Demand. In: Tayur, Sridhar R.; Ganeshan, Ram; Magazine, Michael J. (Hg.): Quantitative Models for Supply Chain Management. Boston, MA, S. 234-267.

Law, Averill M. (2007): Simulation Modeling and Analysis. 4. ed., internat. ed. Boston.

Lee, Hau L.; Kut, C. So; Tang, Christopher S. (2000): The Value of Information Sharing in a Two-Level Supply Chain. In: Management Science, Jg. 46, H. 5, S. 626-643.

Lee, Hau L.; Padmanabhan, V. Paddy; Whang, Seungjin (1997): Information Distortion in a Supply Chain - The Bullwhip Effect. In: Management Science, Jg. 43, H. 4, S. 546-558.

Lee, Hau L.; Padmanabhan, V. Paddy; Whang, Seungjin (2006): The Bullwhip Effect Reflections. In: Carranza Torres, Octavio A.; Villegas Morán, Felipe A. (Hg.): The Bullwhip Effect in Supply Chains. A Review of Methods, Components, and Cases. Basingstoke, S. 1-14.

Lee, Hau L.; Rosenblatt, Meir J. (1986): A Generalizes Quantitiy Discount Pricing Model to Increase Supplier's Profits. In: Management Science, Jg. 32, H. 9, S. 1177-1185.

Lee, Hau L.; Whang, Seungjin (2000): Information Sharing in a Supply Chain. In: International Journal of Technology Management, Jg. 20, H. 3-4, S. 373-387.

Lee, Hau L.; Whang, Seungjin (2006): The Bullwhip Effect a Review of Field Studies. In: Carranza Torres, Octavio A.; Villegas Morán, Felipe A. (Hg.): The Bullwhip Effect in Supply Chains. A Review of Methods, Components, and Cases. Basingstoke, S. 57-70.

Liening, Andreas (2009): Complexonomics. In: Weyer, Johannes; Schulz-Schaeffer, Ingo (Hg.): Management komplexer Systeme. Konzepte für die Bewältigung von Intransparenz, Unsicherheit und Chaos. München, S. 91-117.

Luderer, Bernd; Nollau, Volker; Vetters, Klaus (1999): Mathematische Formeln für Wirtschaftswissenschaftler. 2. Aufl. Leipzig.

Lyneis, James M. (1980): Corporate Planning and Policy Design. A System Dynamics Approach. Cambridge, MA.

MacNeil, Ian R. (1978): Contracts: Adjustment of Long-term Economic Relations Under Classical, Neoclassical, and Relational Contract Law. In: Northwestern University Law Review, Jg. 72, S. 854-905.

Mason-Jones, Rachel; Towill, Denis R. (1999): Using the Information Decoupling Point to Improve Supply Chain Performance. In: The International Journal of Logistics Management, Jg. 10, H. 2, S. 13-26.

Mentzer, John T.; DeWitt, William; Keebler, James S.; Min, Soonhong; Nix, Nancy W.; Smith, Carlo D.; Zacharia, Zach G. (2001): Defining Supply Chain Management. In: Journal of Business Logistics, Jg. 22, H. 2, S. 1-26.

Merschmann, Ulf (2007): Die Beziehung zwischen Unsicherheit, Supply-Chain-Flexibilität und Erfolg. Eine empirische Untersuchung für das deutsche produzierende Gewerbe. 1. Aufl. Lohmar.

Milling, Peter M.; Größler, Andreas (2001): Simulationsbasierte Analysen von Produktionsnetzwerken. Erfahrungen aus der virtuellen Realität. In: Bellmann, Klaus; Kortzfleisch, Gert von (Hg.): Kooperations- und Netzwerkmanagement. Festgabe für Gert v. Kortzfleisch zum 80. Geburtstag. Berlin, S. 55-81.

Milner, Joseph M.; Kouvelis, Panos (2003): More Demand Information or More Supply Chain Flexibility: What Does the Answer Depend On? Arbeitspapier. Toronto. University of Toronto, Joseph L. Rotman School of Management.

Milner, Joseph M.; Kouvelis, Panos (2005): Order Quantity and Timing Flexibility in Supply Chains The Role of Demand Characteristics. In: Management Science, Jg. 51, H. 6, S. 970-985.

Moinzadeh, Kamran; Nahmias, Steven (2000): Adjustment Strategies for a Fixed Delivery Contract. In: Operations Research, Jg. 48, H. 3, S. 408-423.

Möller, Klaus (2003): Supply Chain Valuation - Wertschöpfung in und durch Supply Chain Networks. In: Stölzle, Wolfgang (Hg.): Supply Chain Controlling in Theorie und Praxis. Aktuelle Konzepte und Unternehmensbeispiele. 1. Aufl. Wiesbaden, S. 49-82.

Monahan, James P. (1984): A Quantity Discount Pricing Model to Increase Vendor Profits. In: Management Science, Jg. 30, H. 6, S. 720-726.

Móran, Felipe Villegas; Barrar, Peter (2006): Supply Chain Dynamics: Structural Causes of the Bullwhip Effect. In: Carranza Torres, Octavio A.; Villegas Morán, Felipe A. (Hg.): The Bullwhip Effect in Supply Chains. A Review of Methods, Components, and Cases. Basingstoke, S. 71-91.

Mosekilde, Erik; Laugesen, Jakob (2007): Nonlinear Dynamic Phenomena in the Beer Model. In: System Dynamics Review, Jg. 23, S. 229-252.

Munson, Charles L.; Rosenblatt, Meir J. (1998): Theories and Realities of Quantity Discounts. An Exploratory Study. In: Production and Operations Management, Jg. 7, H. 4, S. 352-369.

Musselman, Kenneth J. (1998): Guidelines for Success. In: Banks, Jerry (Hg.): Handbook of Simulation. Principles, Methodology, Advances, Applications, and Practice. New York, NY, S. 721-743.

Naim, Mohammed M.; Disney, Stephen M.; Towill, Denis R. (2004): Supply Chain Dynamics. In: New, Steve (Hg.): Understanding Supply Chains. Concepts, Critiques, and Futures. Oxford, S. 109-132.

Nassimbeni, Guido (2004): Supply Chains: A Network Perspective. In: New, Steve (Hg.): Understanding Supply Chains. Concepts, Critiques, and Futures. Oxford, S. 43-68.

Nissen, Volker; Biethahn, Jörg (1999): Ein Beispiel zur stochastischen Optimierung mittels Simulation und einem Genetischen Algorithmus. In: Biethahn, Jörg; Hummeltenberg, Wilhelm; Schmidt, Bernd; Stähly, Paul; Witte, Thomas (Hg.): Simulation als betriebliche Entscheidungshilfe. State of the Art und neuere Entwicklungen; mit 20 Tabellen. Heidelberg, S. 108-125.

Ouyang, Yangfeng; Lago, Alejandro; Daganzo, Carlos (2006): Taming the Bullwhip Effect: From Traffic to Supply Chains. In: Carranza Torres, Octavio A.; Villegas Morán, Felipe A. (Hg.): The Bullwhip Effect in Supply Chains. A Review of Methods, Components, and Cases. Basingstoke, S. 123-151.

Payer, Harald (2002): Wieviel Organisation braucht das Netzwerk? Entwicklung und Steuerung von Organisationsnetzwerken mit Fallstudien aus der Cluster- und Regionalentwicklung. Universität Klagenfurt. Online verfügbar unter http://www.gbv.de/du/services

/gLink/54372686X/8100/http://www.oear.at/OEAR_Dissertation_N etzwerk_Payer_2002_1,7MB.pdf, zuletzt geprüft am 31.1.2010.

Petruzzi, Nicholas C.; Dada, Maqbool (1999): Pricing and the Newsvendor Problem: A Review with Extensions. In: Operations Research, Jg. 47, H. 2, S. 183-194.

Picot, Arnold; Reichwald, Ralf; Wigand, Rolf T. (2003): Die grenzenlose Unternehmung. Information, Organisation und Management; Lehrbuch zur Unternehmensführung im Informationszeitalter. 5., aktualisierte Aufl. Wiesbaden.

Picot, Arnold; Wolff, Carolin (2005): Grundlagen für ein Flexibilitätsmanagement zwischenbetrieblicher Kooperationen. In: Kaluza, Bernd; Behrens, Stefan (Hg.): Erfolgsfaktor Flexibilität. Strategien und Konzepte für wandlungsfähige Unternehmen. Berlin, S. 383-408.

Raghunathan, Srinivasan; Raghunathan, Srinivasan (1999): Impact of Information Quality and Decision-Maker Quality on Decision Quality: A Theoretical Model and Simulation Analysis. In: Decision Support Systems, Jg. 26, H. 4, S. 275-286.

Reiner, Gerald; Fichtinger, Johannes (2009): Demand Forecasting for Supply Processes in Consideration of Pricing and Market Information. In: International Journal of Production Economics, Jg. 118, H. 1, S. 55-62.

Richman, Eugene; Coleman, Denis (1981): Monte Carlo Simulation for Management. In: California Management Review, Jg. 23, H. 3, S. 82-91.

Richter, Rudolf (2000): Verträge aus Wirtschaftstheoretischer Sicht. In: Franz, Wolfgang; Hesse, Helmut; Ramser, Hans Jürgen; Stadler,

Manfred (Hg.): Ökonomische Analyse von Verträgen. Tübingen: Mohr Siebeck, S. 1-24.

Robert, Christian; Casella, George (2010): Introducing Monte Carlo Methods with R. New York, NY.

Robinson, Steward (2008): Conceptual Modelling for Simulation Part I: Definition and Requirements. In: Journal of the Operational Research Society, Jg. 59, H. 3, S. 278-290.

Saeed, Khalid (2009): Can Trend Forecasting Improve Stability in Supply Chains? A Response to Forrester's Challenge in Appendix L of Industrial Dynamics. In: System Dynamics Review, Jg. 25, H. 1, S. 63.

Sauerbier, Thomas (1999): Theorie und Praxis von Simulationssystemen. Braunschweig; Wiesbaden.

Schimank, Uwe (2009): Wichtigkeit, Komplexität und Rationalität von Entscheidungen. In: Weyer, Johannes; Schulz-Schaeffer, Ingo (Hg.): Management komplexer Systeme. Konzepte für die Bewältigung von Intransparenz, Unsicherheit und Chaos. München, S. 55-71.

Schlittgen, Rainer; Streitberg, Bernd H. J. (2001): Zeitreihenanalyse. 9., unwesentlich veränd. Aufl. München.

Schulz, Robert (2002): Simulationsgestützte Beurteilung der logistischen Qualität innerbetrieblicher Entsorgung. Stuttgart.

Shannon, Robert E. (1992): Introduction to Simulation. In: Swain, James J.; Goldsman, David (Hg.): 1992 Winter Simulation Conference proceedings. Arlington, Virginia, December 13 - 16, 1992 ; [WSC

'92, 1967 Twenty-Fifth Anniversary 1992]. Baltimore, MD, S. 65-73.

Shumway, Robert H.; Stoffer, David S. (2006): Time Series Analysis and its Applications. With R Examples. 2nd ed. New York, NY.

Sivadasan, Suja; Efstathiou, Janet; Calinescu, Ani; Huaccho Huatuco, Luisa (2004): Supply Chain Complexity. In: New, Steve (Hg.): Understanding Supply Chains. Concepts, Critiques, and Futures. Oxford, S. 133-163.

Sterman, John D. (1989a): Misperceptions of Feedback in Dynamic Decision Making. In: Organizational Behavior and Human Decision Processes, Jg. 43, H. 3, S. 301-335.

Sterman, John D. (1989b): Modeling Managerial Behavior. Misperceptions of Feedback in a Dynamic Decision Making Experiment. In: Management Science, Jg. 35, H. 3, S. 321-339.

Sterman, John D. (2006): Operational and Behavioral Causes of Supply Chain Instability. In: Carranza Torres, Octavio A.; Villegas Morán, Felipe A. (Hg.): The Bullwhip Effect in Supply Chains. A Review of Methods, Components, and Cases. Basingstoke, S. 17-56.

Stevens, Graham C. (1989): Integrating the Supply Chain. In: International Journal of Physical Distribution & Logistics Management, Jg. 19, H. 8, S. 3-8.

Stewens, Michael (2005): Gestaltung und Steuerung von Supply Chains. 1. Aufl. Lohmar.

Subramanianam, Vijayanand; Pekny, Joseph F.; Reklaitis, Gintaras V. (2006): Decentralized Supply Chain Dynamics and the Quantity Flexibility Contract. In: Marquardt, Wolfgang; Pantelides, Costas

(Hg.): 16th European Symposium on Computer-Aided Process Engineering and 9th International Symposium on Process System Engineering. Amsterdam, S. 2153-2158.

Sucky, Eric (2009): The Bullwhip Effect in Supply Chains. An Overestimated Problem? In: International Journal of Production Economics, Jg. 118, S. 311-322.

Suhl, Leena; Mellouli, Taieb (2009): Optimierungssysteme. Modelle, Verfahren, Software, Anwendungen. 2., überarb. Aufl. Berlin, Heidelberg.

Sydow, Jörg (1992): Strategische Netzwerke. Evolution und Organisation. 1. Aufl. Wiesbaden.

Tako, Antuela A.; Robinson, Steward (2009): Comparing Discrete-Event Simulation and System Dynamics: Users' Perceptions. In: Journal of the Operational Research Society, Jg. 60, H. 3, S. 296-312.

Taly, Aharon Ben; Golany, Boaz; Nemirovskiy, Arcadi; Vial, Jean-Philippe (2003): Supplier-Retailer Flexible Commitments Contracts: A Robust Optimization Approach. Haifa, Israel.

Terwiesch, Christian; Ren, Z. Justin; Ho, Teck H.; Cohen, Morris A. (2005): An Empirical Analysis of Forecast Sharing in the Semiconductor Equipment Supply Chain. In: Management Science, Jg. 51, H. 2, S. 208-220.

Thiel, Daniel; Hoa, Vo Thi Le (2008): Continuous Simulation for SCM. In: Thierry, Caroline; Thomas, André; Bel, Gérard (Hg.): Simulation for Supply Chain Management. London: ISTE [u.a.] (Control Systems, Robotics and Manufacturing Series), S. 37-68.

Tiedemann, Lars; Waage, Marco (2011): Supply Chain Management in der Wirtschaftskrise – Eine kapazitätsorientierte Betrachtung. In: Merz, Joachim et al. (Hg.): Die Dynamik tiefgreifenden Wandels in Gesellschaft, Wirtschaft und Unternehmen. Münster, S. 45-63.

Tiger, Andrew A.; Simpson, Penny (2003): Using Discrete-Event Simulation to Create Flexibility in APAC Supply Chain Management. In: Global Journal of Flexible Systems Management, Jg. 4, H. 4, S. 15-22.

Towill, Denis R. (1991): Supply Chain Dynamics. In: International Journal of Computer Integrated Manufacturing, Jg. 4, H. 4, S. 197-208.

Tsay, Andy A.; Lovejoy, William S. (1999): Quantity Flexibility Contracts and Supply Chain Performance. In: Manufacturing & Service Operations Management, Jg. 1, H. 2, S. 89-111.

Tsay, Andy A.; Nahmias, Steven; Agrawal, Narendra (1999): Modeling Supply Chain Contracts: A Review. In: Tayur, Sridhar R.; Ganeshan, Ram; Magazine, Michael J. (Hg.): Quantitative Models for Supply Chain Management. Boston, MA, S. 299-336.

Umeda, Shigeki; Zhang, Fang (2006): Supply Chain Simulation: Generic Models and Application Examples. In: Production Planning & Control, Jg. 17, H. 2, S. 155-166.

Urban, Timothy L. (2000): Supply Contracts with Periodic, Stationary Demand. In: Production and Operations Management, Jg. 9, H. 4, S. 400-413.

Wadhwa, Subhash; Saxena, A.; Chan, Felix T. S. (2008): Framework for Flexibility in Dynamic Supply Chain Management. In: International Journal of Production Research, Jg. 46, H. 6, S. 1373-1404.

Wang, Jing; Jia, Jingdong; Takahashi, Katsuhiko (2005): A Study on the Impact of Uncertain Factors on Information Distortion in Supply Chains. In: Production Planning & Control, Jg. 16, H. 1, S. 2-11.

Watson, Hugh J.; Blackstone, John H. (1989): Computer Simulation. 2. ed. New York, NY.

Weyer, Johannes (2009): Dimensionen der Komplexität und Perspektiven des Komplexitätsmanagements. In: Weyer, Johannes; Schulz-Schaeffer, Ingo (Hg.): Management komplexer Systeme. Konzepte für die Bewältigung von Intransparenz, Unsicherheit und Chaos. München, S. 3-30.

Wikner, Joakim (Hg.) (1994): Dynamic Modelling and Analysis of Information Flows in Production-Inventory and Supply Chain Systems. Linköping.

Wikner, Joakim; Towill, Denis R. (1991): Smoothing Supply Chain Dynamics. In: International Journal of Production Economics, Jg. 22, S. 231-248.

Wollnik, Michael (1988): Ein Referenzmodell des Informations-Managements. In: Informationsmanagement, Jg. 3, H. 3, S. 34-43.

Wyner, George M.; Malone, Thomas W. (1996): Cowboys or Commanders: Does Information Technology lead to Decentralization? In: DeGross, Janice I.; Jarvenpaa, Sirkka L.; Srinivasan, Ananth (Hg.): Proceedings of the Seventeenth International Conference on Information Systems. December 16 - 18, 1996, Cleveland, Ohio /. Cleveland, Ohio,, S. 63-79.

Zahn, Erich (2001): Lernen in Allianzen. In: Bellmann, Klaus; Kortzfleisch, Gert von (Hg.): Kooperations- und Netzwerkmanagement.

Festgabe für Gert v. Kortzfleisch zum 80. Geburtstag. Berlin, S. 11-29.

Zäpfel, Günther; Wasner, Michael (1999): Der Peitschenschlag in der Logistikkette und Möglichkeiten der Überwindung chaotischen Verhaltens. In: Logistik-Management, Jg. 1, H. 4, S. 297-309.

Zentes, Joachim (2005): Kooperationen, Allianzen und Netzwerke. Grundlagen - Ansätze - Perspektiven. 2., überarb. und erw. Aufl. Wiesbaden.

Zhao, Xiande; Xie, Jinxing; Leung, Janny (2002): The Impact of Forecasting Model Selection on the Value of Information Sharing in a Supply Chain. In: European Journal of Operational Research, Jg. 142, S. 321-344.

Zhiang Lin, J. Richard Harrison; Carroll, Glenn R.; Carley, Kathleen M. (2007): Simulation Modelling in Organizational an Management Research. In: Academy of Management Review, Jg. 32, H. 4, S. 1229-1245.

Zimmer, Kirstin (2001): Koordination im Supply Chain Management. Ein hierarchischer Ansatz zur Steuerung der unternehmensübergreifenden Planung. 1. Aufl. Wiesbaden.

Zimmermann, Werner; Stache, Ulrich (2001): Operations Research. Quantitative Methoden zur Entscheidungsvorbereitung. 10., überarb. Aufl. München.

Zsifkovizs, Helmut; Krenn, Barbara (2008): Beherrschung von komplexen Systemen durch Modellbildung und Simulation. In: Engelhardt-Nowitzki, Corinna; Krenn, Barbara; Nowitzki, Olaf (Hg.): Management komplexer Materialflüsse mittels Simulation. State-of-the-Art und innovative Konzepte. Wiesbaden, S. 55-70.

Zwicker, Eckart (1980): System Dynamics in Inventory and Production Planning. An Introduction and Critical Overview. In: Operations-Research-Spektrum, Jg. 1, H. 3, S. 143-168.